Otto Wolfien

Kriegstagebuch

**In Erinnerung
an unseren Großvater.
Wir hätten ihn so gern noch kennen gelernt.**

Annette und Harm Bredemeier

Otto Wolfien

* 3.5.1882 + 9.4.1915

Erster Weltkrieg
Kriegstagebuch 1914 – 1915

**Briefe und Karten von der Front
an Frau und Kinder
vom
3.8.1914 bis 8.4.1915**

Bibliografische Information der Deutschen Nationalbibliothek
Die Deutsche Nationalbibliothek verzeichnet diese Publikation in der
Deutschen Nationalbibliografie;
detaillierte bibliografische Daten sind im Internet über http://dnb-nb.de abrufbar.

Herstellung und Verlag:
Books on Demand Gmbh, Norderstedt

ISBN 978-3-83708-474-0

Inhalt

Allgemein

Fotos

Briefe und Karten

Kurzchronik Familie Wolfien und Hof Emden

Der Wolfiensche Hof in Emden, Hauptstraße 16, befindet sich seit 1439 in Familienbesitz. Bis 1846 bewirtschafteten ihn Nachkommen von Hillich Wischeropp, zuletzt Joachim Johann Wischeropp (*1799 +1888), der mit seiner Frau Anna Marie (*1819 +1872) jedoch nur eine Tochter hatte. Diese heiratete 1846 den aus dem 20 km entfernten Meseberg kommenden Johann Heinrich Wolfien (*1819 +1872), dessen Familie in Meseberg seit Generationen ebenfalls als Bauern lebte (Vater Andreas Simon W. *1782 +1854, Großvater Andreas W. *1748 +1786). Ihr Sohn Wilhelm Hermann Otto Wolfien (*1852 +1938) entwickelte den Hof zu einem der ertragreichsten und am besten geführten der Region. Darüber hinaus wirkte er 40 Jahre im Kirchenrat und 14 Jahre als Amtsvorsteher der Gemeinde Emden. Er heiratete am 6.7.1881 Berta Mathilde Löhmann (*1852 +1950).
Sie bekamen drei Kinder. Ihr ältester Sohn, Andreas Heinrich Otto Wolfien, Verfasser der in diesem Buch veröffentlichten Briefe aus dem Ersten Weltkrieg, wurde am 3.5.1882 geboren. Er fiel am 9.4.1915 als Leutnant in Polen. Sein jüngerer Bruder Walter Wolfien (*17.10.1886), der den Hof übernehmen sollte, fiel am 28.9.1918 als Oberleutnant im Sächsischen Feldartillerieregiment 32 in Flandern, hoch dekoriert mit EK I und II, Ritterkreuz, Albrechtsorden mit Schwertern, Verdienstorden mit Schwertern und Militärischer St. Heinrichsorden. Hoferbin wurde dadurch ihre Schwester Elise Mathilde Adele (*3.4.1885 +21.1.1976), die den Hof ab 1922 zusammen mit ihrem Mann, Hermann Willi Linnigmann, bis zur Übernahme durch die LPG 1953 führte. Die Ehe Linnigmann blieb kinderlos. Der Hof wurde nach der Wende 1990 wieder auf den Sohn Otto Wolfiens, Otto-Heinrich Wolfien, zurück übertragen.
Andreas Heinrich Otto Wolfien heiratete am 30.10.1908 Marie Dorothea Michael (*29.9.1883) aus dem 11 km entfernten Hundisburg. Auch ihre Familie stammte aus Meseberg. Ihr Großvater Karl H. Michael (*1818 +1869) kam Anfang der 50er Jahre nach Hundisburg, muß den gleichaltrigen Johann Heinrich Wolfien also aus Meseberg gekannt haben. Sein Sohn Carl Michael (*1857 +1937) heiratete am 17.2.1883 Marie Elisabeth Moeries (*1861 + 1939), Tochter des Bauern August Moeries (*1829 + 1915), dessen Hof er - wie vor ihm 1846 Johann Heinrich Wolfien in Emden - übernahm. Beide Familien entstammten alten Bauerngeschlechtern - die Michaels in Meseberg, die Moeries in Hundisburg.
Marie Wolfien heiratete nach Otto Wolfiens Tod nicht wieder und starb am 9.1.1971 in Haldensleben. Ihre Tochter Susanna Maria, gen. Susemieke, (*16.4.1910 +4.1.1994) heiratete zwar, die Ehe blieb aber kinderlos. Ihr Sohn Otto-Heinrich (*26.1.1912 +30.10.2003) überließ als rechtmäßiger Hoferbe 1936 seiner Tante Adele den Hof als Anerbin und wurde Offizier bei der Wehrmacht. Am 27.1.1940 heiratete er Annemarie Charlotte Otto (*27.12.1918) aus Schwiebus. Aus ihrer Ehe gingen vier Kinder hervor: Otto-Henning (*25.1.1941 in Berlin), Freda-Sybille (*9.6.1943 in Berlin), Annette Beate (*15.8.1945 in Haldensleben) und Verena Erdmuthe (*18.3.1947 in Kiel).

Vorwort

Dieses Buch enthält Feldpostbriefe und -karten, die der Leutnant d. Res. Andreas Heinrich <u>Otto</u> Wolfien an seine Frau Marie sowie seine Kinder Susanna Maria (Susemieke) und Otto-Heinrich in Emden bei Neuhaldensleben / Magdeburg zwischen dem 3. August 1914 und 8. April 1915 geschrieben hat - einen Tag, bevor er in Gawlow bei Sochaczew an der Bzura, 50 Kilometer westlich Warschau, gefallen ist. Er selbst bezeichnete diese Briefe als „Kriegstagebuch", das er in Form von Briefen an seine Frau mit detaillierter Wiedergabe seiner Erlebnisse als Zug- und später Kompanieführer in Belgien und Polen niederschrieb. Seine in Sütterlinschrift verfassten Briefe wurden von mir, dem Mann seiner Enkelin Annette Wolfien, wortgenau und ohne Auslassungen oder Korrekturen in Hochdeutsch, bzw. Schriftdeutsch wieder gegeben. Häufiger stieß ich hierbei auf Namen, Begriffe, Orte oder Bezeichnungen, die heute weitgehend unbekannt oder nicht mehr gebräuchlich sind. Ich habe sie im Text mit Nummern in Fettdruck markiert und jeweils nach den einzelnen Briefen in Form von Fußnoten erläutert. Darüber hinaus versuche ich, in diesen Fußnoten auch nähere Informationen zu historischen Ereignissen und Personen zu liefern, die in den Briefen erwähnt werden.

Otto Wolfien wurde am 3. Mai 1882 im kleinen Dorf Emden bei Neuhaldensleben (heute Haldensleben) nahe Magdeburg als Sohn des Ackermanns (Bauern) und Hofbesitzers Wilhelm Hermann <u>Otto</u> Wolfien und seiner Frau Mathilde geboren. Er studierte Jura und war bis zu seiner Einberufung im August 1914 als Rechtsanwalt in Magdeburg tätig. Am 30. Oktober 1908 heiratete er die am 29.9.1883 in Hundisburg bei Neuhaldensleben geborene <u>Marie</u> Dorothea Michael, von Beruf ebenfalls Rechtsanwältin, mit der er zwei Kinder hatte - die am 16.4.1910 geborene Susemieke und den am 27.1.1912 geborenen Karl Wilhelm <u>Otto-Heinrich</u> (in seinen Briefen nannte er sie nur „Putti" und „Wolfien", bzw. „Ottheinrich"). Seine Frau Marie starb am 9.1.1971 in Haldensleben, seine Tochter Susemieke am 4.1.1994 in Ratzeburg, sein Sohn Otto-Heinrich, mein Schwiegervater, am 30.10.2003 in Landshut. Otto Wolfiens am 17. Oktober 1886 geborener jüngerer Bruder und Hoferbe, Walter Wolfien, fiel als Oberleutnant der Reserve des Sächsischen Feldartillerieregiments 32 kurz vor Ende des Krieges am 28. September 1918 in Flandern.

Otto Wolfien wurde am 20.2.1909 vom Vizefeldwebel zum Leutnant d. Res. der Infanterie im Landwehrbezirk Naumburg a. S. befördert. Eingezogen wurde er am 2. 8. 1914 als Zugführer und 2. Leutnant der 7. Kompanie in 2. Bataillon des 8. Reserve-Infanterie Regiments, 5. Division, 3. Reservekorps, 1. Armee zunächst nach Landsberg an der Warthe. Die Stärke seines Reserve-Infanterie-Regiments betrug 3000 Mann. Es bestand aus 12 Kompanien mit jeweils 250 Mann, jede Kompanie aus 3 Zügen mit 84 Mann. Anfang August 1914 verlegte sein Bataillon an die Westfront, kämpfte bei Rotselaer/Werchter sowie Eppeghem südlich Antwerpen, später in Westflandern bei Mannekensvere und Langemark. Bei Mannekensvere wurde Otto Wolfien am 19. Oktober 1914 zum ersten mal verwundet, zwei Monate später am 12. Dezember nach Verlegung an die Ostfront ein zweites mal bei Piotrkowek an der Weichsel. Nach Ausheilung seiner zweiten Verwundung kehrte er zurück an die russische Front zu seinem

Regiment, das zwischenzeitlich 32 Kilometer weiter südöstlich in Gawlow an der Bzura kämpfte. Hier übernahm er am 15. März die 10. Kompanie seines alten Regiments und hier fiel er knapp vier Wochen später am 9. April 1915 durch eine russische Granate.

Die Briefe Otto Wolfiens spiegeln den großen Kontrast wieder zwischen der heute nur schwer nachvollziehbaren Begeisterung des August 1914 mit ihren jubelnden Menschenmassen und der Euphorie unserer Soldaten einerseits sowie der zunehmenden Verzweiflung und dem Entsetzen über die erschütternden Erlebnisse in Flandern mit ihren ebenso grauenvollen wie sinnlosen Opfern. Sie geben aber auch einen Eindruck von den Erlebnissen der Soldaten zwischen ihren Einsätzen, von Bewohnern und Landschaften der besetzten Gebiete, ihren Lebensgewohnheiten und Bedürfnissen. Otto Wolfien schreibt in druckreifen Sätzen bis ins kleinste Detail seine Erlebnisse und Gedanken nieder und berichtet von militärischen Einzelheiten, die ihm im 2. Weltkrieg wohl vor ein Kriegsgericht gebracht hätten. Die Schilderung seines „Einmarsches" per Rad noch vor den deutschen Truppen in Antwerpen, der Bahnfahrten seiner Kompanie im August 1914 von Landsberg nach Krefeld, im Dezember 1914 von Flandern nach Bromberg sowie im März 1915 von Berlin über Kalisch und Lodz nach Lowitsch an die Ostfront, von Lazarettaufenthalten, Widerständen der Zivilbevölkerung im besetzten Belgien, Graben- und Stellungskriegkrieg bei Mannekensvere und Langemark, Entlausungsstation an der Ostfront, Unterbringung in belgischen und polnischen Quartieren, Gefechten bei Eppeghem und Rotselaer/Werchter, Aufbau, Bedienung und Einsatz der „Dicken Bertha" (des 42cm - Wundergeschützes von Krupp) vor Antwerpen, detaillierter Angaben zur Errichtung von Unterständen und Schützengräben, Versorgung von Mannschaften und Offizieren mit Essen, Getränken, Kleidung etc. sind beeindruckende Dokumente der Zeitgeschichte.

Gleichermaßen beeindruckend wie erschütternd sind aber auch die Kondolenzbriefe - besonders die seines Regimentskommandeurs Oberst von Kleist -, die die große Wertschätzung wieder geben, die Otto Wolfien gleichermaßen bei seinen Vorgesetzten wie Untergebenen genoss.

Dr Harm Bredemeier

1912 - Otto Wolfien

**Übersicht über Einsätze und Unternehmungen
zwischen dem 2.8.1914 und 9.4.1915
und ihre Zuordnung zu den Briefen Otto Wolfiens**

2. Aug 1914	Bahnfahrt von Magdeburg über Berlin und Cüstrin nach Landsberg/Warthe (300 km). In Landsberg erfolgt bis zum 9. August die Zusammenstellung des Bataillons (1. u 2. Brief v 3. u 7. August 1914)
10. Aug 1914	Bahnfahrt des Bataillons von Landsberg nach Unterweiden bei Krefeld (725 km). Die Fahrt dauert 44 Stunden (3. Brief v 13. August 1914)
12. Aug 1914	Unterweiden bei Krefeld
13. Aug 1914	Fußmarsch von Unterweiden über St Tönnis, Vorst, Süchteln, Dülken, Lüttelforst, Merbeck, Arsbeck, Wassenberg und Heinsberg nach Schafhausen (48 km) (4. Brief v 14. August 1914)
14. Aug 1914	Fußmarsch von Schafhausen/Heinsberg nach Herzogenrath bei Aachen (23 km)
15. Aug 1914	Ruhetag in Herzogenrath. Abends Weitermarsch nach Aachen (12 km)
16. Aug 1914	Einmarsch in Belgien. Grenzübertritt bei Aachen. Marsch über Gemmenich Richtung Warsage
17. Aug 1914	Nähe Warsage (Aachen – Warsage 28 km)
18. Aug 1914	Visé (Warsage – Visé 6 km) (5. Brief v 18. August 1914)
19. Aug 1914	Fußmarsch von Visé nach Riemst (14 km)
20. Aug 1914	Riemst
21. Aug 1914	Riemst
22. Aug 1914	Fußmarsch von Riemst nach Bilzen (10 km) (6. Brief v 22. August 1914)
23. Aug 1914	Bilzen
24. Aug 1914	Fußmarsch von Bilzen nach Hasselt (15 km)
25. Aug 1914	Fußmarsch von Hasselt nach Aarschot (38 km)
26. Aug 1914	Auf dem Weitermarsch von Aarschot nach Kampenhout Gefecht bei Rotselaer und Werchter. Notbiwak bei Herent (15 km)
27. Aug 1914	Fußmarsch von Herent nach Kampenhout (11 km) (7. Brief v 27. August 1914)
28. Aug 1914	Kampenhout
29. Aug 1914	Verlegung von Kampenhout nach Wippen-Dries bei Elewijt (5 km). In den folgenden Tagen und Wochen weitere Verlegungen der Kompanie westwärts zunächst nach Eppegem (3 km) und dann nach Grimbergen (7 km) (8. Brief v 2. September 1914)
13. Sep 1914	Gefecht bei Eppegem und Zemst (10. Brief v 14. September 1914)

14. Sept 1914	Bataillonsbefehl mit besonderer Anerkennung und Würdigung des Einsatzes von Leutnant Wolfien im Gefecht bei Eppegem am 13. September
15. Sept 1914	Verlegung von Grimbergen nach Brussegem (9 km)
16. Sept 1914	Verlegung von Brussegem nach Wemmel (4 km).
17. Sept 1914	Gefecht bei Termonde
22. Sept 1914	Verleihung des Eisernen Kreuzes an Otto Wolfien für seinen Einsatz im Gefecht bei Eppegem und Zemst (12. Brief v 22. September 1914)
25. Sept 1914	Verlegung von Wemmel ostwärts über Laeken, Dieghem und Boeken nach Boort-Meerbeek (24 km) zum Schutz der dort aufgestellten Artillerie mit ihren 42cm Geschützen von Krupp (13. Brief v 27. September 1914)
6. Okt 1914	Verlegung von Boort-Meerbeek 4 km nördlich nach Mecheln in den Raum zwischen Wallem und Fort Wavre St. Catherine (14 km)
8. Okt 1914	Verlegung von Wallem nach Elsestraet
10. Okt 1914	Fall von Antwerpen. Otto Wolfien und sein Unteroffizier Tschentscher fahren mit ihren Rädern noch vor den ersten deutschen Truppen ins Zentrum der Stadt (17. Brief v 11. Oktober 1914)
12. Okt 1914	Rückverlegung von Elsestraet nach Wallem
13. Okt 1914	Verlegung von Wallem nach Brüssel (30 km)
14. Okt 1914	Fußmarsch der Kompanie auf der Suche nach ihrem Regiment von Brüssel nach Oordegem (38 km). Unterwegs Erkundungstour Otto Wolfiens per Auto über Gent bis Wingene (70 km) und zurück (18. Brief v 16. Oktober 1914)
15. Okt 1914	Fußmarsch von Oordegem über Gavere und Deinze nach Vinkt (38 km)
16. Okt 1914	Fußmarsch von Vinkt über Caeneghem, Wynghene, Hille nach Ruddervoorde (22 km)
17. Okt 1914	Fußmarsch von Ruddervorde über Aertrycke, Eenerghem nach Snaaskerke (25 km). In Snaaskerke Anschluß an das Regiment (19. Brief v 20. Oktober 1914)
18. Okt 1914	Tagesausflug nach Ostende
19. Okt 1914	Verwundung (Schußverletzung des linken Unterschenkels) im Gefecht bei Mannekensvere (6 km östlich Nieuport und 15 km südwestlich Ostende) (20. Brief v 23. Oktober 1914)
20. Okt 1914	Feldlazarett Zevecote
21. Okt 1914	Wegen Überbelegung des Feldlazaretts Zevecote Verlegung ins Feldlazarett Ostende bis zur Ausheilung der Verwundung am 7.11.1914 (Briefe 20 bis 23)
7. Nov 1914	Rückkehr zum Regiment nach Staden. Für die 33 km von Ostende benötigt Otto Wolfien zwei Tage (Übernachtungen in Brügge und Houlthulst) (24. Brief v 10. November 1914)
9. Nov 1914	Eintreffen beim Regiment in Staden (33 km südlich Ostende)

11. Nov 1914	Verlegung in die vordere Schützengrabenlinie von Mangelaare bei Langemark (7 km nördlich von Ypern, 40 km südlich Ostende)
12. Nov 1914	Sturmangriff des Regiments. Otto Wolfien schildert den Angriff seiner Kompanie und seines Regiments am Morgen des 12. November (25. Brief v 14. November 1914)
13. Nov 1914	Wegen immer noch nicht ausgeheilter Wunde Abkommandierung als Gerichts- und Ausbildungsoffizier zum Regimentsstab in Hazewind (14 km nordwestlich von Langemark auf halbem Weg nach Nieuport) (Briefe 26 – 30)
2. Dez 1914	Verlegung des Regiments von Westflandern über Brüssel, Aachen, Krefeld, Magdeburg, Berlin, Cüstrin und Landsberg nach Thorn / Weichsel und weiter nach Nieszawa an die Ostfront (1300 km). Die Bahnfahrt dauert drei Tage (31. Brief v 5. Dezember 1914)
5. Dez 1914	Fußmarsch von Nieszawa nach Machnacz (26 km)
6. Dez 1914	Ruhetag in Machnacz (32. Brief v 9. Dezember 1914)
7. Dez 1914	Fußmarsch von Machnacz über Brzesz und Kowal nach Baruchowo (34 km)
8. Dez 1914	Fußmarsch von Baruchowo über Patrowek, Gostynin und Stefanow nach Gombin/Gabin (36 km)
9. Dez 1914	Fußmarsch von Gombin/Gabin über Czermno, Alfonsow und Studzcenice nach Wolka Niska bei Piotrkowek (15 km)
10. Dez 1914	Vorposten bei Piotrkowek
11. Dez 1914	Gefecht bei Piotrkowek (erster Tag)
12. Dez 1914	Gefecht bei Piotrkowek (zweiter Tag). Erneute Verwundung (Schussverletzung des Rückens und der Rippen). Transport zum Verbandsplatz Slubice (16 km)
13. Dez 1914	Transport von Slubice nach Gombin/Gabin (47 km) ins Lazarett des XIII Korps
14. Dez 1914	Transport von Gombin/Gabin nach Kutno (47 km) und weiter nach Wlozlawek/Weichsel (61 km) auf ein Sanitätsschiff
15. Dez 1914	Transport mit Sanitätsschiff auf der Weichsel von Wlozlawek nach Bromberg (90 km). Von Bromberg Bahnfahrt nach Berlin (350 km). Dort Übernachtung im Hospiz
16. Dez 1914	Weiterfahrt nach Emden (6. – 16.12.1914 nach Tagebucheinträgen)
17. Dez 1914	Vom 17. Dezember 1914 bis zum 3. Februar 1915 Ausheilung der Verwundung in Emden und Hundisburg bei Magdeburg
4. Feb 1915	Bahnfahrt von Magdeburg über Berlin nach Frankfurt/Oder in der vergeblichen Hoffnung, hier das Ersatzbataillons seines Regiments zu finden
5. Feb 1915	Bahnfahrt von Frankfurt/Oder über Berlin nach Jüterbog südlich von Berlin, wo Otto Wolfien im Neuen Lager auf sein mittlerweile hierhin verlegtes Ersatzbataillon trifft. Bis

	zum 12. März 1915 wartet er in Jüterbog auf seine Weiterverwendung (Briefe 33-35)
12. März 1915	Bahnfahrt der Ersatztruppen (320 Offiziere und Mannschaften) von Jüterbog über Frankfurt/Oder, Lisse, Ostrowo, Kalisch/Kalisz, Sabianice und Lodz nach Lowitsch/Lowicz (550 km). Die Fahrt dauert zwei Tage
14. März 1915	Ankunft in Lowitsch um 7 Uhr morgens. Fußmarsch am selben Tag von Lowitsch nach Jeziorko (15 km).
15. März 1915	Fußmarsch von Jeziorko über Rybus/Rybno nach Ruski/Ruszki (15 km) zur Division (36. Brief v 16. März 1915)
16. März 1915	Verlegung an die Front mit Stellung in einem Waldstück zwischen Adamowa Gora und Gawlow. Frontverlauf entlang der Bzura. Hier kommandiert Otto Wolfien die 10. Kompanie seines alten Regimentes (Briefe 37-42)
3. April 1915	Ostersonnabend. Besuch durch Landrichter Thurmann
5. April 1915	Ostermontag. Badetag und Entlausung der 10. Kompanie im benachbarten Mlodzieszyn
7. April 1915	Letzter Brief an seine Frau
8. April 1915	Letzte Karte an seine Tochter
9. April 1915	Otto Wolfien fällt durch eine russische Granate

1910 - Otto und Marie Wolfien

1. Brief vom 3. August 1914 aus Landsberg a. Warthe / Deutsches Reich
(auf Briefbogen des „Hotel zur Krone", Landsberg)
(siehe Anhang: Landkarte 3 auf Seite 139)

Meine liebe kleine Maus!
Hiermit will ich das Kriegstagebuch des Leutnants Wolfien beginnen. Wie wir in Magdeburg verstaut wurden, hast Du noch mit eigenen Augen gesehen: zu 7 im Kupé I. Lauter Krieger: 4 Offiziere in Uniform, 3 Unteroffiziere in Zivil. Die Fahrt gen Berlin verlief ziemlich schnell und im allgemeinen mit Zeitungslektüre. In Brandenburg wurden 3 Offiziersdamen und 1 dazu gehörige Miß von einem Kürassierrittmeister zu uns ins Kupé gestoßen. Ich habe nie gedacht, daß soviel Menschen in einem Abteil sitzen könnten; aber bis auf einen saßen sie alle, wenn auch teilweise auf Koffern. Dann Berlin! Gerade im Augenblick, wo ich den Bahnhof verließ, ließ ein baumlanger Leutnant von den Elisabethern **(1)**, der die Bahnhofswache hatte, 2 Russen verhaften. Und nun diese Menschenmassen, dies auf und ab: Magdeburg in 3 fach verstärkter Auflage. Zettelausträger mit den letzten Extrablättern: 4 weitere russische Städte von den Deutschen besetzt; Zeitungsausrufer. Und dabei keine Droschken, kein Auto zu bekommen. 35 Minuten habe ich mit meinem Gepäckträger Nr. 18 zusammen gesucht, bis wir endlich in der Königgrätzerstraße **(2)** eine erwischten. Weiter zum Schlesischen Bahnhof **(3)**, wohin ich nur auf Umwegen gelangen konnte; denn die Leipzigerstraße war unpassierbar. Ich schaffte noch den D-Zug nach Thorn, der auch Verspätung hatte. Der Dienstmann, der mein Gepäck verlud, erzählte mir strahlend, daß er, das Kind des Berliner Ostens, sich zum Roten Kreuz gemeldet habe, jetzt in diesen Tagen des Trubels noch ein paar Groschen verdienen wolle, und dann Donnerstag mitginge. Auf dem Bahnhof selbst Dutzende von Sachsengängern **(4)**: meist stupide auf ihren Koffern sitzend, offenbar vielfach schon stundenlang wartend; denn hier nach Osten in den überfüllten Zügen scheinen sich die Zugtüren zumeist nur nach dem „Sesam tu dich auf" des Mobilmachungsbefehls zu öffnen. Der endlos lange Zug ruckt an: Überall Winken, Hüteschwenken, Auf Wiedersehen! Ich bin allein in einem Abteil I. und bleibe allein bis Landsberg. Herrlich die Fahrt! Die Bahngeleise, nicht bloß die Stationen, allenthalben umdrängt von Menschen und allenthalben dieselben Abschiedsgrüße. Die Landschaft reizlos; aber wenn man durch eine Stadt, ein Dorf kommt, nur winkende Taschentücher. Die Leute dort sind noch viel enthusiastischer wie die bei uns zu Hause: sie sind dem Feinde schon bedeutend näher. In Cüstrin die erste Vorsichtsmaßregel. Militärischer Befehl: Beim Passieren der Oderbrücken kein Licht im Kupé aufdrehen und alle Fenster geschlossen, widrigenfalls die Brückenposten scharf schießen! Nun noch ein kurzes Nickerchen! Dann Landsberg a. / Warthe. Der Strom, der hier vorbeifließt, hat schon russische Uniformen gesehen und russische Kommandos gehört. Auf dem Bahnhof die ersten Leibgrenadiere und dann das erste bekannte Gesicht von der vorigen Übung her: ein Vizefeldwebel der Reserve Wolf. Mit ihm ziehe ich zusammen los. Er ist zufällig mit demselben Zuge gekommen, seines Zeichens Referendarius, als solcher früher 1 ½ Jahre lang in Landsberg stationiert gewesen, kennt also die Lokalität und verschafft sich und mir durch eifriges Einreden auf den ihm persönlich bekannten Wirt der Krone und nach vielem Achselzucken dieses Wirts

schließlich doch noch hoch unter dem Dachfirst ein gemeinsames Kämmerchen. Im Restaurant auch die ersten bekannten Gesichter von aktiven Offizieren des Leibregiments. Landsberg ist mit Einquartierung überfüllt. Hier werden das 2. und 3. Bataillon des Reserveregiments 8 zusammengestellt. Nachdem wir mit unsäglicher Mühe auch noch unser Gepäck herangeholt haben – der Hausdiener war natürlich nicht zu haben – gehe ich sofort schlafen: es war ½ 12. Wolf frischt noch mehrere Stunden lang Erinnerungen auf. Jetzt ist´s 8 Uhr früh. Seit 1 Stunde bin ich wieder auf und mitten im Kriegstrubel drinnen, der noch garnicht anders ausschaut wie der wohlbekannte Manöverbetrieb. Nachher melde ich mich beim Bezirkskommando. Die Stadt selbst habe ich heute noch nicht und gestern nicht viel gesehen. Sie scheint viel größer als ich dachte: Wolf spricht von 38000 Einwohnern. Im übrigen hat sie aber bei dem wenigen, was ich gesehen, höchstens den Eindruck eines verstärkten Neuhaldensleben (5) auf mich gemacht. Hier verlautet: Wir kommen gegen Frankreich. Sollten wir uns dann nicht noch einmal in Magdeburg sehen??? Nun grüß die Kindlein und alle Bekannte. Kopf hoch und ausgehalten! Wenn irgend möglich, setze ich meine Kriegsberichte fort! Allerherzlichsten Gruß und Kuß!

Dein Gatte

1. Elisabether	Angehörige des 5. Preußischen Infanterieregiments. Benannt nach Königin Elisabeth (1801-1873), der Frau des Preußischen Königs Friedrich Wilhelm IV (1840-1861).
2. Königgrätzerstr	Die ehemalige Königgrätzer Straße in Berlin erhielt ihren Namen 1902 zur Erinnerung an die Schlacht bei Königgrätz am 3.7.1866. In dieser blutigsten Schlacht des 19. Jahrhunderts, in der Preußen unter dem Oberbefehl von Generalstabschef Helmuth von Moltke die vereinigten Truppen aus Österreich, Sachsen, Bayern, Hannover, Württemberg und Baden besiegte, standen sich auf einer Fläche von 10x5 km 400.000 Soldaten gegenüber. Auf Preußens Seite standen lediglich thüringische und norddeutsche Kleinstaaten sowie Italien. Durch den Sieg wurde Preußen zur Führungsmacht in Deutschland. Die Königgrätzerstraße heißt heute Ebertstraße im nördlichen und Stresemannstraße im südlichen Teil.
3. Schlesischer Bahnh.	1842 in Berlin als Frankfurter Bahnhof eröffnet. Umbenannt 1845 in Niederschlesisch-Märkischer Bahnhof, 1852 in Schlesischer Bahnhof, 1950 in Ostbahnhof, 1987 in Hauptbahnhof und 1998 wieder in Ostbahnhof.
4. Sachsengänger	Verarmte und arbeitslose Landarbeiter aus den deutschen Ostgebieten (Ostpreußen, Westpreußen, Posen), die aus wirtschaftlichen Gründen ihre Heimat verließen, um in Sachsen (daher die Namensgebung), Oberschlesien, Berlin oder dem RuhrgebietArbeit zu finden.
5. Neuhaldensleben	Der Ort Haldensleben wird urkundlich erstmals 966 erwähnt. Bedeutung erlangte in den folgenden Jahrhunderten jedoch das später in der Nähe gegründete und 1150 mit Marktrecht versehene Neuhaldensleben. Der ursprüngliche Ort Haldensleben wurde später zu Althaldensleben. Erst 1938 vereinigten sich beide wieder zu Haldensleben, das heute ca 19.000 Einwohner zählt.

2. Brief vom 7. August 1914 aus Landsberg a. Warthe / Deutsches Reich
(auf Briefbogen des „Hotel zur Krone", Landsberg)
(siehe Anhang: Briefkopie auf Seite 130, Landkarte 3 auf Seite 139)

Meine liebe kleine Frau!
Eben bekomme ich Deinen Brief. Vielen Dank für ihn. Ich lasse Dir ständig von meinem Sold, - soviel ich weiß, monatlich 310 Mark -, a/Kto überweisen. Du wirst dann der Bank kaum noch bedürfen. Hier geht die Mobilisierung glatt und rasch von statten. Es ist wahrhaft wunderbar, wie alles bis auf das letzte Gewehr und die letzte Patrone klappt. Gestern sind auch schon die letzten Mannschaften gekommen, sodaß wir jetzt in allem komplett ausrücken können. Ich bin 2. Leutnant der 7. Compagnie des 8. Reserveregiments. Regimentführer Oberstleutnant von Kleist, Bataillonskommandeur Major von Hake, Kompagnieführer Hauptmann von Rosenberg - Gruezinsky, 1. Kompagnieoffizier Leutnant d.R. Schultekump. Der Hauptmann, eben erst Hauptmann geworden, ist ein Namensvetter meines früheren Kompagniechefs bei der 6. Er macht einen ganz vorzüglichen ruhigen und sicheren Eindruck. Mit ihm und Schultekump werde ich sicher wie schon bisher auch weiter ausgezeichnet auskommen. Von sonstigen Bekannten sind noch Giserius und Müller-Kranefeldt im Bataillon und im Nachbarbataillon Möricke. Bisher ist´s ein herrliches Leben. Zwar hat man alle Hände voll zu tun; denn über 1000 Reservisten und Landwehrleute einzukleiden, ist wirklich eine schwere Arbeit. Dabei bin ich noch Menageoffizier (6) der Kompagnie (7), 1. Waffenoffizier und stellvertretender Adjutant des Bataillons. Aber es ist auch bei dem wahrhaft prächtigen Mannschaftspersonal, das wir bekommen haben, eine ideale Arbeit, die wir alle gern leisten. Wir rekrutieren uns zu 1/3 aus Berlin, zu 1/3 aus Landsberg und Cüstrin, zu 1/3 aus Kalau (8). Die Leute sind derart willig und couragiert, selbst unsere Berliner Jungen, daß man mit ihnen alles aufstellen kann. Mein Bursche heißt Wilhelm Waldt und ist seines Zeichens Glasschleifereibesitzer in Berlin. Ich habe ihn mir selbst ausgesucht, bisher aber noch nicht viel zu sehen bekommen. Doch liegt das nicht an ihm, sondern daran, daß ich fast nie vor 12 nachts nach Hause komme und morgens um 6 wieder raus muß. Wir wissen im Offizierkorps auch schon, wann wir marschieren und wohin wir bestimmt sind. Doch darf ich Dir nichts darüber schreiben, weil mein Brief immerhin in unbefugte Hände gelangen und dann ein Teil unserer Heeresaufstellung vorzeitig verraten werden könnte. Nur soviel kann ich sagen: Wir werden nach einer mir sehr angenehmen und meinen Annahmen vor der Abreise von Magdeburg entgegengesetzten Richtung dirigiert. Wegen alles Näheren wirst Du Dich schon auf meine späteren Nachrichten vertrösten müssen. Hoffentlich bleibt das Wetter so. Es ist ja gerade weder zu heiß noch zu kalt. Die hiesige Bevölkerung ist kolossal zuvorkommend. Jeder Soldat wird begeistert begrüßt. Unaufhörlich in endloser Kette rollt hier Zug auf Zug mit halbstündigen Intervallen gen Osten: ein erhebend Bild germanischer Wehrkraft. Niemand wird müde, immer wieder die 3 stolzen Lieder zu singen, an denen sich schon die Väter der jetzigen Generation berauschten, das „Deutschland, Deutschland über alles" (9), „Es braust ein Ruf wie Donnerhall" (10) und „Heil Dir im Siegerkranz" (11). Unaufhörlich geht es an der Bahnlinie entlang, die hier mitten durch die Stadt hindurchführt, schwarz von Menschen.

Der Regimentskommandeur und ein Leutnant der 5. Kompagnie haben sich an einem Tage verlobt, am nächsten verheiratet. Dabei findet aber schon niemand mehr etwas besonderes. Das geht so zu einem Ohr mit hinein, zum anderen heraus. Ich glaube: wenn es eine Seelenwanderung gibt, bin ich mal ein Landsknecht gewesen, so stecke ich jetzt mit Leidenschaft in diesem Betriebe drin. Und wunderbar: bei aller Eile geht die Maschine so glatt, so ruhig und sicher. Nervöser - erklärlicherweise - ist schon die Zivilbevölkerung mit ihrer Spionenfurcht. Denke Dir: vorgestern lieferten sie mir als Rondeoffizier **(12)** neben anderen tatsächlich verdächtig aussehenden Gesellen plötzlich auch den Rittmeister ein von den Schwarzen Husaren **(13)**, der bei meiner Abreise in Magdeburg auf dem Bahnhofe und mit mir bis Berlin gefahren war. Trotz seiner Uniform hatte man ihn wegen seines etwas ausländischen Typs verhaftet und zur Wache gebracht. Daß ich ihn sofort mit ins Hotel nahm, brauche ich wohl nicht erst zu versichern. Adieu denn! Grüß Putti und Wolfien und alle Bekannten und schreib bald wieder mal, worüber sich ebenso wie über Deinen heutigen Brief freuen würde

Adresse von Walter Peters? Dein Gatte

6. Menageoffizier	Für die Verpflegung von Offizieren und Mannschaften verantwortlicher Offizier
7. Kompagnie	Bis zum 1. Weltkrieg Schreibweise für Kompanie
8. Kalau	Kreisstadt im preußischen Regierungsbezirk Frankfurt / Oder in der Niederlausitz. Berühmt geworden durch die Satirezeitschrift „Kladderadatsch" (erschienen 1848-1944) mit ihrer Rubrik „Aus Kalau wird berichtet".
9. Deutschlandlied	Am 26.8.1841 von August Heinrich Hoffmann von Fallersleben auf Helgoland nach einer Melodie von Joseph Haydn gedichtet, 1922 zur deutschen Nationalhymne bestimmt.
10. Es braust ein Ruf	Dieses Lied besaß im deutschen Volk nach 1871 den Status einer Nationalhymne (Text 1840 von Max Schneckenburger, Melodie 1854 von Karl Wilhelm).
11. Heil dir im Sieger	1871-1918 Repräsentationslied im Deutschen Kaiserreich (Text 1793 von Balthasar Schumacher mit Untertitel „God save the King", Melodie wie englische Königshymne).
12. Rondeoffizier	Offizier, der mit zwei-drei Soldaten Wachen und Posten in Lagern und Garnisonen kontrolliert.
13. Schwarze Husaren	1741 gegründetes 5. Husarenregiment mit schwarzer Uniform (daher die Namensgebung). Auf Grund ihrer erfolgreichen Einsätze in den 3 Schlesischen Kriegen Friedrich des Großen 1740-42, 1744-45 und 1756-63, den Befreiungskriegen gegen Napoleon 1813-15 sowie dem Krieg gegen Frankreich 1870/71 erlangten die Schwarzen Husaren einen legendären Ruf. Bei den Husaren handelt es sich um eine Truppengattung der leichten Kavallerie, die bis zum Ersten Weltkrieg im Aufklärungs- und Vorpostendienst sowie zur Störung feindlicher Versorgungslinien eingesetzt wurden. Ihre Ursprünge liegen in Ungarn und Serbien. Daher auch ihre Tracht mit Pelzmütze, eng anliegender Hose und verschnürter Jacke. Bewaffnet waren sie mit Säbel, Pistole und kurzläufigem Karabiner.

3. Brief vom 13. August 1914 aus Unterweiden b Crefeld / Deutsches Reich

Meine Maus!
Näher schon grollt des Krieges Donner. Wir sind hier nur noch lumpige 20 km von der holländischen Grenze entfernt, gehören dem 3. Reservekorps und der I. Armee an, deren allernördlichsten Flügel wir zu bilden scheinen. Führer: General v. Kluck **(14)**. Dies zu Deiner Orientierung für die künftigen Kriegsbilder. Heute soll's losgehen; wohin weiß niemand. Es heißt: wir rückten noch heute in Holland ein zum Durchmarsch auf Belgien, speziell Antwerpen. Den Brief schreibe ich Dir jetzt kurz vor dem Abrücken. Ein herrliches Quartier haben wir hier. Ich liege mit dem Hauptmann, 2 Feldwebeln und 20 Mann zusammen auf einem großen Bauernhofe. Bebaut ist die ganze Gegend überall, wo nicht Industriebevölkerung sich häuft, in Einzelgehöften, deren Besitzer in Lebensanschauung und Art sich zu geben, ganz den Eindruck wie unsere eigenen Eltern und Schwiegereltern machen, sodaß man sich von vornherein heimisch fühlt. Alles geht infolgedessen bei dem herzlichen Empfang, den wir gefunden haben, und dem Bewußtsein, noch im Vaterlande zu leben, auch etwas manövermäßig zu. Selbst kleine Leute haben mich gestern, als wir einrückten und ich meinen Zug verteilte, mehrfach gequält, ihnen doch einen oder einige Soldaten ins Quartier zu geben - eine Bitte, die ich natürlich nach Möglichkeit erfüllt habe. Unter den Offizieren der Kompagnie wie des Bataillons - zum Regimentsverbande tanzen wir erst heute zusammen - herrscht im übrigen ein geradezu ideales Zusammenleben. Insonderheit kann ich mit dem Hauptmann und Schultekump sowie Müller-Kranefeldt aufs famoseste kramen. Und unsere Leute sind nach wie vor großartig, von einer geradezu wilden Begeisterung, und nachdem sie von den ekelhaften Greueltaten der Belgier erfahren, von einem fanatischen Hasse gegen die letzteren beseelt. Wenn wir mit diesen braven Leuten nicht gewinnen, dann können wir nur überhaupt einpacken. Über dem allen strahlt dann von Tag zu Tag ein wunderbarer Sonnenschein. Es ist herrlich! Hierher gelangt sind wir von Landsberg a/W bis Crefeld in einem ununterbrochenen Zuge mit 44 Stunden Bahnfahrt Tag und Nacht ohne längeren Aufenthalt, als zum Mittagessen unbedingt nötig war, dabei umbraust vom Jubel der gesamten Bevölkerung und gespeist und verpflegt vom Roten Kreuz derart, daß wir uns alle den Magen total verdorben haben. Es war ein Festestaumel, wie ihn der Siegeszug eines römischen Cäsaren nicht größer entfacht haben kann. Ich habe die ganze Zeit über mit Müller-Kranefeldt bei unserer Bagage **(15)** verbracht, die in offenen Lowrys **(16)** verladen war, und habe das wunderbare Bild der mitteldeutschen Landschaft vom äußersten Osten bis zum fernsten Westen wie in einem Kinematographentheater, auf dem Protzkasten **(17)** eines Munizionswagens erlöst sitzend mit freier Aussicht nach allen Richtungen der Windrose an mir vorüberrollen lassen, habe dort geschlafen und gegessen und bin nie von meinem Posten gewichen. Schöner als diese 44 Stunden Tag und Nacht ist mir noch keine Sommerreise gewesen. Wir sind über Güterglück-Güsten gefahren, dann über Sangerhausen, Herzberg, Altenbeeken, Paderborn, Soest. In Güsten waren wir in der Nacht vom Montag zum Dienstag etwa um 1. Ich habe noch des Tages gedacht, wo wir auf der Rückreise von Aschersleben dort das letzte Mal umgestiegen sind. In Paderborn begegneten wir den ersten gefangenen Belgiern,

einem von unserem 27. Regiment (Halberstadt) eskortierten Zuge von 600 Mann nach unseren Begriffen höchst unmilitärisch aussehender, stumpfsinnig dreinblickender Leute. - Ich bin gerade noch fertig geworden. Jetzt aber - es ist 6 Uhr früh - bläst der Hornist zum Aufbruch. Adieu, mein Lieb! 1000 Küsse Dir und den Kindern

Dein Otto

14. Kluck, A von	Generaloberst Alexander von Kluck (1846-1934) kommandierte 1914 die 1. Armee, mit der er auch 1914 den gescheiterten Angriff auf Paris unternahm. Wegen seines eigenmächtigen Vorgehens wurde er neben anderen mit verantwortlich gemacht für das Scheitern des Schlieffenplans, der von Generalfeldmarschall Alfred Graf von Schlieffen zwischen 1892 und 1905 ausgearbeitet wurde. Dieser sah einen Zweifrontenkrieg gegen Frankreich und Russland unter Verletzung der Neutralität von Belgien, Luxemburg und den Niederlanden vor. Englands Beteiligung wurde nur mit einem kleinen Expeditionskorps erwartet. Kluck wurde im März 1915 bei einer Frontinspektion schwer verwundet und schied 1915 aus dem aktiven Dienst aus.
15. Bagage	Bezeichnung gleichermaßen für Gepäck, Tross, Einheit, Fußvolk, Kolonne etc.
16. Lowry	Offene, nur mit niedrigen Einfassungen versehene Waggons, die auf Eisenbahnen zum Transport von Kohle etc benutzt wurden. Sie dienten zugleich als Kohlenmaß. 1 Lowry Steinkohle entsprach 90 Zentner.
17. Protzkasten	Die Feldlafetten der Artillerie wurden zwecks Fortbewegung aufgeprotzt, d.h. mit Protzen verbunden, wie die transportierenden Fahrzeuge genannt wurden. Über der Achse der Protze befand sich der Protzkasten, der zur Aufnahme von Munition, Zündungen etc diente. Auf seinem Deckel saßen während der Fahrt die drei Bedienungskanoniere der Feldlafette. Umgangssprachlich wird die Bezeichnung „Protzkasten" auch für „Toilette" gebraucht.

4. Brief vom 14. August 1914 aus Schafhausen / Deutsches Reich
(siehe Anhang: Landkarte 4 auf Seite 140)

Maus!

Die Feldpost funktioniert offenbar doch nicht so wie die gewöhnliche; denn außer dem einen Briefe, welchen ich von Dir nach Landsberg erhielt, habe ich bisher nichts aus der Heimat, auch von Hundisburg (18) und Emden (19) nicht gehört. Ebenso klagen die andern. Auch Rosenberg behauptet: seine Frau schriebe ihm sicherlich mindestens jeden zweiten Tag, ohne daß er bislang einen Brief ausgehändigt erhalten hat. Wir müssen uns schon trösten. Wer weiß, wie es in Feindesland wird? Vorläufig stecken wir immer noch im Vaterlande. Wenn Du unsere Route auf der Karte verfolgst, so wirst Du finden, daß wir uns von Unterweiden aus hart an der Grenze entlang ständig nach Südwesten fortbewegt haben. Wir sind über St Tönnis, Vorst, Süchteln, Dülken, Lüttelforst, Merbeck, Arsbeck, Wassenberg, Heinsberg nach hier Schafhausen (20) marschiert. Offenbar hat es zunächst in der Absicht unserer Heeresverwaltung gelegen, mit dem rechten Flügel der 1. Armee, den - wie ich Dir schon schrieb - unser Korps bildet, durch den schmalen Zipfel Holland bei Maastricht durchzustoßen. Wir wären sonst kaum so weit nördlich gesammelt. Bei uns sprach man auch schon von einem Ultimatum an Holland dahin, uns den Durchmarsch auf 24 Stunden zu gestatten. Dies Ultimatum scheint nun freilich nicht gestellt und aus irgendwelchen politischen Erwägungen scheint man von dem Einmarsche in Holland überhaupt wieder abgekommen zu sein. Wir wollen nun den an der schmalsten Stelle bei Sittard nur 10 km breiten, aber sehr langen Streifen holländischen Territoriums, die Provinz Limburg mit dem wunderschönen Käse offenbar um gehen. Seit 2 Tagen begleitet uns auch auf dem Marsche ein immer stärker auffallender, unaufhörlich tönender Geschützdonner, der nahe Bote des Kriegs - gottes. Niemand weiß recht, woher er kommt. Zuerst bei Krefeld hielten wir ihn lediglich für das Geschützfeuer von Landwehrartillerie, die sich auf dem großen Truppenübungsplatze bei Wesel für den Ernstfall einschoß; dann, da es bei unserem Marsche in südlicher Richtung statt abzuschwellen ständig zunahm, vermuteten wir: es seien bei Lüttich einige Forts noch nicht genommen und diese würden jetzt zusammengeschossen. Die Landeseinwohner erklären aber: der Geschützdonner von Lüttich sei viel stärker gewesen, und so halten wir das dumpfe monotone Grollen in der Ferne für die Beschießung von Huy und Namur, die unsere vordersten Truppen schon ganz energisch aufgenommen haben sollen. Unsere Leute brennen vor Ungeduld, dran zu kommen, und hoffentlich dauerts nicht mehr allzulange. Wir haben freilich, was die allgemeine Stimmung doch etwas drückt, in der Kompagnie sowohl wie in der ganzen Division auch, recht viele Fußkranke, namentlich unter den Leuten, die von ihrem Zivilberufe her das Wandern nicht gewohnt sind. In der Kompagnie von rund 270 Mann sind uns bisher bereits über 30 ausgefallen. Es ist das allerdings nichts außergewöhnliches, sondern eine altbekannte Erscheinung, unter welcher wir z.B. auch so gelitten haben: Du mußt bedenken, daß wir bloß Reservisten und Landwehrleute haben, und diese müssen eben noch nach und nach wieder auf die schweren, ihnen ungewohnten nägelbeschlagenen Militärstiefel einmarschiert werden.

In einer Woche spätestens wird das geschehen sein; dann mag kommen, was da will. In den Quartieren erhalten wir hier regelmäßig dicke Bohnen mit Speck, Schinken und Schwenkkartoffeln als warme Kost und als kalte Weiß - und Schwarzbrot, ein prächtiges Essen. Die Leute sind überhaupt nach wie vor von einer geradezu rührenden Aufopferung für die durchziehenden Truppen und stehen allenthalben mit Kaffee, Tee, Limonade, Bonbons, Zigarren auf der Straße. Demnächst mehr. 1000 herzliche Grüße und Küsse Dir und den Kindern

Dein Otto

18. Hundisburg	Ort nahe Neuhaldensleben (1938 in Haldensleben umbenannt) mit heute 1060 Einwohnern. Hier wurde Marie Wolfien 1883 als Tochter des Ackermanns (frühere Bezeichnung für Bauer) Carl Michael und seiner Frau Marie Elisabeth geboren.
19. Emden	Heute 370 Einwohner zählender Geburts- und Wohnort Otto Wolfiens, etwa 30 km nordwestlich Magdeburgs an der B 245 zwischen Haldensleben und der Autobahn liegend. Urkundlich erstmals 1022 erwähnt, 1485 von den Grafen von der Schulenburg erworben (s. Anm: 57, S. 58 „Schulenburg"), die 1945 enteignet wurden. In Emden bewirtschafteten die Eltern Otto Wolfiens einen etwa 100 ha großen Hof.
20. Schafhausen	Die von Otto Wolfien in seinem Brief beschriebene Strecke, die die 7. Kompanie im August 1914 an einem Tag von Unterweiden bei Krefeld über St Tönnis, Vorst, Süchteln, Dülken, Lüttelforst, Merbeck, Arsbeck, Wassenberg und Heinsberg nach Schafhausen zurück legte (siehe auch Landkarte 4), betrug 48 Kilometer.

5. Brief vom 18. August 1914 „Fast vor Visé" / Belgien
(siehe Anhang: Landkarten 5 und 6 auf Seiten 141 und 142)

Meine liebe lüttge Maus!
Schrecklich ist der Krieg, und der Übergang vom Manöverspiel zum Ernst wirkt doch erschütternd. Aus dem harmlosen Dörfchen Schafhausen mit dem lieblich klingenden Namen schrieb ich Dir den letzten Brief. Damals saß ich noch in einer Stube, wenn auch einer Bauernstube primitiver Art und konnte in den zwei Stunden, die mir der Dienst am Abend Zeit ließ, geruhig die Briefsachen mit Tinte machen; jetzt liege ich in einem großen Grasgarten, und in der kurzen Marschrast, während um mich die Kessel mit Erbssuppe brodeln, schreibe ich Dir diese Zeilen. Wir sind geruhig und friedsam durch blühendes Land und froh jauchzende Bevölkerung von Schafhausen nach Asten bei Herzogenrath gewandert. In der katholischen Pfarre kam ich zusammen mit dem Bataillonsstabe in ein herrliches Quartier. Trefflich kochte die Pfarrerskathie, und der Rote sowohl wie der Weiße war vorzüglich. Von Asten bis zur holländischen Grenze ist etwa eine viertel Stunde Weges, und ich habe natürlich nicht versäumt, mir die Grenze anzusehen, deren Überschreiten allerdings als Betreten neutralen Gebietes durch eine kriegführende Partei streng verboten ist. Die Grenzzone selbst war mit Seilen abgesperrt. Rechts standen niederländische Infanteristen in bestimmten Abständen, links unsere Soldaten, wobei sich die Niederländer in ihren schmucken dunkelblauen Uniformen gegenüber unseren nicht gerade sehr militärisch auftretenden Landsturmmännern recht gut ausnahmen. Die Holländer sind uns an der Grenze wie im Innern überaus freundlich gesinnt. Sie grüßen außerordentlich höflich und fingen gern Gespräche über die Weltlage an. Ich habe mir manchmal das Vergnügen gemacht, über die Grenze hinüberzuspucken, betreten, wie gesagt, durften wir holländischen Boden nicht. Am Sonntag war dann Ruhetag. Ich war als Bataillonskourier zur Besorgung verschiedener Einkäufe in Aachen und habe mir erlaubt, Dir von dort die Printen zu schicken, die hoffentlich bei Dir angekommen sind. Aachen ist eine ganz moderne Stadt. Schön, altertümlich und sehenswert aber Rathaus und Dom. Beide habe ich besichtigt. Nach bewegtem Abschied von Herrn Pfarrers Fleischtöpfen und moosumsponnenen Flaschen sind wir dann gestern nur die kurze Strecke bis Aachen marschiert, wo wir glücklich nachts um ½ 12 uns mit Gewehr im Arm in den Straßen zu kurzer Rast niederlegten. Um 4 ging's weiter, der Grenze Belgiens zu. In ständiger Steigung bergan durchquerten wir den Aachener Stadtforst, einen herrlichen Laubwald, der stark thüringische Züge trägt, bis wir endlich, nach etwa 1 ½ Stunden, morgens um ½ 6 vor dem Grenzstein standen. Am Bergkamm lag er. Ein dreimaliges Hurra, und seiner Majestät 7. Kompanie war in Feindesland. Bergab ging's nun. Zunächst alles genau so wie im deutschen Vaterlande. Dann das erste Dorf, Gemmenich. Nun aber doch schon ein ganz verändertes Bild. Zwar drüben wie hüben der Grenze dieselben kleinen schmucken Häuschen; aber vor ihnen kein freudig den Soldaten anlachender Bewohner. Vielfach sind die Läden geschlossen; alles ist leer und still. Offenbar sind die Einwohner größtenteils geflüchtet. Falls sich einmal jemand am Fenster oder in der Türe zeigt, ein scheu verschlossener, angstvoller Blick. Nun ein Gehöft, das niedergebrannt ist. Kahl starren die Mauern ins Land. Dann ist das Dorf

vorbei. Und nun von Ort zu Ort eine wunderschöne Landschaft; kein Feld, lauter mit Busch durchsetzte Weiden, soweit das Auge reicht, und darin prächtige Viehherden, ein Garten Eden, diese belgische Provinz Limbourg. Nichts gemahnt hier an den Krieg. Doch! Plötzlich am Wege 2 Pferdekadaver, denen Blut und roter Schaum von der Nase tropft; und von Dorf zu Dorf mehren sich die Brandstellen. Jetzt marschieren wir auf einem Hange etwa 1 Stunde entlang. Links von uns auf mindestens 10 km hinaus ein wunderbares Tal, wieder lauter Weiden, wie ich es so herrlich noch nicht gesehen habe. Da drin aber leuchten hier und dort die Brandfackeln empor, glüht rotes Feuer und qualmt der Rauch. Die Pferde- und andere Tierkadaver häufen sich und über dem allen liegt ein eigentümlicher aus Qualm und verwesendem Aas gemischter Geruch. In Warsage machen wir Wasserrast. Das ganze Dorf ist ein Schutthaufen. Ich soll mit meinem Zuge für die Kompagnie Wasser holen und gehe los, die Leute mit dem Gewehr in der einen, den Trinkgeschirren in der anderen Hand; ich selbst mit gespanntem Revolver voran. Das erste Gehöft ist total niedergebrannt und leer; kein Mensch und vor allem kein Brunnen zu finden. Am Fenster blühen noch die Geranien. In der Stube steht friedlich die Nähmaschine, vor ihr ein Stuhl mit angefangener Näharbeit. Im übrigen aber ist die rauchgeschwärzte Decke halb eingestürzt und liegt alles zerschlagen und zertrümmert durcheinander: Tische und Stühle, Kaffeetassen und Teller und sonstiges Hausgerät. Auf den aus den Betten halb herausgerissenen Matratzen wälzen sich Schweine und in der Ecke winselt ein versprengter Hund, dem das rechte Auge völlig ausgelaufen ist. Ich gebe ihm den Gnadenschuß. Die Kugel im Nacken schnappt er noch einmal; dann streckt er sich verendend. - Ich breche ab. Es geht weiter im Marsche. Morgen oder übermorgen, so heißt es, soll die erste Schlacht stattfinden. Wenn wir uns nicht wiedersehen sollten, Lieb, so kannst Du wenigstens versichert sein, daß ich wacker gekämpft haben werde.

Grüß die Kinder und sei selbst 1000x herzlichst gegrüßt

von Deinem Otto

6. Brief vom 22. August 1914 vom Etappenkommando Bilsen / Belgien
(siehe Anhang: Landkarte 6 auf Seite 142)

An Frau Rechtsanwalt Wolfien, Magdeburg.

Mein Mädchen! Schweinerei! Den Anschluß an die große Schlacht haben wir glücklich verpaßt. Mein Bataillon ist Etappenkommando zum Schutze der rückwärtigen Verbindungen der Armee auf der großen Heerstraße geworden und als solches zunächst vom Regiment abgezweigt. Von Warsage, dem furchtbar verwüsteten Ort, von welchem ich Dir am Schlusse meines letzten Briefes schrieb, zogen wir weiter auf Visé, eine Stadt von 6000 Einwohnern. Hast Du schon einmal einen derartigen Häuserkomplex in Flammen gesehen? Als wir auf der Höhe davor ankamen, brannte alles; aber auch alles. Und in dieses Meer von Rauch und Flammen stiegen wir hinab und über stürzende Balken, halb verschüttete Straßen, Tierkadaver bahnten wir uns den Weg zur Maasbrücke. Die eigentliche Brücke war von den Belgiern gesprengt; unsere Pioniere hatten aber bereits an Stelle der alten 2 neue errichtet, die wir dann spät Abends überschritten. Im Dorfe jenseits lag vor der Kirche der Pfarrer auf dem Bauche, erschossen, alle Viere von sich gestreckt. Und nun wirst Du sicher fragen: wozu diese Greuel, dieses Brennen und Morden? Das erinnert doch alles verflucht an den Dreizigjährigen Krieg? Da hast Du recht, unbedingt recht. Unseren braven Truppen ist auch sicherlich nicht leicht geworden, in einer derart brutalen Weise vorzugehen. Aber wo das geschehen ist, haben es sich allenthalben die Herren Belgier selbst zuzuschreiben. Wir kämpfen Soldat gegen Soldat. Wir führen den Krieg mit uniformierten Gegnern, die uns eben durch ihre Uniform als Gegner kenntlich sind. Die Zivilbevölkerung darf in den Kampf nicht eingreifen. Das ist ihr auch wohlbekannt. Einmal muß sie von ihren eigenen Behörden darüber informiert sein, wie das in Deutschland bei uns ja jedermann weiß; sodann haben aber auch unsere vordersten Truppen selbst in allen von ihnen passierten Orten Anschläge in französischer und flämischer Sprache vom Bürgermeister anheften lassen, in denen zur Abgabe aller Waffen im eigenen Interesse der Bevölkerung aufgefordert und jede Gewalttätigkeit seitens eines Zivilisten mit den schwersten Strafen bedroht wird. Trotz alledem haben die Einwohner in Warsage einen Rittmeister von den 3. Dragonern nachts im Bette erschossen, und in Visé sind unsere mit dem Bau der Maasbrücke beauftragt gewesenen 18. Pioniere zunächst bei Tage in der allerfreundschaftlichsten Weise aufgenommen; in der Nacht sind dann auf ein verabredetes Zeichen sämtliche Einwohner mit Flinten losgebrochen und haben 2 von uns getötet, 25 verwundet. Bei derartiger Heimtücke muß man eben leider schon zu den schärfsten Gegenmaßnahmen greifen. Schon kurz nach dem Passieren von Vise´ sollte unser Bataillon am eigenen Leibe erfahren, was es mit den Franctireurs (21), den heimlich knallenden Zivilisten, für eine Bewandtnis hat. Todmüde bezogen wir ½ 1 Uhr nachts auf den Maasbergen Biwak. Ich verfiel sofort in tiefen Schlaf. Plötzlich - es mag etwa ½ 2 gewesen sein - höre ich halb im Traum in die nächtliche Stille das scharf akzentuierte „Halt! Wer da?" des Postens hereinklingen. Und nach kurzer Pause nochmals: „Halt! Wer da?" Der Hauptmann, der hart neben mir lag, und ich fuhren fast gleichzeitig empor. Im selben Augenblick ging aber auch schon das Konzert los. Von allen Seiten knatterte Gewehrfeuer. Wir hörten die Kugeln uns um die

Köpfe pfeifen. Ein paar schlugen in unsere Bagagewagen ein. Die Kompagnien lagen schußbereit mit Gewehr im Arm; nur die Posten erwiderten das Feuer. Mehr war nicht zu machen; denn zu sehen war bei der Dunkelheit absolut nichts. Etwa nach 15-20 Minuten schlief das Feuer ein, und wir blieben von da ab bis zum Weitermarsch - ½ 4 Uhr - ungestört. Diesseits war der Führer des Lebensmittelwagens, ein Trainsoldat (22), leicht durch einen Streifschuß am Ellenbogen verwundet; gegnerischerseits sicher niemand; denn wir haben, wie gesagt, niemand sehen können. Offenbar hatten die Schweinehunde es auf die Zerstörung unserer Bagage abgesehen. Über Sichen marschierten wir weiter nach Riemst und hier ereilte uns das Schicksal, vom Regiment abgezweigt und zur fliegenden Kolonne designiert zu werden. Wir bezogen also in Riemst für 3 Tage Quartier, der Hauptmann und ich mit meinem gesamten Zuge bei einem Tierarzt. Nun fing wieder eine Art Manöverleben an. Am ersten Tage verhafteten wir freilich noch, durch die Erfahrungen der letzten Tage gewitzigt, den Pfaffen, Lehrer, Schulzen (23) und Tierarzt und hielten sie als Geiseln fest. Aber bereits am nächsten Tage ließen wir sie wieder frei, da die Bevölkerung denn doch offenbar einen ganz friedlichen Eindruck machte. Es ist uns dann auch tatsächlich kein Haar gekrümmt worden. In Riemst und Umgegend sitzen Flamen. Ganz auffallend ist es, wie friedlich sich diese in starkem Gegensatz zu den in und um Visé wohnenden Wallonen verhalten. Der Rassenwiderstreit zwischen Germanen und Romanen scheint dabei eine starke Rolle zu spielen. Außer Deinem ersten Briefe habe ich noch keinerlei Nachricht, weder von Dir noch sonst jemand. Alle Pakete müssen adressiert werden: „An den Leutnant der Reserve Wolfien, 8. Reserve-Infanterie Regiment, 7. Comp. Zu befördern durch das Ersatzbataillon des Leibgrenadier Regiments in Frankfurt a/O", sonst kommen sie nicht an. Allerherzlichsten Gruß!

Dein Otto

---

21. Franctireur	Bezeichnung für französisches Freikorps 1870/71 sowie französische und belgische Partisanen während des 1. Weltkrieges (Franc-tireur = Frei-schütz). Sie kämpften neben der regulären Armee und dienten zur Führung des sogenannten kleinen Krieges. Hervorgegangen sind die Franctireurs aus Schützengilden mit dem Namen „Sociétés des Franc-tireurs". Sie kämpften meist aus dem Hinterhalt gegen Transporte, Nachschubkolonnen, schwächere Abteilungen von Besatzungstruppen, Eisenbahnzüge und Aufklärungspatrouillen.
22. Trainsoldat	Soldat, der dem Tross- und Nachschubbereich zugeteilt war
23. Schulze	Amts- oder Gemeindevorsteher (Bürgermeister)

7. Brief vom 27. August 1914 aus Campenhout / Belgien
(siehe Anhang: Landkarten 6 und 7 auf Seiten 142 und 143)

Liebe Maus!

Die schlechte Tinte und die Fettflecke mußt Du schon entschuldigen. Ich liege hier in einer mit Stroh ausgelegten Stube mitten unter zerbrochenen Möbeln und zertrümmertem Geschirr auf dem Bauche, vor mir als Schreibunterlage der Tornister des Feldwebels Rosenfeld. Den letzten Brief habe ich Dir ja noch von Bilsen aus geschrieben. Ich lag dort Sonnabend und Sonntag mit der Kompagnie und dem Hauptmann sehr angemessen in einem Kloster; der Major mit seinem Stabe im Hause eines reichen Bankiers, der alles im Stich gelassen hatte. Fast den ganzen Sonnabend nachmittag und Sonntag haben wir zu dreien, der Major, der Hauptmann und ich, Skat gespielt und dabei geradezu unheimlich Sekt und Burgunder, lauter erlesene französische Marken, aus dem verlassenen Bankierskeller getrunken. Ich habe überhaupt noch nie in meinem Leben so reichlich und gut Rotwein getrunken wie in der letzten Woche. Die Belgier verfügen selbst in einfachen Häusern über große Quantitäten davon, trefflicher Qualität. Überall, wo die Häuser verwüstet sind, graben unsere Leute aus den Kellern die wunderschönsten Marken heraus und lassen sie sich als herrenlose Ware gut schmecken. Weißwein findet man kaum einmal. Als Bier wird allenthalben eine ganz leicht eingebraute Sorte getrunken, die stark an unser Weißbier erinnert, nur daß sie wieder einen dem Malzbier ähnlichen süßlichen Geschmack hat. Frére Jean, der Prior, versprach mir, als wir Abschied nahmen, alltäglich für Dich, Deine 2 Würmer und meine fröhliche Heimkehr eine Heilige Seelenmesse zu lesen. Wenn das nicht hilft! Inzwischen hat's schon geholfen. Am Montag marschierten wir seit Riemst durch friedliche unverwüstete Gegend bis Hasselt, der Hauptstadt von Belgisch Limbourg. Dort bezogen wir für eine Nacht bei einer Witwe mit 2 wunderschönen, leider erst 15 und 11 Jahre alten Töchtern Quartier. Am Dienstag kamen wir in anstrengendem Tagesmarsch bis Aarschot, also bereits nach Brabant hinein. Mit Aarschot beginnt wieder eine Region verwüsteten Landes. Allenthalben ist von hier ab wieder auf unsere Truppen seitens der Zivilisten geschossen, sodaß Dörfer und Städte fast ausnahmslos niedergebrannt sind. Abends um 6 rückten wir in Aarschot ein und um ½ 7 wurden wir alarmiert auf die Meldung hin, daß eine starke englische Kolonne im Anmarsch und bereits nur noch 5 km von Aarschot entfernt sei. Wir rückten darauf aus, besetzten die gefährdeten Stadteingänge, legten Schützengräben an und verbarrikadierten uns überhaupt nach Möglichkeit. Es erfolgte aber absolut nichts, sodaß wir schließlich gegen 12 Uhr nachts Alarmquartiere bezogen. Am nächsten Morgen rückten wir ganz früh aus, die Chaussee nach Löwen entlang. Ununterbrochen klang aus naher Entfernung Kanonendonner. Und plötzlich waren wir selbst drin. Das Bataillon hat zusammen mit 2 Kompagnien 75-ern (Regiment Bremen, Walther Peters war aber nicht dabei) und einer Kompagnie 20-er (Wittenberg) Rotselaer und Werchter **(24)** einer belgischen Radfahrerkompagnie, 3 abgesessenen Schwadronen belgischer Kavallerie, einer Batterie und einem Maschinengewehrzuge abgenommen - eine umso bemerkenswertere Tat, als auf unserer Seite nur Infanterie im Gefecht war. Die Belgier hatten rund 50 Tote. Die Verwundeten ließen sich nicht feststellen, da den Belgiern bei ihrer leichteren Beweglichkeit ein leidlich geordneter Rückzug möglich war. Allerdings ließen sie in unseren Händen ein Panzerautomobil, eine Reihe von Fahrrädern und 1 Gefangenen. Wir selbst hatten von den 13 Offizieren des Bataillons 3 verwundet und 8 Mann tot, 30 verwundet. Ich selbst bin, trotzdem ich mit in der vordersten Gefechtslinie war, unverletzt geblieben. Alle Einzelheiten hoffe ich Dir später noch schildern zu können. Wir haben nach dem Gefecht bei Herent biwakiert, das vollständig in Flammen stand. Auch die Stadt Löwen **(25)** ist vollständig eingeäschert, da auch ihre Bewohner unsere Truppen beschossen haben. Heute sind wir nach Campenhout weitergerückt und sollen heute abend - wie es heißt für längere Zeit - in Bulsom, einem ganz kleinen Dorfe, ins Quartier kommen. Dem Vernehmen nach werden wir, das 3. Reservekorps, zusammen mit dem 9. Reservekorps, also den Holsteinern, Hanseaten und Mecklenburgern, Antwerpen belagern. Gelegenheit zum Briefschreiben werde ich dann noch genügend haben. Lieber wär mir eigentlich: wir hätten Frankreich noch gesehen; aber ich kann natürlich nichts weiter machen, als mich in den Willen der Armeeoberleitung fügen, die mich offenbar gern dauernd hier in Belgien haben möchte. Eben gerade in diesem Augenblick bekomme ich die ersten beiden Karten, seit ich Landsberg verlassen habe - zwei sehr herzlich gehaltene, über die ich mich riesig freue – eine aus Emden von Mutter Mathilde und Adele, datiert vom 13.8., und eine von Clemens, datiert vom 17.8. Von Dir noch keinerlei Lebenszeichen. Ich weise nochmals daraufhin, daß alle Pakete unter der Adresse gehen müssen: „Zu befördern durch das Ersatzbataillon des Leib-Grenadier-Regiments in Frankfurt a/O." Sonst kommen sie nicht an. Nun Dir und den Kindern 1000 herzliche Grüße von

Deinem Otto

---

24. Rotselaer u W.	Rotselaer und Werchter, zwei kleine belgische Orte ca 10 km nördlich Löwen, bei denen im August 1914 ein Gefecht stattfand, an dem auch Otto Wolfien mit seiner 7. Kompanie teilnahm.
25. Löwen	Am 3.8.1914 begann der Überfall auf Belgien, am 19.8. befand sich Brüssel, am 20.8. Löwen in deutscher Hand. Wegen bewaffneten Widerstandes der Zivilbevölkerung in Löwen wurden vom 25.-28.8. zunächst alle Häuser, aus denen geschossen wurde, gestürmt, bewaffnete Zivilisten erschossen und die Häuser niedergebrannt. Ab 29.8. erfolgte nach Evakuierung der Bevölkerung dann die totale Einäscherung der Stadt Löwen (1081 Häuser) einschließlich Universitätsbibliothek, 248 Bürger starben. Um ein Exempel zu statuieren, wie es hieß. Für die Deutschen eine moralische und propagandistische Katastrophe. „Die deutschen Hunnen haben sich am belgischen Oxford vergriffen" (die Londoner „Times" am 29.8.1914).

8. Brief vom 2. September 1914 aus Wippen-Dries / Belgien
(siehe Anhang: Landkarte 8 auf Seite 144)

Meine liebe lüttge Maus!

Das letzte mal schrieb ich Dir, wenn ich mich recht erinnere, aus Campenhout. Inzwischen sind wir nur wenig weiter gerückt; wir sind nämlich hauptsächlich, das 3. und das 9. Reservearmeekorps, Belagerungsarmee von Antwerpen geworden und liegen mit der Front nach dieser Festung Hourt, nördlich Brüssel, in Wippen Dries bei Elewijt. Hier haben wir uns fest eingenistet und schanzen den lieben langen Tag. Ich bin vollständig Pionieroffizier geworden, kann die wunderbarsten Schützengräben, Schulterwehren **(26)** und Parallelen **(27)** bauen und krieche mehr wie ein Maulwurf unter als über der Erde herum. Meine Leute sind auch bei diesem Dienst famos; sie können einfach alles. Die Arbeiter graben, die Stellmacher und Zimmerleute bauen die Brücken; die Tischler verschalen die Schützen- und Laufgräben; die Schlachter metzgen die zahlreichen Rindviecher und Schweinchen; die Köche braten und wir alle essen sie. Unsere ganz großartige Anlage - wir haben allein unter der Erde, der Fliegersicht entzogen, einen saalartigen Unterkunftsraum für die Reserven der Schlachtlinie, der mindestens 200 Personen faßt - haben sie das Fort Rosenberg getauft, den Laufgraben „Landwehrkanal" benannt und die beiden Brücken über ihn die Rosenberg- und die Wolfienbrücke. Du siehst: mein Name wird unsterblich. Ich habe diese Art des Dienstes bisher noch sehr gern. Den Leuten sagt sie jedenfalls ungeheuer zu; denn man kann bei ihr wie bei keiner anderen jeglichen Mann an den ihm am meisten zusagenden Platz stellen. Nur fürchte ich: allmählich wird die Sache langweilig werden. Es heißt: wir sollen hier noch 2 bis 3 Wochen liegen bleiben und solange bleibt die ganze Schanzerei schwerlich interessant. Eine eigentliche Belagerung von Antwerpen beabsichtigen wir gar nicht. Dazu reichen einmal 2 Armeekorps gar nicht und dann: Was soll uns das ganz in der Ecke des Landes gelegene Nest viel nützen? Namentlich nachdem „Le roi des Belges" nach London auf- und davongegangen ist, offenbar, weil ihm die Sache auf dem Kontinent und selbst in der starken Feste Antwerpen zu kitzlich wurde? Nein; wir haben uns lediglich als Zernierungsarmee **(28)** quer zwischen Antwerpen und Brüssel gelegt in der Absicht, einen zweiten Vorstoß der Belgier nach Süden ebenso zu Schanden zu machen wie den ersten bei Rotselaer und Werchter. Dort hat das Regiment übrigens doch 86 Tote und 184 Verwundete verloren, darunter 1 Offizier tot und 11 Offiziere verwundet, einer hoffnungslos. Das Bataillon hat so verhältnismäßig wenig Verluste - 8 Tote und 30 Verwundete - nur um deswillen gehabt, weil es überraschend von der Flanke angriff und den Feind über den Haufen rannte, ehe es so recht zur vollen Entwicklung kam. Nachdem wir die Belgier dort derart energisch verhauen haben, werden sie schwerlich versuchen, noch einmal gegen unsere durch die Schützengräben außerordentlich verstärkte Front anzurennen. Alltäglich aber kreist über uns mit ungeheurer Frechheit, freilich auch vorsichtshalber in ungeheurer Höhe ein englischer Flieger, den wir bisher trotz aller Bemühungen noch nicht haben herabputzen können. Dafür sind aber auch bei diesem prachtvollen hellen Mondschein allnächtlich unsere Zeppeline in Antwerpen und laden dort ihre Portion Bomben ab. So haben sie nämlich schon die Gasanstalt in die Luft gesprengt. Regelmäßig finden auch noch kleine

Patrouillengefechte mit vorgeschobenen Abteilungen der Belgier statt. Hin und wieder wird dabei einmal jemand auf irgendeiner Seite verwundet oder erschossen. Auf den großen Gang der Ereignisse ist das natürlich ohne Bedeutung. Soviel von mir. Von Dir habe ich außer Deinem Briefe vom 17. und Deinem Schokoladenpaket vom 23.8., für welche beiden ich Dir herzlich danke, und über welche ich mich kolossal gefreut habe, bisher tatsächlich nichts erhalten. Ludchen gratuliere, wenn er noch bei Dir ist, aufs herzlichste zu seiner Vermählung. Ich werde natürlich an ihn persönlich auch noch einmal schreiben. Das Büro will ich, solange es irgend geht, beibehalten. Ich fürchte mit Huth, daß die Leute sich weggewöhnen, sobald ich es aufgebe. Daß Albrecht Dummheiten machen wird, fürchte ich viel weniger. Wenn ich dazu komme, schreibe ich an J.R. Schenck. Sonst teile Du ihm bitte neuerlich eventuell schriftlich mit, daß alles so wie bisher bleiben soll. 500 Mark schicke ich Dir anbei, um Deiner Geldnot zu steuern. Außerdem lasse ich Dir von meinem 310 Mark **(29)** betragenden Gehalt allmonatlich 200 Mark überweisen. Die ersten 200 wirst Du schon bekommen haben. Deine Briefe sowie andere Sendungen aus der Heimat erreichen mich immer erst nach etwa 10-14 Tagen, soweit sie überhaupt zum Ziele kommen. Aus Hundisburg und Emden haben sie mir auch schon wieder holt geschrieben. Für Schokolade als eiserne Ration bin ich stets äußerst empfänglich.
Herzlichen Gruß Dir, liebe Maus, und den Kindern

von Deinem Otto.

26. Schulterwehr	Teil des Schützengrabens. Es handelt sich um sogenannte „Erdklötze", die beim Bau von Schützengräben zum Schutz der Truppen vor den Gräben stehen bleiben, um die Wirkung einschlagender Granaten sowie die Längsbestreichung durch feindliches Gewehrfeuer zu verringern.
27. Parallele	Paralleler Verlauf der meist drei - jeweils etwa einen Kilometer hinter einander liegenden - Schützengräben, die zum Schutz vor Splittergranaten sägezahnartig angelegt und durch Wechselgräben miteinander verbunden wurden.
28. Zernierung	Vorstufe der Belagerung - also Einschließung, bzw Absperrung einer Festung
29. Mark (Währung)	1914 betrug das monatliche Gehalt eines Leutnants 310 Mark. Die Mark wurde am 9.7.1873 erste gesamtdeutsche Währung im Deutschen Reich. Sie galt bis 1923. Es folgten Rentenmark (1923-1924), Reichsmark (1924-1948), D-Mark (1948-2001) und Euro (ab 1999/2002). Der Gegenwert der Mark betrug 1881 6,40 EUR, 1900 6,00 EUR, 1914 4,70 EUR und 1915 nur noch 3,50 EUR. Otto Wolfiens monatlicher Verdienst von 310 Mark entsprach 1914 also etwa 1.400 EUR.

9. Brief vom 6. September 1914 aus Wippen-Dries / Belgien
(siehe Anhang: Landkarte 8 auf Seite 144)

Meine liebe lüttge Maus!

Heute ist der Sonntag, an dem wir vor einem Jahr, Brombeeren vertilgend, mit Freund Ludwig von Flechtingen nach Emden wanderten. Nie hätte ich daran gedacht, daß ich genau ein Jahr später im Schützengraben vor den Forts von Antwerpen liegen würde. Vorgestern haben unsere Mitte und der linke Flügel die letzten Belgier bis in die Höhe der vordersten Befestigungen zurückgedrängt; wir selbst standen dabei leider in Reserve. Heute ist unser Flügel zwecks Zerstörung von Brücken vorgestoßen und nach getaner Arbeit wieder in seine alte Aufstellung zurückgekehrt, ohne daß er irgendwo Widerstand fand. Das sind die einzig nennenswerten Ereignisse der letzten Woche gewesen. Im übrigen ist unsere Position nunmehr soweit ausgebaut, daß ihre Einnahme hier ganz unmöglich scheint. Erdarbeiten sind kaum noch zu machen, und so fangen wir langsam an, ein bißchen zu spazieren, viel faul auf dem Bauch zu liegen, noch mehr Skat zu spielen - der Hauptmann, der Major und ich - und sehnsüchtig nach Ruhm von den Taten anderer zu erzählen. Herzlichen Dank drum für die Zeitung, die Du mir letzthin schicktest. Zeitungen sind immer als Vermittler aller Neuigkeiten außerordentlich begehrt. Herzlichen Dank auch für Deine lieben Briefe vom 24. und 28. und die Karte vom 13. August, die ich jetzt noch nachträglich erhielt. Ich freue mich über jedes Wort. Putti und Wolfien **(30)** können ganz unbesorgt sein: Not brauchen wir in keiner Weise zu leiden. Das Bataillon hat sich hier in der von Einwohnern so gut wie ganz verlassenen Ortschaft aus den noch zahlreich bevölkerten Viehställen heraus eine Koppel geschaffen mit jetzt noch einigen 80 Stück Rindvieh und einigen 60 Schweinen. Wir melken und buttern und essen fast jeden Mittag und Abend warm. Wurstsuppe mit frischer Wurst und Pellkartoffeln und Tartar sind uns alltägliche Genüsse. Die Kartoffeln roden für uns unter militärischer Aufsicht aus der Nachbarschaft zusammengetriebene Zivilisten. Obst gibt´s natürlich in Menge. Äpfel, Birnen und Pflaumen, namentlich letztere, sind mindestens so gut wie bei uns. Dazu werden allenthalben in größten Quantitäten die in Belgien viel gebauten und prachtvoll gedeihenden Tomaten vertilgt. In Wein, lauter schwere französische Bordeaux und Burgunder - die deutschen Weißweine trifft man nicht - können wenigstens wir Offiziere schwimmen. Dagegen fehlt Bier hier auf dem Dorfe leider gänzlich. Die Einwohner sind Flamen, alle friedlich, aber doch vor der germanischen Invasion geflohen; namentlich, nachdem wir ihnen zur Freilegung unseres Schußfeldes eine Reihe von Gehöften hatten niederbrennen müssen. Dörfer in unserem Sinne als eine im wesentlichen kreisrunde, Dorf von Dorf scharf abgrenzende Häufung von Gebäuden kennen sie nicht. Die einzelnen Höfe ziehen sich vielmehr, Dorf in Dorf ohne feste Grenze verschwimmend, an der Straße ununterbrochen entlang oder liegen in Gruppen von 2-5 eingesprengt mitten im Felde. Über die Größe unserer Kossatenhöfe **(31)** wachsen sie nicht hinaus. Die Felder sind klein und schmal, das Land offenbar fruchtbar. Doch baut man nur Hafer, Kartoffeln und Klee, und künstlichen Dünger kennt man nicht. Die Ernte hat wegen des Krieges fast überall nicht eingebracht werden können; das Getreide liegt gemäht auf den Feldern oder steht gar noch im Halm und verdirbt. Groß ist der Viehreichtum. Vor der Stubentür haben sie im selben Hause die Schweine- und Rindviehställe. Im Sommer herrscht vielfach, aber nicht überall Weidebe- trieb. Die Wohnungen sind meißt wenig sauber, die Fenster häufig überhaupt nicht zum Öffnen eingerichtet. Die Bevölkerung ist ausschließlich katholisch. In jedem Hause trifft man infolgedessen ein Bild des Pano, wie der Papst auf vlä- misch heißt, und mehrere Bilder Deiner Namensvetterin Marie, ab und zu noch ein Bild des Führers des belgischen Boerenbondes **(32)**, aber fast nie - gerade im Gegensatz zu uns - Bilder des Königs oder der königlichen Familie. Verständi- gen kann man sich mit den Leuten ganz leidlich vermittels des Plattdeutschen. Als Sprachprobe diene z.B. das in den Kleinstädten vielfach angeschlagene, zugleich für den Kulturzustand bezeichnende „Het is verboden te wateren", was der Wallone mit „Défense d´uriner" übersetzt. Einige Sprachkenntnisse im Wallonischen eignet man sich infolgedessen sehr leicht an. Ebenso wie ich mich im Französischen bedeutend vervollkommnet habe. Man weiß z.B. in beiden Sprachen, was der Hafer, der Roggen, die Kartoffel, der Klee, das Heu, oder der Fußboden, die Decke, das Wasser, die Gabel, der Stuhl oder das Fleisch, die Butter, das Schmalz, das Brot u.s.w heißt. Eben erfahre ich noch, daß vom akti- ven Regiment bei den Straßenkämpfen in Tirlemont 4 Offiziere gefallen sind, darunter Wieser, wieder - soviel ich weiß - ein einziger Sohn. Dir und den Kin- dern heute 1000 herzliche Grüße

von Deinem Otto.

---

30. Putti u Wolfien	Seine Tochter Susemieke nannte Otto Wolfien „Putti", seinen Sohn Otto-Heinrich „Wolfien" oder „Ottheinrich"
31. Kossatenhöfe	Höfe mit kleinen Kotten, Hütten oder Katen (besonders in Preußen und Mecklenburg), die höchstens ½ Hufe Land besaßen. 1 preußi- sche Hufe entsprach 30 Morgen, 300 Gewenden, 900 Seilen oder 76.596 m². Ein Kossaten- oder Kossätenhof (der Begriff stammt ur- sprünglich aus den Niederlanden) war also maximal 40.000 m² oder 4 ha groß. Ihre Besitzer konnten daher höchstens etwas Vieh und ein Pferd halten und waren aus wirtschaftlichen Gründen gezwungen, auf den Höfen der umliegenden Bauern zu arbeiten. Ihre eigenen kleinen Hofstellen durften sie nur unmittelbar am Dorfrand erwer- ben.
32. Boerenbond	Verband, in dem flämische Bauern und Bewohner ländlicher Gebie- te organisiert waren.

10. Brief vom 14. September 1914 aus Grimberghen / Belgien
(siehe Anhang: Landkarte 8 auf Seite 144)

An Frau Rechtsanwalt Wolfien

Meine liebe lüttge Maus! 4 Tage ununterbrochen im Schützengraben, meißt bei strömendem Regen und furchtbarem Dreck, davon 55 Stunden hinter einander vom 11. mittags bis 13. abends ohne jede Pause Tag und Nacht im Gefecht, zischende Infanteriegeschosse, krachende Schrapnells (33) und Granaten, verstümmelte Tote, stöhnende und schreiende Verwundete - das ist so die Musik der letzten Tage für uns gewesen. Das Gefecht von Werchter war im Vergleich zu diesem letzten bei Eppeghem und Sempst wie das Vorspiel zu den Akkorden des Chorals, wie ein einfaches Butterbrot beim Frühstück zu einem Schlemmer Dinner. Unserem einen zweiten Bataillon stand in dreifacher Übermacht das belgische Eliteregiment gegenüber, die Chasseurs á pied (34), die nach Aussage ihrer Gefangenen von König Albert selbst ins Feuer geführt wurden. Wir hatten 2, sie 12 Maschinengewehre. 2 davon habe ich ihnen mit meinem Zuge genommen. Wir hatten 1 leichte, sie 2 schwere und 2 leichte Batterien Artillerie. Und trotz alledem haben wir sie niedergezwungen. Zweimal sind wir vergeblich über die deckungslose Ebene angerannt; zweimal mußten wir vor der Übermacht zurück, bis sie unter der Wucht unseres Feuers zusammenbrachen. Rund 200 Tote hatten sie, und 6 Maschinengewehre insgesamt hat unser Bataillon erbeutet. Unsere Verluste sind viel geringer; zur Zeit noch nicht genau zu übersehen. Ihre Gefangenen sagen immer nur eins: die Deutschen schießen so gut. König Albert soll erklärt haben, er müsse am 12. September wieder in Brüssel einziehen. Er ist zwar nicht am 12., aber am 13. wieder daheim in Antwerpen gewesen. Hart ist´s ja auch mir am Leben vorbeigegangen; aber ich bin unverletzt. Auf 30-40 Schritt haben sie einmal auf meine Patrouille und mich geschossen; wir lagen auf der Dorfstraße von Sempst, und sie knallten aus den Häusern, dem einen gings durch die Mütze, dem anderen durch den Ärmel; rings um uns schlugs in die Steine der Straße; aber keiner ist verwundet. Man gewöhnt sich dabei an alles. Auf Artilleriegeschosse, die 100 m vor oder hinter einem einschlagen, achtet man schließlich garnicht mehr. Ich habe es wie so mancher andere doch am dritten Tage glatt fertig gebracht, 3 Stunden im stärksten Feuer der Artillerie zu schlafen, bis ein großer von einer fast vor mir einschlagenden Granate aufgerissener Erdklumpen sowie abgerissene Zweige aus der dicht hinter uns stehenden Allee mir ins Gesicht schlugen. Es war eine herrliche Schlacht! Damals für Werchter wie für diese hat der Hauptmann mich zum eisernen Kreuz eingegeben. Aber es werden zu wenige verteilt; ich glaube nicht, daß ich es schon bekomme. Ich stehe mich mit Rosenberg ganz hervorragend, und mein Bursche Wilhelm, der Berliner Glasschleiffereibesitzer, der stets mit uns geht und neben mir liegt wie ein treues Hundlein, ist ausgezeichnet. Meine Jungs im zweiten Zuge waren im Gefecht - von wenigen Ausnahmen abgesehen - einfach prächtig. Wo die hintraten und wo die hinfunkten, da blieb kein Auge trocken. Jetzt bekommen wir schwere Artillerie heran, darunter österreichische Mörser, die uns schon bei Namur gute Dienste geleistet haben sollen; vor allem aber auch die Kruppschen 42cm - Geschütze, wie es heißt. Die Dinger schießen 25 km weit; das ist in der Luftlinie so etwa die Entfernung von Emden nach Magdeburg.

Feindliche Artillerie kann an sie bei dieser Entfernung nicht heran, sodaß sie ganz sicher stehen. Bei Lüttich haben sie mit ganzen 16 Schuß ein Fort vollständig niedergelegt. Die armen Antwerpener! Wir gehen allmählich von der bloßen Zernierung zur Belagerung über, wie Du schon daraus ersehen kannst, daß wir uns immer mehr nach Westen verschieben - von Wippen Dries bei Elewijt zunächst nach Eppeghem an der großen Heerstraße und Bahnlinie Brüssel - Antwerpen, jetzt nach Grimberghen -, und machen den Osten der Einschließungslinie für nachrückende Truppen, insbesondere Seebataillon **(35)** und Matrosenartillerie **(36)**, frei. Und wie geht's nun bei Euch zu Hause? Ich bin im Besitz Deiner lieben Briefe bis 6/9 einschließlich und freue mich immer über jede Nachricht. Erst vor wenigen Tagen noch bekam ich Deinen Brief vom 21.8. nachgeliefert. Ich brauche jetzt unbedingt die Heiseschen **(37)** Stiefel - meine hiesigen wurden stark reparaturbedürftig - und die Wahldiecksche **(38)** Hose sowie 2 Reservebatterien für meine bei nächtlichen Patrouillengängen stark in Anspruch genommene elektrische Taschenlampe. Wilhelm meint: auch neue Strümpfe - die alten hat er bisher immer mit liebevoller Sorgfalt gekocht - würden nötig sein: 1 bis 1 ½ Dutzend. Pakete müssen adressiert werden: An das Ersatzbataillon des Leib-Grenadier-Regiments in Frankfurt a/O; zu befördern an pp. im 8. Reserve-Infanterie-Regiment, 3. Reservearmeekorps, 5. Reservedivision, 2. Bataillon, 7. Kompagnie. Wenn die Post unter dieser Adresse nichts annehmen sollte, wende Dich bitte an das Bezirkskommando und laß die Sendung, dort verstempelt, an die 7. Kompagnie 8. Reserve - Infanterie - Regiment als amtliche gehen mit dem Vermerk auf dem Postabschnitt: Bitte an pp. abgeben. Amtliche Sendungen <u>müssen</u> befördert werden. Und Waltz bestell bitte: er möchte die Zigarren in Zukunft besser verpacken – sie kommen vielfach zerdrückt an - und er brauche seine Feldpostbriefe in Zukunft nicht unnötig zu frankieren. Tausendmal küßt Dich

Dein Otto

Hast Du meine 500 + 200 Mark erhalten? Rosenbergs Frau hat eine Geldsendung nicht bekommen. Frau Huth sollte 15 Mark monatlich erhalten. Entsprechende Anweisung hatte ich der Bank noch nicht erteilt. Veranlaß doch bitte noch das Nötige.

| 33. Schrapnell | Vom britischen General Henry Shrapnel (1761-1842) 1803 erfundenes, mit Kugeln und Sprengladungen gefülltes Hohlgeschoss (Granate). Im Detail handelte es sich um Artilleriegranaten, die mit 13-17 Gramm schweren Metallkugeln (Blei) gefüllt waren und die etwa 50 Meter vor dem Ziel in etwa 3-10 m Höhe explodierten, um eine möglichst breite und verheerende Streuwirkung zu erzielen. Gerichtet waren sie gegen sogenannte Weichziele, also Personen und ungepanzerte Fahrzeuge. Im Verlauf des Ersten Weltkrieges verloren sie ihre Bedeutung, da wegen des Grabenkrieges gedeckte Ziele selten wurden. Ersetzt wurden sie durch Sprenggranaten (z.Bsp. Handgranaten). Als Vorläufer der Schrapnellgeschosse gelten die Kartätschen, bei denen die Kugeln direkt und ohne Sprengladung verschossen wurden. |

34. Chasseurs á pied Jäger zu Fuß, Französische Bezeichnung für ein Eliteregiment
35. Seebataillon   Im Infanteriedienst ausgebildete Marinetruppe, ursprünglich gedacht zur Verteidigung von deutschen Kriegshäfen und Kolonialhäfen (1905 gab es drei Seebataillone).
36. Matrosenartillerie Marineeinheit, die eigentlich nur zur Besetzung von Küstenwerken in Kriegshäfen eingesetzt werden sollte und daher keine artilleristische Ausbildung an Bord erhielt. Wie auch die Seebataillone wurde die Matrosenartillerie im 1. Weltkrieg durch das Heer bei Landunternehmungen eingesetzt.
37. Heise   Örtlicher Schumachermeister in Neuhaldensleben (Heisesche Stiefel). Immer wieder spricht Otto Wolfien in seinen Briefen die „Heiseschen Stiefel" und „Wahldiecksche Hose" (s. Anm 38) an, die er so dringend benötigt und um deren Zusendung er so nachdrücklich bittet. Er bestätigt ihren Eingang schließlich erst in seinem 27. Brief vom 21. November 1914 aus Hazewind.
38. Wahldieck   Örtlicher Schneider in Neuhaldensleben (Wahldiecksche Hose)

Bataillons - Befehl vom 14.9.1914

Ich spreche den Kompagnien für ihr ruhiges Aushalten im Artilleriefeuer und für das sachgemäße Beschießen der feindlichen Schützen während der Gefechtslage bei Eppeghem meine volle Anerkennung aus, insbesondere dem Zug Wolfien für sein tatkräftiges Eingreifen beim Angriff der 5. Komp.
" 2. Bt. gez v. Haake, Major und Bataillonskommandeur."

11. Brief vom 18. September 1914 aus Wemmel / Belgien
(siehe Anhang: Landkarte 8 auf Seite 144)

Meine liebe lüttge Maus!

Bataillonsbefehl vom 14/IX: „Ich spreche den Offizieren und Mannschaften meines Bataillons für ihr ruhiges und sicheres Verhalten im Gefecht bei Eppeghem die volle Anerkennung aus, insbesondere dem Zuge Wolfien für sein tatkräftiges Eingreifen beim Zurückgehen der 5. Kompagnie." „2. Bt. gez v. Haake, Major und Bataillonskommandeur." Du magst daraus entnehmen, daß Dein Mann sich nicht furchtsam hinter der Front herumdrückt. Ich hoffe, es wird nunmehr zum Eisernen Kreuz 2. Klasse langen, dann geht´s mit Zuversicht und Gottvertrauen auf die 1 los. So verschiedene Episoden aus dem Gefecht: „Cziborra" - notabene Pollack und mein Flickschuster - „Mensch, warum schießen Sie eigentlich nicht mehr?" „Herr Leutnant! Über den Hund da drieben habe ich mich schon zu sehr geärgert. Auf den habe ich schon sechs mal geschossen un kriege´n nich dot." Dann Erich Grugge, von meinem Zuge unter meinem eifrigsten Unteroffizier Liebelt, kocht in einem der Häuser am Nordrand von Eppeghem hart hinter unserem Schützengraben im heftigsten Artilleriefeuer ab. Eine Granate fährt mit Donnergepolter durch die vorderen Zimmer; glücklicherweise nicht in die Küche, aber die Wand nach der Küche hin bricht zusammen, und von dem furchtbaren Luftdruck setzt sich alles auf den Hosenboden, darunter auch der Mann, der die Salzkartoffeln eben vom Herde gehoben hatte. Über den Boden rollen die kostbaren Früchte, nach deren Größe der Landbewohner seinen Verstand abmißt. Und nun die ersten Worte des Unteroffiziers aus Dampf und Rauch heraus: Nicht etwa die Frage „Wer ist getroffen?" sondern „Verfluchtes Aas! Hättste wenigstens den Kochtopp festgehalten." Drüben vor uns mitten in der dunklen unaufhörlich feuernden Schützenlinie, die sich so markant aus dem grünen Kleefelde abhebt - die Belgier tragen noch kein feldgrau, sondern blau - liegt ein Mann, der unausgesetzt nach rechts und links mit halb erhobenem Oberkörper hinübergestikuliert, offenbar ein Offizier. „Jungs, paßt nun auf den auf." Drei meiner besten Schützen liegen zufälligerweise dicht bei mir. „Ihr, Fründt, Neumann und Riegel! Gleich wird er wieder hochkommen." Jetzt hebt er sich wieder. Dreimal ein scharfer Knall, knack, knack, knack. Ein Schuß hatte gefehlt, einer saß in der Schulter, einer im Herzen. Heldentod. So könnte man noch stundenlang weitererzählen. Mehr im Frieden; für heute sei´s genug. Wir sind von Grimberghen am 15. zunächst nach Brusseghem gerückt, wo wir alle auf Stroh in der Kirche lagen; dann am 16. von dort nach Wemmel. Hier liege ich bei einer ewig keifenden alte Dame prächtig in Quartier, der ich aber erst unter gelindem Druck nach mehrmaligem Aufschlagen auf den Revolver „Le Salon" entreißen konnte. Nachher war sie friedfertiger, Madame van den Brinck, und behauptete: „Nous ne sommes pas des ennemis, des Francais, des Anglais, des Wals (Wallonen); nous sommes neutres, les Vlams." *(Übersetzt: „Wir sind keine Feinde, Franzosen, Engländer oder Wallonen, wir sind neutrale Flamen").* Weitere Ergüsse schnitt Wilhelm ab mit den Worten: „Ja! Du bist mir schon so´n Flamingo." Gestern wurden wir mal wieder wie so häufig alarmiert. Regiment 48 hatte Termonde angegriffen - in Deinem Atlas vielleicht vlämisch als Dendermonde verzeichnet -, hatte die Belgier am Vormittag herausgeworfen, dann aber am frühen Nachmittag vor überlegenen Kräften mit schwerer Artillerie den Platz wieder räumen müssen. Wir sollten helfen und marschierten ab. Unterwegs habe ich nun in Merchtem auf dem Marktplatze den zweiten Bekannten (der erste: Assessor Thurmann) dieses Feldzuges getroffen. Ein Landwehrunteroffizier **(39)** mit germanisch rot-blondem struppigem Vollbart fing auf einmal an, neben mir herzutraben, ohne daß ich ihn zunächst weiter beachtete, bis er schließlich schüchtern rief: „Vetter Wolfien." Da sah ich auf, und in den Armen lagen sich beide und weinten vor Glück und vor Freude. Wer war es? Walter Hachtmann vom Regiment 48. Er ist bei der Bagage und infolgedessen noch niemals im Treffen gewesen. Es war ein flüchtiges, aber herzliches Wiedersehen. Während des folgenden Gefechts bei Termonde standen wir dauernd in Reserve. Die 48er schmissen, verstärkt durch ein Bataillon von uns, den Feind schon wieder hinaus, ehe wir noch eingreifen konnten. Mit Nachtmarsch erreichten wir heute morgen ½ 4 Wemmel wieder. Brüssel sieht man von hier aus liegen. Es ist nur 7-8 km entfernt. Das Verhältnis ist also ungefähr so wie Meitzendorf zu Magdeburg. Hineinkommen werde ich allerdings, so gerne ich es möchte, wohl kaum; denn der Dienst verbietet naturgemäß jede Entfernung von der Truppe. Wilhelm meint: Du möchtest mir noch ½ Dutzend Strümpfe mitschicken. Gern hätte ich auch noch eine Büchse Kakao; und Delikatessen aller Art, soweit sie sich längere Zeit frisch erhalten, wie Ölsardinen, auch Wurst, begrüßen Rosenberg und ich zur Bereicherung der Offiziersmenage **(40)** sicher mit großen Freuden. In Brüssel ist alles so schrecklich teuer, und auf dem Lande ist längst alles von den Truppen aufgesogen. Nur an Wein ist nach wie vor herrlicher Überfluß. Papa für seinen lieben ausführlichen Brief vom 7/9 ebenso wie Dir für Deine letzten lieben ausführlichen Nachrichten 1000 Dank und 1000 Grüße

von Deinem Mann

---

39. Landwehr	Die Landwehr wurde am 17.3.1813 nach einem Entwurf von Scharnhorst (1755-1813) in Preußen eingeführt. Die Reform vom 16.4.1871 sah für alle Deutschen die Ableistung eines dreijährigen aktiven Dienstes im stehenden Heer vor. Ihm folgte die Überführung in die Reserve für zwei Jahre. Danach wurde bis zur Vollendung des 39. Lebensjahres in die Landwehr überwiesen. In der Landwehr gab es 2 Aufgebote. Dem 1. Aufgebot gehörten die Wehrpflichtigen 5 Jahre an, mit der Pflicht, jährlich an zwei etwa dreiwöchigen Wehrübungen (Manövern) teilzunehmen. Ihm folgte das 2. Aufgebot für weitere 3 Jahre. In dieser Zeit mussten die Wehrpflichtigen jährlich eine Wehrübung zusammen mit Angehörigen des 1. Aufgebotes absolvieren. Ab 40. Lebensjahre wurde bis zum 60. Lebensjahr in den Landsturm überwiesen, der nur im Krisenfall (wie z.Bsp. dem Ersten Weltkrieg) einberufen wurde. Wehrübungen mussten im Landsturm nicht mehr geleistet werden. Die Offiziere der Landwehr entstammten meist dem Reserveoffizierskorps (aufgebaut aus den Einjährig-Freiwilligen). Nach dem 1. Weltkrieg wurde die Landwehr durch Art. 173 des Vertrages von Versailles abgeschafft.
40. Offiziersmenage	Bezeichnung für die Verpflegung, Haushaltung und Bevorratung von Offizieren

12. Brief vom 22. September 1914 aus Wemmel / Belgien
(siehe Anhang: Landkarte 8 auf Seite 144)

Meine liebe, liebe Maus!
Die aller-, allerherzlichsten Glückwünsche zu Deinem Geburtstage, dem 31., mit dem Du nun definitiv den Schneider (41) verläßt. Zum ersten Male seit 7 Jahren müssen wir ihn getrennt von einander feiern; zum ersten Male kann ich Dir nichts auf den Geburtstagstisch legen; denn hier in Wemmel gibt es nichts, nicht einmal Petroleum, und meine Bitte um Urlaub nach Brüssel hat der Hauptmann abschlägig befunden: er könne nicht den einzigen Offizier bei seiner Kompagnie entbehren, auch nur einen halben Tag lang nicht; zudem sei er selbst noch nicht dort gewesen. So bleibt mir denn nichts weiter übrig, als Dir im Geiste umso kräftiger einen Kuß aufzudrücken und Dich wegen aller Geburtstagswünsche auf die Zeit nach dem Friedensschlusse zu vertrösten. Doch - eins habe ich für Dich, und es wird Dir hoffentlich eine ebenso große Freude sein, wie es mir gewesen ist. Ich wollte nämlich, Du könntest mich einmal so sitzen sehen, hier in meinem Schlafkämmerchen im Hause der keifenden Alten. Mein ganzes Mobiliar besteht aus einer Bettstelle mit Matratze ohne weitere Zutaten, einem wackligen Waschtisch, den der wackere Wilhelm mit sanfter Gewalt der Dame des Hauses aus ihrem Kabinett entführt hat - sie mag sich am Brunnen waschen, einem Stuhl - sie mag auf dem Teppich sitzen und einem topfartigen Gefäße - sie mag über den Hof gehen. All ihr sonstiges Gerät hat die Gute nämlich vor den Deutschen Horden gen Brüssel - offenbar zu irgendeinem Spediteur - in Sicherheit gebracht. Wenn Du mich nun aber hier so auf der Kante meines Bettes abends um 9 bei einem Talglicht sitzen und diesen Brief an Dich schreiben sähst, dann würde Dir sicher, von dem schwarzen Kaiser – Friedrich – Bart abgesehen, noch eins auffallen: so in der Höhe des dritten Waffenrockknopfes nämlich ein kleines durch das Knopfloch geschlungenes schwarzweißes Bändchen und an dem Bändchen hängend ein schwarzes Kreuz in silberner Einfassung, auf der Vorderseite mit einem gekrönten „W" und der Jahreszahl 1914, auf der Rückseite mit einem gekrönten „FW", einem Eichenzweige und der Jahreszahl 1813 versehen: das Eiserne (42) für Eppeghem, Deinem Manne verliehen, „wegen sicherer und zielbewußter Führung seines Zuges, schneidigen Patrouillengehens und hervorragender Tapferkeit vor dem Feinde". So, das sei mein Geburtstagsgeschenk für Dich, vorläufig das einzige. Papa gratuliere ich noch besonders. Erlebt haben wir sonst seit meinem letzten Briefe nicht sonderlich viel. Wir sind hier in der Brigade zusammen mit der 37. Landwehrbrigade - den Regimentern 73 und 74 aus Hannover, - linke Flankendeckung der Belagerungsarmee zur Verfügung des Oberkommandierenden geblieben und stehen darum soweit auf Brüssel zurück. Von Sonnabend bis Montag war mein Bataillon auf Vorposten in Ohsel. Es herrschte ein Hundewetter; der Regen goß in Strömen, und der Wind pfiff aus allen Himmelsrichtungen. Die armen Kerle mußten dabei teilweise mit ihren nassen Kleidern in Zelten liegen, durch die es bald hindurchplanschte. Es war so die richtige Schweinerei wie in einem verregneten Manöver. Der Rest der Kompagnie lag allerdings mit dem Hauptmann und mir zusammen famos, die Leute in warmen heu- und strohgefütterten Ställen und Scheunen, wir Offiziere im dazu gehörigen Château bei Mr. Anne de Molina. Herr Anne de Molina konnte

zunächst nichts finden, nicht einmal die Schlüssel zu seinen Stuben und Kellern. Als wir ihm aber erklärten, dann bliebe uns eben weiter nichts übrig, als die Türen aufzubrechen, war auf einmal alles da. Wir wurden trefflich in diesem mit alten Niederländern reich ausgestatteten Château beköstigt, freilich aus Steingutgeschirr, das noch dazu halb zerbrochen war, und mit reichlich abgebrauchten Messern und Gabeln gewöhnlichster Art - offenbar dem Dienergerät. Aber auf Ausstattung legt man im Kriege keinerlei Wert, und da dickbäuchige Flaschen prächtigen alten Rotweines uns in Menge tagtäglich zur Verfügung standen, haben wir über die Mängel der Aufmachung weiter kein Wort verloren. Am Montag kehrten wir nach Wemmel zurück. Die Beschießung der Festung hat noch immer nicht begonnen. Wie es heißt, fehlt es bei unserer schweren Artillerie noch an Munition. Ab und zu funkt der Feind mal aus einem Brummer herüber. Ab und zu hört man selbst das Gewehrfeuer der Infanterie, wenn sich die Patrouillen beknallen. Ab und zu gibt's dabei Tote und Verwundete. Aber das ist etwas Alltägliches, um solche kleinen Ereignisse kümmert sich kein Mensch. Ich bin jetzt im Besitze Eurer lieben Briefe und Pakete mit Schokolade und Zigarren bis einschließlich der von Putti abgeschnittenen und danke Euch für all die Beweise der Liebe und des Gedenkens herzlichst. Auch von Leni und Liese Koch und Donnerbergs habe ich bekommen. Du weißt garnicht, wie sehr ich mich immer über alles freue. Nochmals allerherzlichsten Glückwunsch!

Dein Otto

| 41. Schneider | Mit dieser Formulierung nimmt Otto Wolfiens offensichtlich Bezug auf den „Schneider" im Skat, aus dem man ist, wenn man mehr als 30 Punkte hat. Er meint damit wohl den 31. Geburtstag seiner Frau, mit dem sie die 30, also den Schneider verlassen hat. |
| 42. Eiserne Kreuz | Das Eiserne Kreuz (EK) wurde von König Friedrich Wilhelm III von Preußen (1797-1840) aus Anlass der Befreiungskriege gegen Napoleon als EK I und II am 10.3.1813, dem Geburtstag seiner 1810 verstorbenen Frau, Königin Luise, gestiftet. Er hat es zusammen mit Karl Friedrich Schinkel entworfen. Das EK bestand in Anlehnung an das Balkenkreuz des Deutschen Ordens aus einem silbern eingefaßten schwarzen Kreuz. Die Vorderseite (VS) war 1813 leer, auf der Rückseite (RS) fanden sich Jahreszahl (JZ) 1813, Initialen FW für den Stifter sowie Krone und Eichenlaub. 1870 wurde das EK von König Wilhelm I von Preußen (1861-1888), 1914 von Kaiser Wilhelm II (1888-1918) sowie 1939 von Adolf Hitler neu aufgelegt. 1870 zeigte die VS Krone, W und die JZ 1870, die RS Krone, FW, Eichenlaub und die JZ 1813. 1914 fand auf der VS oben eine Krone, unten die JZ 1914 und mittig ein W für Wilhelm II, die RS blieb gegenüber 1813 und 1870 unverändert. 1939 zeigte die VS mittig ein Hakenkreuz und unten die JZ 1939, auf der RS stand die JZ 1813. Die RS des EK I blieb 1813-1914 ohne Beschriftung, 1939 stand dort nur die 1813. Verliehen wurde das EK bis 1914 an einem schwarz-weissen, 1939 an einem schwarz-weiss-roten Band. Anders als 1813 bis 1914 wurde das EK im Zweiten Weltkrieg nur an Kriegsteilnehmer verliehen. |

13. Brief vom 27. September 1914 aus Boort Meerbeek / Belgien
(siehe Anhang: Landkarte 8 auf Seite 144)

Meine liebe lüttge Maus!

Zur Abwechslung sitze ich hier am Sonntag morgen um 8, während Ihr zu Hause sicher in Tartar und ähnlichen Genüssen schwelgt, mal wieder am rechten Flügel unserer Stellung mitten in einem Kohlrübenfelde auf einem belgischen Tornister, kaue Wules Schokolade und schreibe diesen Brief an Dich. Seit ich dir das letzte Mal schrieb, sind wir militärisch um einen großen Schritt vorwärts gekommen: der Angriff und die Beschießung der Festung haben begonnen. Zwar ist die ganze Angriffsarmee nicht stärker als 2 Korps, und in Antwerpen sollen nach zuverlässigen Meldungen nahezu 3 Korps belgischer, teilweise auch englischer Truppen versammelt sein, aber Du wirst erleben, daß wir´s schaffen, und vielleicht schon geschafft haben, wenn Du diesen Brief in Händen hältst. Am Donnerstag den 24. erfuhren wir in Wemmel zu unserer großen Freude, daß endlich der Untätigkeit ein Ende bereitet werden sollte, da genügend von unserer schweren Artillerie jetzt heran sei. Am 25. sollte die Infanterie in das vorgeschriebene Angriffsgelände rücken. Wir marschierten infolgedessen über Laeken mit prachtvollem königlichen Schloß, der Residenz weiland Leopolds, und Dieghem nach Boeken. Und hier wurde uns wieder ein Spezialauftrag, über den ich mich fast mehr noch wie über mein eisernes Kreuz gefreut habe. Glück muß man haben, und ich finde, bisher habe ich es - unberufen - in diesem Kriege reichlich gehabt. Zunächst erfuhren wir freilich nichts weiter, als daß die Kompagnie Rosenberg dazu bestimmt sei, nach dem anstrengenden Marsche Wemmel - Boeken noch weiter gen Boort-Meerbeek zu ziehen zwecks Bedeckung dort haltender Artillerie. Darauf haben wir geschimpft: einmal, weil es noch mehr als 6 km Marsch waren; dann, weil wir nun hinten liegen mußten, und nicht den wunderschönen Angriff mitmachen könnten. Als wir aber in Boort-Meerbeek ankamen und erfuhren, daß es nicht die gewöhnliche landläufige Ware von Artillerie sei - solche, wie Walther und Karl August bedienen -, sondern aller erste Qualität, königliches Geblüt, da herrschte unbeschreiblicher Jubel vom Hauptmann herab bis zum jüngsten Rekruten. Weißt Du, was es ist? Die sagenhaften 42cm Geschütze **(43)** sind es, die ausgerechnet die Kompagnie Rosenberg von S.M. Leib. Reserve während der ganzen Belagerung in ihre persönliche Obhut nehmen soll. Ein herrlicher Auftrag. Zuerst quartierten wir uns in Häusern ein, die rund 3-400 m links vorwärts der Geschütze außerhalb des Schußbereichs lagen. Aber der Hauptmann Becker, der die Batterie unter sich hat, erklärte: da müßten wir raus; beim ersten Schuß würden alle Fensterscheiben platzen, beim 10. ungefähr sich die Ziegel von den Dächern lösen und so beim 100. die Häuser umstürzen - alles bloß vom Luftdruck der Geschosse. Jetzt liegen wir infolgedessen hinter der Front. Die Dinger reichen bis 22 km; das ist in der Luftlinie wenigstens die Entfernung Neuhaldensleben - Magdeburg. Wir schießen aber vorerst von hier nur auf 9 - 12 km. Eine Granate wiegt 8 Zentner; und es grenzt doch ans Märchenhafte, sich auszumalen, daß Menschenkraft ein derartiges Ding auf solche Entfernung und dazu mit derartiger Wirkung schleudern kann. In den Lütticher Forts sollen belgische Kanoniere ohne Schußverletzungen, allein von den Gasen des platzenden Geschosses erstickt, aufrecht an den Wänden lehnend tot gefunden sein. Die Geschütze ruhen auf starkem Betonunterbau und ragen auf 3 ½ m über den Erdboden heraus, trotzdem sie 2 ½ m tief eingelassen sind. Die Geschosse werden auf Förderbahnen herangerollt und mit Flaschenzügen eingeladen. Nähere Einzelheiten werde ich Dir aus Gründen der militärischen Geheimhaltung nicht mitteilen dürfen. Auch unsere Leute sind zu strengstem Schweigen verpflichtet. Wir haben bisher den Unterbau fertiggestellt. Heute werden die Geschütze eingelassen, und während vor uns der Infanteriekampf bereits tobt, und um uns die kleineren und größeren Geschütze bis zu den 21cm - Mörsern unaufhörlich brüllen, werden die Grafen und Könige, die 30,5 und 42cm erst morgen früh um 9 beginnen. Ich bin gespannt. Ein großes Paket habe ich von Euch noch nicht erhalten, dagegen viele kleine mit Poststempel bis 17.9. Besten Dank. Schick mir vor allem sofort die Stiefel. An Dich abgesandt habe ich bisher insgesamt 700 M. Schreib, ob Du es hast. Euch allen 1000 Grüße, Dir noch 1000 Küsse

von Deinem Otto

---

43. Dicke Bertha

Bei der „Dicken Bertha" handelte es sich um einen 42cm Mörser (Steilfeuergeschütz), der im 1. Weltkrieg erstmals eingesetzt wurde. Doch selbst unter guten Vorrausetzungen (Auftreffwinkel, Größe und Art von Sprengladung und Zündermechanismus sowie nicht zuletzt die Art des Ziels) drang die 42 cm Granate der "Dicken Berta" nur etwa einen Meter in einen harten, massiven, eisenarmierten Betonblock ein. Bei freitragenden Betondecken mit großem Stützabstand hatte die 42 cm Granate dagegen ein leichtes Spiel, die Träger wurden durchbogen oder gar zerbrochen. So hat die "Dicke Berta" beim Beschuss der älteren belgischen und nordfranzösischen Forts, die noch Ziegelsteinhohlräume hatten, ihre Erwartung zwar voll erfüllt und die Decken der Befestigungen glatt durchschlagen doch gegen die tief versenkten Betonräume, vor allem die der Außengürtel der Festung Verdun (z.Bsp. Fort Douaumont), hatte sich selbst die 42 cm Granate als machtlos erwiesen. Auch hier ist es dem Geschütz wie an allen anderen Einsatzorten zwar möglich gewesen die Aufbauten restlos zu vernichten, doch die erhoffte Zerstörung der neuzeitlichen Forts mit massiven Betondecken ist ihm nicht gelungen. Generell war die "Dicke Berta" ein sehr teures und daher nur strategisch verwendbares Gerät, das nur gegen die am stärksten befestigten Ziele eingesetzt wurde. Ein Geschütz kostete 1 Million Mark, 1 Schuß 1.500 Mark (= ca 7.000 €), angelegt waren die Mörser für etwa 2000 Schuß, danach war die „Dicke Bertha" nicht mehr einsetzbar. Es gab von ihr 2 Modelle: das 42,6 t schwere M-Gerät (es schoß 810 kg Granaten bis 9,3 km) sowie das 150 t schwere an Eisenbahn gebundene Gamma-Gerät, das 1.160 kg schwere Granaten 14,1 km weit schoß. Eine wesentlich stärkere Feuerkraft hatten dagegen die Haubitzen Skoda 30,5cm (Geschütze mit langer Reichweite) der österreichisch-ungarischen Festungsartillerie. Ihre Granaten durchschlugen jede Konstruktion.

14. Brief vom 30. September 1914 aus Boort Meerbeek / Belgien
(siehe Anhang: Landkarte 8 auf Seite 144)

Meine liebe, liebe Maus!
Nur dem Lindwurm der Sage sind sie vergleichbar, diese Kruppschen 42cm.
Entsetzlich klingt ihr Gebrüll, wenn sie das Maul aufreißen - was sie pünktlich
alle 10 Minuten tun -, und ein Feuerstrom fährt ihnen dann aus dem Rachen
hoch wie ein Turm. Entsetzlich ist auch ihre Wirkung. Das beste und größte Fort
dieser besten Festung der Welt, Wavre St. Cathérine, haben wir schon gestern
nach 1 ½ tägiger Beschießung geknackt. Nach dem 16. Schuß bereits erhielten
wir vom Beobachtungsstande, der 8 km weiter vorwärts liegt, die Meldung: Die
Leute verlassen das Fort. Nach dem 31. Schuß flog die Pulverkammer in die
Luft, und dieser ersten folgten im Laufe des Tages noch 6 weitere Explosionen.
Ich war dann als Patrouille vorn auf dem Kirchturm von Bonheyden, weil es
mich hier in der hinteren Linie nicht länger litt, und habe mich mit eigenen
Augen davon überzeugt, daß an der Stelle, wo früher Wavre St Cathérine stand,
jetzt nur noch ein wüster Trümmerhaufen lag. Heute beschießen wir Fort Koningshoekt. Inzwischen legen unsere und die österreichischen 30,5cm die Zwischenwerke nieder. Dann ist genügend Bresche für die Infanterie offen, und
heute Nacht noch wird vermutlich unser Regiment, das in erster Linie zum
Sturme bestimmt ist, - leider können wir nicht dabei sein -, den letzten etwa noch
vorhandenen Widerstand an dieser Stelle brechen. Damit haben wir allerdings
noch nicht mehr als eine Lücke in den äußeren Fortgürtel gelegt. Aber diese
Lücke ist groß genug, um von ihr aus den ganzen äußeren Gürtel aufzurollen
und mit unseren 42cm bei ihrer kolossalen Tragweite über den inneren Gürtel
hinweg in die Stadt hineinzufunken. Dann wird das Ende da sein, denn jedes
unserer Geschosse kann nicht bloß Häuser, sondern auf einmal ganze Straßen-
viertel niederlegen. Was unsere weitere Verwendung angeht, so werden wir aller
Voraussicht nach nicht gen Osten kommen, sondern entweder vor Paris zu der
großen Entscheidungsschlacht, was fein, oder vor London gegen die englischen
Vettern, was noch bedeutend feiner wäre. Wir haben hier täglich Besuch von den
höchsten und allerhöchsten Herrschaften. Mal sind die Österreicher aus ihren
benachbarten Stellungen da - schneidige, forsche Gestalten -, dann wieder erscheint neben andern zahlreichen Generalen der Kommandierende v. Beseler
(44). Exzellenz Goltz–Pascha **(45)**, der Gouverneur von Belgien, hat mir schon
die Hand geschüttelt, und selbst der Chef des obersten Generalstabes, Feldmar-
schall Moltke **(46)**, der sich zur Zeit vorübergehend in Brüssel aufhält, hat mir
zum eisernen Kreuz gratuliert. Alles das im Lärm der unaufhaltsam auf Antwerpen vorwärts flutenden Schlacht. Wie bei Eppeghem ist jetzt schon wieder tagelang ein Knacken und Prasseln, ein Rauschen und Sausen in der Luft. Nur daß
einem die lästigsten Insekten, die Infanterie- und Maschinengewehrgeschosse,
hier hinten nicht gefährlich werden können, und höchstens die großen Brummer,
die man aber kommen hört, einmal Schaden stiften. Alles mögliche tun die
Herren Belgier allerdings, um uns wegzuräuchern. Am Sonntag früh ließen sie 3
Bahnzüge hintereinander auf unseren Zug los, aus dem wir gerade die 42cm mit
Zubehör ausluden. Alle 3 entgleisen an einem vorsichtigerweise von uns kurz
vor unserer Stellung gezogenen Erdwalle. Jetzt liegt auf den Geleisen ein Chaos

von Trümmern; doch haben unsere Eisenbahner bereits eine Umgehungsbahn geschaffen und uns damit das weitere Vorwärtskommen mit den 42cm ermöglicht. Dann haben wir von 3 feindlichen Fliegern vorgestern einen und gestern wieder einen abgeschossen; der Dritte war zu hoch. Gestern abend um ½ 11, als ich von der Patrouille aus Bonheyden zurückkkam, erhielt ich auch Deinen lieben Brief vom 22. mit den vielen interessanten Neuigkeiten, über die ich mich recht sehr gefreut habe. Ich habe ihn wohl - an Deinem Geburtstage - fünfmal durchgelesen. Gleichzeitig hatte Mutter Mathilde zusammen mit Adele und Putti ein schönes Anschreiben verfaßt. Dagegen ist das Hosen- und Stiefelpaket leider immer noch nicht eingetroffen. Schlimmstenfalls muß Meister Heise eben noch einmal antreten. Die Schoko laden- und Zigarrenpakete habe ich wohl sämtlich erhalten, ebenso Papas zahlreiche Sonntagspakete. Ihm vielen Dank. Schickt mir doch nun noch eine neue elektrische Taschenlampe - meine bisherige ist mir vorgestern von Leuten einer durchziehenden Munitionskolonne gemaust - und vielleicht für den Winter gefütterte Offizierhandschuhe. 1000 Grüße Euch allen und unserem Vater eine gedeihliche Rüben- und Kartoffelernte wünscht

Dein Mann Otto.

---

44. Beseler von   Hans v Beseler (1850-1921), Generaloberst. 1904 in den Adelsstand erhoben, Ausscheiden aus dem Dienst 1910, Abgeordneter im Preußischen Herrenhaus 1912. 1914 reaktiviert und Kommandierender General des 3. Res Korps. 1915 Generalgouverneur des Generalgouvernements Warschau.

45. Goltz, Frh von   Colmar Freiherr von der Goltz-Pascha (1843-1916), Generalfeldmarschall, Militärhistoriker- und schriftsteller. Generalgouverneur in Belgien von August bis November 1914. Von 1883-1895 reorganisierte er als Generalstabschef in der Türkei das osmanische Heer. Wegen seiner großen Verdienste wurde ihm von den Türken der höchste Militärtitel „Pascha" verliehen. Am 7.7.1909 wollte Wilhelm II ihn zum Reichskanzler ernennen. Bethmann-Hollweg erhielt aber den Vorzug, weil von der Goltz seit Mai 1909 erneut in wichtiger Mission in der Türkei weilte und seine dortige Anwesenheit dem Kaiser wichtiger erschien. 1915-1916 Oberbefehlshaber der osmanischen Armee. Er starb am 19.4.1916 in Bagdad an einer Typhusinfektion und wurde auf dem Gelände der deutschen Botschaft in Istanbul beerdigt.

46. Moltke, H. von   Helmuth Johannes von Moltke (1848-1916), Neffe des berühmten Generalfeldmarschalls Helmuth Graf von Moltke (1800-1891), genannt Moltke der Jüngere, war preußischer Generaloberst und ab 1906 Nachfolger Alfred von Schlieffens als Chef des Großen Generalstabes. Er änderte eigenmächtig den ursprünglichen Schlieffenplan, wurde daher für das Debakel in der Marneschlacht verantwortlich gemacht und seiner Position enthoben. Er starb am 18.6.1916 während des Staatsaktes für den am 19.4.1916 in Bagdad verstorbenen Colmar von der Goltz-Pascha (s. o. unter Anm. 45) in Berlin an einem Schlaganfall.

15. Brief vom 4. Oktober 1914 aus Boort Meerbeek / Belgien
(siehe Anhang: Landkarte 8 auf Seite 144)

Meine liebe kleine Maus!

Wieder mal ist´s Sonntag Morgen, und wieder sitzt sicher jetzt um 8 Uhr früh unser Vater daheim, schlemmt sein Tartar und denkt der fernen Söhne. Derweil sind wir aber auch ein gut Teil vorwärts gekommen. Am 1. Oktober mittags kam der Befehl zum Sturm. Punkt 5 Uhr nachmittags schwieg auf der ganzen Linie der beschossenen Forts das Artilleriefeuer der schweren Geschütze, und nur die Feldartillerie unterstützte weiterfeuernd den Angriff. Schlag 5 nach abgestellten Uhren brach auf der ganzen Linie die Infanterie vor. Es muß ein herrliches Bild gewesen sein, dieser Stoß, wo zum ersten Male im Kriege jeder Zugführer sein „Zum Sturm! Auf, Marsch, Marsch!" rufen konnte, wo wie ein Mann die kilometerlange Infanteriefront aufstand, die Trommeln wirbelten und die Fahnen entrollt im Winde wehten. Leider haben wir´s, hinten bei unseren 42cm festgebannt, nicht mitmachen können. Meine Bitte, mich nach vorn zu lassen, schlug der Hauptmann ab mit der Bemerkung: jeder gehöre jetzt auf seinen Posten, an den er gewiesen wäre, und wir seien ja hier hinten auch vor Überraschungen keineswegs sicher. So blieb ich dann notgedrungen; aber Rosenberg sowohl wie mein Infanteristenzug waren in der vorderen Front, und während hier unsere Artilleristen um 5 ruhig und gelassen ihre Sachen zusammenpackten und nach getaner Arbeit gen Hause rückten, blieben wir noch lange draußen und horchten auf das orkanartig angeschwollene Geknatter der Gewehre. Um 6 bereits war das von den 42ern total demolierte Wavre de St Cathérine in deutschem Besitz. Im Fort war nur ein einziger der drehbaren, mit Artillerie gespickten, meterdicken Stahlpanzertürme noch leidlich heil. In ihm wurden der Kommandant und 12 belgische Kanoniere gefangen genommen; alle anderen Leute waren längst ausgerückt. Dem Kommandanten wurde für seine Tapferkeit der Degen belassen. Er soll erklärt haben: Nur einen Wunsch hätte er noch; er möchte nämlich gern einmal die Geschütze sehen, welche sein Fort, das er stets für uneinnehmbar gehalten, derartig zugerichtet hätten. Nachts um 12 nahm das Regiment nach dreimaligem vergeblichem Anlauf weiter die Zwischenwerke rechts von Wavre St. Cathérine. Es hat 39 Tote, darunter 1 Offizier - Major von Sydow - und 155 Verwundete, darunter 6 Offiziere (Hauptmann Frhr. v. Liliencron, der schon bei Werchter verwundet war, und Hauptmann Frhr v. Rechenberg, je 4 Schuß). An den anderen Stellen kam der Angriff zunächst nicht recht vorwärts; insbesondere vermochte die Marine Fort Walhem nördlich Mecheln nicht zu nehmen. Erst am 2. abends um 7 stürmten die Pioniere Boschbeek, und in der Nacht vom 2. zum 3. folgten Walhem, Koningshoekt und Lierre. Damit war genügend Bresche gelegt. Gestern sollte noch die „Rédoute de chemin de fer" nördlich Walhem und der ganze Netheabschnitt (47) genommen werden. Heute sollte dann durch Parlamentär ein kurzbefristetes Ultimatum mit der Aufforderung zur Übergabe bei Vermeidung der Beschießung der inneren Stadt durch unsere 42cm gestellt werden. Ob das Ultimatum schon gestellt ist, wissen wir noch nicht. Jedenfalls haben sich hier aber die Dinge erwartungsgemäß günstig entwickelt, und der Fall der Festung kann nur noch eine Frage der Zeit sein, kommen muß er. Ich prophezeie, daß Antwerpen in einer Woche deutsch ist, und es einen Staat

Belgien auf der Welt nicht mehr gibt. Für unser leibliches Wohl ist bis dahin bestens gesorgt. Boort Meerbeek ist nämlich total zerschossen und von Einwohnern so gut wie ganz verlassen. Das Vieh treibt sich massenhaft auf den Feldern umher. Wir haben uns deshalb wieder mal wie bei jedem längeren Aufenthalt aus den eingefangenen 18 Stück Kühen eine Weide- und Milchwirtschaft und daneben einen Schweinestall mit 16 Insassen angelegt. Wir hätten ebenso gut von jeder Sorte 100 fangen und einsperren können. Wir melken und buttern und haben täglich frisches Fleisch. Gestern, Sonnabend Mittag, gab es z.B. bei uns: Nudelsuppe, Schweinebraten mit Kartoffeln und Blumenkohl, und zwar ganz hervorragend delikat; Obst, bestehend aus Birnen, Pfirsichen und Weintrauben. Die Trauben sind hier einfach unvergleichlich. Etwas derartiges habt Ihr in Deutschland einfach nicht. Fast jeder bessere Hausvater besitzt hier nämlich ein Treibhaus und züchtet in ihm Eßtrauben von immenser Größe und Güte, meist auch Tomaten von gleicher bestechender Qualität und vielfach noch Melonen. Daneben bietet jeder einfache Garten natürlich wie bei uns Äpfel, Birnen und Pflaumen. Was Alkoholika angeht, so haben wir unsere etwas auf den Hund gekommenen Weinvorräte Mitte voriger Woche ergänzen können, als Mecheln von uns genommen war. Seitdem trinken wir nur französischen Sekt und die dickbauchigsten Flaschen von Burgunder, Bordeaux und Portwein schlummern noch auf unseren Lebensmittelwagen. Nur meine Hose und die Stiefel habe ich immer noch nicht, dagegen Deine kleinen Pakete bis 26.9. Besten Dank! Donnerbergs schicken mir andauernd in freigebigster Weise Schokolade und Zigarren. Auch von Ludchen erhielt ich ein Zigarrenpaket. Daneben versorgt mich Clemens reichlich mit Zeitungen und letzthin sandte er 2 Reservebatterien. Nun fehlt mir aber wieder die dazu gehörige elektrische Taschenlampe. Wenn Du ein weiteres tun willst, so schick mir nach und nach - ja nicht als Paket, denn das kommt doch nie an, sondern wie die Strümpfe als Brief - etwas Benzin in sicherer Verpackung, 2 Stück Seife, auf Wunsch von Wilhelm zum Strümpfe stopfen feine weiße Wolle und eine oder besser noch mehrere passende Stopfnadeln. Und nun für heute Gott befohlen! Halt! Die Adresse von Onkel Schulze aus Erfurt erfrag doch noch in Emden und schreib sie mir. Er hat mir nämlich eine sehr nette Karte geschickt. Grüß alle! Dir selbst Gruß und Kuß

von Deinem Mann.

---

47. Nethe   Fluß in der Provinz Antwerpen, der südlich Antwerpen bei Rumpst mit der Dyle die Rupel bildet.

16. Brief vom 7. Oktober 1914 aus Mecheln / Belgien
(siehe Anhang: Landkarte 8 auf Seite 144)

Meine liebe lüttge Maus!

Hier geht die Sache doch nicht ganz so rasch vorwärts, wie wir immer dachten; die Gesellschaft wehrt sich um den letzten Streifen Landes, den sie noch hat, bis zum Äußersten. Das Gebiet südlich der Nethe ist nämlich unter Wasser gesetzt, die Brücken sind gesprengt, und bislang ist es infolgedessen trotz einschlägiger Anstrengungen allein der rechts von uns zwischen Koningshoekt und Lierre stehenden 6. Division gelungen, den Übergang zu erzwingen. Meine, die 5. Division und die noch weiter links stehende Marine kommen nicht hinüber. Jenseits auf beherrschenden Höhen steht der Feind und verhindert jeden Brückenschlag durch starkes Feuer aller Waffengattungen. Auch mit Flößen scheint es nicht zu gehen, weil das Wasser teilweise nur zolltief sein, die Flöße darum aufsitzen und so dem Gegner eine willkommene Zielscheibe bieten sollen. Zu alledem sind die Nächte jetzt beim Vollmondschein von geradezu wunderbarer Klarheit, darum auch für angriffsreife Operationen nicht geeignet. Soviel ich gehört habe, soll nun die 6. Division flankierend vorstoßen; damit hofft man noch am ehesten weiterzukommen. Das Unangenehmste bei der Geschichte ist, daß auch wir mit den 42cm nicht weiter können, ehe nicht das Vorgelände genügend gesäubert ist. Über die Nethe können wir bei dem schweren Geschützmaterial mangels einer Eisenbahnbrücke überhaupt nicht hinüber, und aus einer Stellung südlich der Nethe können wir wieder wohl den inneren, nach Ansicht unserer Artilleristen veralteten Fortgürtel niederlegen, aber wegen der großen Entfernung nicht in die Stadt selbst hineinfeuern. Allerdings vermögen wir bis an die Stadtzone heranzureichen, und auch von einer derartigen Beschießung verspricht man sich bei der kolossalen effektiven und moralischen Wirkung der explodierenden Geschosse schon hinlänglich Erfolg. So haben wir denn nördlich Mecheln zwischen Wallem und Wavre St. Cathérine bei dem leider zerstörten Château Fruitenborg Stellung genommen und gestern schon trotz des feindlichen Schrapnell - und Granatfeuers tüchtig geschanzt. Spätestens übermorgen werden wir losfunken können. Inzwischen bin ich auch gelegentlich eines Patrouillenganges zur vordersten Linie einmal persönlich in dem Fort Wavre St. Cathérine gewesen und habe mich dort von der Wirkung unserer 42cm überzeugt. Man kann getrost sagen, daß jeder Fleck Erde umgewühlt ist. Die Geschosse haben Löcher bis zu 3 m Tiefe gerissen, in denen 15 Mann bequem untergebracht werden können. An zwei Stellen sind die 4 m dicken Betonmauern glatt durchschlagen und eingestürzt. Der 24 cm dicke obere Teil eines Stahlpanzerturmes ist von einem Volltreffer 8-10 m weit zur Seite geschleudert worden. Überall liegen - ein Zeichen für die sinnlose Flucht des Feindes - nicht nur belgische Tornister und Patronentaschen sondern auch Gewehre und Seitengewehre herum. Mit Recht singt also das Soldatenlied: „Kein Feuer, keine Kohle kann brennen so heiß, als wie Kruppsche Kanonen, von denen niemand was weiß." Übrigens ist es eine Spezialität der Belgier, daß sie ihre Tornister sobald als möglich los zu werden suchen. Allenthalben findet man die Dinger an den Grabenrändern. Auch eine ganze Reihe von Leichen lagen noch seit den letzten Kämpfen unbeerdigt und sind erst von uns eingeschart. Mecheln selbst ist hart mitgenommen. Viele Häuser weisen Geschoßspuren auf; viele sind niedergebrannt. Die Stadt macht im allgemeinen den Eindruck einer modernen größeren Stadt. Ich habe sie im Laufe der letzten Woche auf zahlreichen Patrouillen genau kennengelernt und könnte sehr wohl einen Fremdenführer für sie und ihre Umgegend abgeben. Schöne Häuser mit alten Giebeln finden sich wohl nur an der Dyle entlang und auf dem Marktplatze. Auf dem Letzteren sind besonders bemerkenswert das Rathaus mit seinem hübschen Säulengange und die berühmte Kathedrale, die unter unseren Granaten doch ziemlich gelitten hat. Die Einwohnerschaft ist während des Bombardements wohl ausnahmslos geflohen. Wein und Lebensmittel dürften in der Stadt überhaupt nicht mehr zu finden sein; nach dieser Richtung ist alles nur irgend Erreichbare von unseren Truppen requiriert. Bei der Gelegenheit hat auch ein junger an einem Vorderfuße verwundeter Hund in mir einen neuen Herrn gefunden, ist Terrier, nennt sich jetzt Fips, während er früher sicher Fifi oder Bibé geheißen hat, versteht schon ganz gut deutsch und zeichnet sich durch einen verblüffenden Mangel an Appell aus, sodaß ich ihn wahrscheinlich bald wieder rausschmeißen werde. Erstaunlich ist überhaupt, was wir so an Viehzeug, von Kühen und Schweinen ganz abgesehen, mit uns herumschleppen. Hierzulande fliegen jetzt aber auch die Kanarienvögel mit den Sperlingen auf der Straße umher; und namentlich Ziegen, bekanntlich sehr folgsame Tiere, schließen sich dem einzelnen Fußgänger wie marschierenden Truppen mit Vorliebe von selbst an. Für mein leibliches Wohl sorgt außer der Stadt Mecheln in rührendster Weise nach wie vor Clemens, wahrscheinlich auf Deine Veranlassung. Neulich sandte er Braunschweiger Rauchenden **(48)**. Nun schickt mir bitte aber auch das nächste Mal das Rezept mit. Diesmal hat unser Koch Lenz, im Zivilleben Artist, sie einfach in kochendes Wasser getan; sie waren aber nachher noch ziemlich hart. Ein Strumpfpaket ist heute wieder bei mir angekommen. Ich glaube: ich habe jetzt 3 hier. Sonst nichts Neues. Grüß alle von mir recht herzlich und sei selbst tausendmal geküßt

von Deinem Mann.

---

48. Rauchenden   Dauerwurst aus Schweinefleisch und Speck

17. Brief vom 11. Oktober 1914 aus Elsestraet / Belgien
(siehe Anhang: Landkarte 8 auf Seite 144)

Meine liebe liebe Maus!

Aus den Zeitungen weißt Du ja längst schon, was geschehen: Wir haben das Dorf Antwerpen mit all seinen Forts ohne jede Ausnahme in Besitz. Was aber in den Zeitungen bisher nicht gestanden hat, und was Du darum noch nicht weißt, ist, daß Dein Mann der erste Deutsche in Antwerpen war. Das kam so: Kaum hatte ich vergangenen Mittwoch früh meinen letzten Brief an Dich geschlossen, als die erfreuliche Kunde uns erreichte, daß der Netheübergang auch von der 5. Division genommen sei, und daß sich die Belgier allenthalben bis auf die innere Fortlinie zurückgezogen hätten. Mächtig schanzten wir daraufhin am Mittwoch und Donnerstag weiter, nahmen auch in Elsestraet ganz in der Nähe unserer beiden Geschütze Quartier und waren Freitag früh 7 Uhr schußbereit. Aber trotz Wartens und Hoffens kam kein Feuerbefehl. Statt dessen scholl so gegen 10 von der etwa 500 m entfernten Chaussee, auf der Kolonnen hielten, ein immer mehr anschwellendes und sich von Glied zu Glied fortpflanzendes brausendes Hurra zu uns herüber. Wenige Augenblicke später saß ich auf dem Rade, um festzustellen, was los sei, und erfuhr: Im Auto sei ein deutscher Stabsoffizier mit einem belgischen Parlamentär vorbeigekommen und habe die drei inhaltsschweren Worte herausgerufen: „Antwerpen ist gefallen!" Wir wollten's nicht glauben; die Verteidigung war denn doch in den letzten Tagen allzu hartnäckig gewesen. Näheres ließ sich nicht ermitteln. Nun aber hielt's mich nicht länger, und mit Genehmigung Rosenbergs saß ich wieder eine halbe Stunde später in Begleitung des wackeren Unteroffiziers Tschentscher auf dem Rade Richtung Antwerpen. In Linth erfuhren wir, daß das Bataillon schon am frühen Morgen zum Sturm auf die Forts abgerückt sei. Schießen war nicht zu hören. Gleich darauf meldete uns ein entgegenkommendes Armeeauto, daß von Fort 4 und 5 bereits die deutsche Fahne wehe. Jetzt gingen wir beide auf dem famosen Radfahrwege los wie wild, um ja nicht zu spät zu kommen. Überall nach Antwerpen marschierten Truppen des Korps. Hove und Moltser passierten wir im Fluge; und nun kam die Frontlinie. Da die Fahnenstange und dran, lustig im Winde wehend, schwarz-weiß-rot das Tuch. Regiment 48 marschierte gerade durch die Linie hindurch; wir überholten es schnell. Nun das Villenviertel, leer die Straßen, vielfach die Fenster zersprungen, hin und wieder auch ein abgebranntes Haus. Nicht weit vor uns ein totes Pferd, dem ein Granatsplitter den Bauch aufgerissen, mit vorgequollenen Eingeweiden, daneben ein toter Hund, mitten auf dem Wege. Wir überlegten: Sollen wir beide weiter? Aber vor uns mußte ja nach der ganzen Anlage der Marschkolonnen noch Regiment 8 sein. Also los! Richtig; an den Glacis **(49)** - Du mußt Dir das Ganze ähnlich wie einen Einmarsch in Magdeburg von der Wilhelmstadt aus denken - überholten wir das Regiment. An der Spitze war das 2. Bataillon. Ich meldete mich bei Major v. Hake, begrüßte die bekannten Herren, und mit dem Bataillon sind wir zunächst weitergezogen, bis mir der Fußmarsch zu langweilig wurde und ich meinen Tschentscher fragte, ob wir nicht beide allein noch weiter vor wollten. Leuchtenden Auges sagte er: „Herr Leutnant! Mehr wie totgeschossen werden können wir nicht." Die Logik dieser paar Worte war allzu überzeugend, als daß ich noch hätte zaudern können und so brausten wir 2 Radfahrer allein los, allen voran durch die eroberte Stadt, über den ideal schönen Marktplatz mit der wunderbaren Kathedrale - dem schönsten kirchlichen Bauwerk, das ich je gesehen - bis hin zum Hafen. Hier in der inneren Stadt, die auch noch von Granaten arg durchpflügt war - unsere 15cm Schirmlafetten **(50)** hatten soweit gelangt -, standen die Leute in erregt gestikulierenden Gruppen; die Gebildeten zumeist verbissen und absichtlich zurückhaltend den Landesfeinden gegenüber, die einfacheren Leute vielfach freundlich und bereitwilligst, selbst ohne Aufforderung, den Weg weisend. Nirgends aber war eine drohende Haltung zu bemerken; die Kanonade auf die innere Stadt hatte den Leuten offenbar den letzten Rest von Mut genommen. Ich werde Zeit meines Lebens an diese Fahrt von uns beiden, des Magdeburger Rechtsanwalts und des Landsberger Polizeisergeanten, durch die eben niedergeworfene Stadt denken; wir haben uns, als die Herren einziehend, sicher gefühlt wie zu Hause. Am Hafen lagen ungeheure Vorräte von Bekleidungstücken und Waffen. Dann sind wir den langen, langen Quai des Norddeutschen Lloyd an der Schelde hintergeradelt, bis plötzlich Tschentscher sagte: „Herr Leutnant! Dort drüben!" Richtig: Da waren sie, die letzten Reste der abziehender Belgier und Engländer, jenseits der Schelde etwa 600 m entfernt. Gerade vor uns stand die provisorische Schiffsbrücke in Flammen, und in der Ferne marschierte der Feind aus der aufgegebenen Stadt ab auf Gent und Ostende ans Meer. Und eh wir´s uns versahen waren unsere Vortruppen da und schossen. Artillerie fuhr am Hafen auf. Die feindliche Infanterie war durch: ein bedeutungsloses Rückzugsgeplänkel. Aber wir waren selig. Wir hörten wieder das Pfeifen der Geschosse, die um uns sausten und vor uns ins Wasser klatschten; wir konnten selbst wieder die Flinte an die Backe nehmen und zielen auf die blauen Uniformen da drüben. Dann habe ich noch bei einem deutschen Wirte wohl im einzigen geöffneten Restaurant- sonst war alles einschließlich der Läden zu - nahe bei einem Platze, den Giserius mit seinem Zuge bewachte, mit Giserius zusammen Kaffee getrunken; und schließlich sind wir heimgefahren. Es war ein herrlicher Tag: dieser 9. Oktober. Antwerpen ist eine Stadt, um die es sich schon lohnt, gekämpft zu haben - eine der schönsten, die ich je gesehen. Und nun zum Schluß noch eine große Neuigkeit: Die 7. Kompagnie soll dauernd Bedeckung der 42cm bleiben, losgelöst werden aus dem Verbande des Korps, das über Ostende nach Calais marschiert. Wir gehen vermutlich in den nächsten Tagen an die mittlere Maas, wahrscheinlich nach Verdun. Briefe erreichen mich nur noch, wenn sie adressiert sind: Leutnant Wolfien, 2. Kurze Marine-Kanonen-Batterie. Ich bin vom Grenadier zum Artilleristen geworden. Tausend Grüße und Küsse

von Deinem Mann

---

49. Glacis   Begriff aus dem Festungsbau. Es handelt sich um eine von der Feldseite her bis zum Festungsgraben leicht ansteigende Erdaufschüttung, um den Verteidigern ein besseres Schussfeld zu ermöglichen

50. Lafetten   Lafetten sind fahrbare Gestelle, auf denen Waffen montiert werden können. Es gibt unterschiedlicher Formen wie Breitseiten-, Schirm-, Schiffs-, Gleichgewichts-, Landungs-, Pivotlafetten etc (aus dem Franz: lafitte)

18. Brief vom 16. Oktober 1914 aus Ruddervorde / Belgien
(siehe Anhang: Landkarte 9 auf Seite 144)

Mein Lieb!
Niemals weiß man weniger, wie es morgen aussehen wird, als im Kriege.
Schrieb ich Dir noch als große Neuigkeit am Schlusse meines letzten Briefes,
daß die 7. Kompagnie dauernd zur Fußartillerie abkommandiert sei, und meine
Adresse sich infolgedessen ändere, so ist das inzwischen längst überholt. Wir
sind geblieben, was wir waren: Seiner Majestät Leibreserve und befinden uns
augenblicklich auf dem Wege zu unserem Regiment, das heute in Eenerghem
Quartier genommen hat. Sonntag der 11. Oktober verlief ruhig und gemütlich in
Elsestraet. Bis Mittag hatten wir unsere Kanonen zusammengepackt; am Nachmittag war dienstfrei; dazu herrliches Oktoberwetter, das mich zu einem Spaziergang nach Wavre St. Cathérine hinaustrieb, trotzdem Rosenberg mit Auto
nach Antwerpen gefahren war, dort schwelgte und ich infolgedessen die Kompagnie führen mußte. Am Montag früh ging die Kompagnie per Bahn - ich im
Auto der Fußartillerie - nach Mecheln zurück. Montag mittag fuhr ich dann mit
verschiedenen Herren der Artillerie im selben Auto gen Antwerpen. Die Stadt
zeigte schon ein lebhafteres Bild. Allenthalben sah man aus Holland zurückkeh-
rende Flüchtlinge mit Handkarren, Wagen, Vieh und notdürftigem Gepäck, die
nun vielfach ihre Häuser zerschossen und verbrannt vorfanden. Eine ganze
Reihe von Geschäften waren bereits geöffnet. Da das Deutsche Hotel „Weber"
noch geschlossen war, dinierten wir prächtig: „Consommé Vermeille", das war
allerdings nichts aus Maggi gefertigte Nudelsuppe, „Omelette au lard"
- trefflich, „Speckeierkuchen", der Eierkuchen zart wie ein Hauch, „Côte de
boeuf garni", dazu gutes Roastbeef; dazu uralten St. Julien und dann
Moët et Chandon white star, die Pulle zu 14 Franken - im französischen „Lestage" **(51)**. Es war das erste Schlemmerdinner seit Kriegsbeginn und die Verbrüde-
rung mit der Artillerie eine ungemeine. Spät abends erst kamen wir nach Hause.
Halt! Beinahe hätte ich das vergessen: Eine riesige Konditorei hatte ihren Laden
auch schon wieder aufgemacht. Da gab's den seit Kriegsbeginn ebenfalls
schmerzlichst entbehrten, hierzulande allgemein sehr guten Kaffee und unendlich viel Kuchen. Alle halbe Stunde eine frische Auflage, die aber stets im Nu
vergriffen war: In dem Lokal saß Offizier neben Offizier. Am 13. früh verfrach-
teten wir unsere 42cm nach Brüssel, Gare de Thour et Taxis **(52)**, vorbei an
unserer alten Kampfstätte Eppeghem. Der Hauptmann ging ins Palasthotel; ich
selbst bezog mit der Kompagnie ein ziemlich kümmerliches Quartier im Bahn-
hofsgebäude. Vor Ärger blieb ich den ganzen Nachmittag zu Hause, bis um 5
plötzlich Rosenberg mit der hocherfreulichen Nachricht kam: Wir sollten für-
derhin nicht in zweiter Kampflinie Artilleriebedeckung bleiben, sondern zum
Regiment zurückkehren. Weißt Du: recht gemütlich war's ja bei den Brummern,
und sie einmal 14 Tage lang wirken zu sehen, war zweifellos hochinteressant.
Aber auf die Dauer wäre mir als Infanteristen die Sache bei ihnen sicher doch zu
langweilig geworden, selbst wenn wir noch einige Zeit in Brüssel geblieben
wären. Nun ging's in die Stadt - eine prächtige Großstadt mit dem üblichen
Betriebe, bei der nichts weiter als die zahlreichen deutschen Soldaten an den
Krieg erinnerten. Herrlich ist der Marktplatz; und das Wahrzeichen von Brüssel,

das Manneken-Pis, lege ich Dir zur gefälligen Kenntnisnahme bei. Im Palasthotel gab's regelrechtes Pilsener, das erste wieder seit Kriegsbeginn; dazu ein
zweites Schlemmerdinner und einen sehr rührseligen Abschied von der Artillerie. Am 14. früh ging's per Fußmarsch los, das Regiment suchen, das inzwischen
mit dem Korps von Antwerpen nach Südwesten vormarschiert sein sollte. Wir
also los in der Richtung Alost - Gent. Plötzlich überholt uns unterwegs in Aso-
che ein Auto, besetzt mit einem verwundeten und deshalb vorübergehend beim
Gouvernement in Brüssel beschäftigten Reserveoffizier des Regiments, der in
die vordere Linie wollte. Im Nu hatte mich Rosenberg zwecks Aufnahme der
Verbindung nach vorn hineingepackt und ich bin dann noch am selben Tage
über Gent hin und zurück bis Wijneghem und Hille ins Schrapnellfeuer der
Engländer gefahren. Das Bataillon hatte ein ganz leichtes Scharmützel; nur
konnten die Herren Rotröcke noch besser rückwärts als wir vorwärts laufen,
sodaß sie nicht zu stellen waren. In Gent gab's abends im Hotel „De la Hoste"
das dritte Schlemmerdinner, gleichfalls wie in Antwerpen und Brüssel vorzügli-
che französische Küche. Gent ist, wenigstens in seinen älteren Teilen, namentlich den Kirchen, gleichfalls hochinteressant und sehenswert. Spät nachts um 1
erst kam ich wieder bei der Kompagnie in Oordeghem an, sehnsüchtig von
Rosenberg erwartet. Meine Adresse bleibt also unverändert die alte: III. Reserve-
Armeekorps, 5. Reserve-Division, 8. Reserve-Infanterie-Regiment, 2. Bataillon,
7. Kompagnie. Mit der Post scheint es jetzt mal wieder flau zu sein. Der letzte
Brief, den ich von Euch erhalten, datiert vom 27.9. Nun grüß alle recht schön.
Dir selbst 1000 Küsse von

Deinem Mann.

---

51. Lestage   Restaurant in Antwerpen 1914, benannt nach dem französischen
        Rotwein „Lestage"
52. Gare Tours et T. Gare Tours et Taxis, Bahnhof an der Avenue du Port in Brüssel

19. Brief vom 20. Oktober 1914 aus Feldlazarett Zevecote / Belgien

(siehe Anhang: Landkarten 9 und 10 auf Seiten 145 und 146)

Meine liebe kleine Maus!

Nun hat's mich beim Sturm auf Mannekensvere vor Neuport doch gehascht; und ich liege jetzt im Lazarett. Noch habe ich keine Ahnung wie lange der Heilprozeß dauern wird, und wohin ich von hier verfrachtet werde: es heißt nach Brügge. Dann lerne ich ja diese letzte altvlämische Stadt auch noch kennen, mit der ich schon garnicht mehr gerechnet hatte. Was die Wunde angeht, so brauchst Du Dir wirklich keine allzu großen Besorgnisse zu machen: ein Weichteilschuß in den linken Unterschenkel dicht unterhalb des Knies, hart am Knochen vorbeigegangen, ohne den letzteren mitzufassen, Schrapnellsplitter, belgisches Geschoß. Das einzig Unangenehme an der Sache ist, daß die Kugel noch drin sitzt und vermutlich herausgeschnitten werden muß. Lebensgefährlich aber ist die Geschichte auf keinen Fall. Nach dieser Einleitung kann ich beginnen, ordnungsmäßig meinen Lebenslauf mit dem Verlassen von Oordeghem weiter zu schildern: Noch ohne Kenntnis vom Aufenthalte des Regiments segelten wir los, immer in die Weltgeschichte hinein, so der ungefähren Richtung nach, in der wir es finden mußten. Gent umgingen wir durch südlichen Marsch, weil wahrscheinlich dorthin vorrückende Truppenteile und Bagagen der neu aufgestellten Armeekorps uns das Vorwärtskommen sehr erschwert hätten. Unser Korps hat nämlich seit dem Falle von Antwerpen seine Selbstständigkeit verloren und ist wieder Mitglied einer größeren, insgesamt aus 5 Reserve Armeekorps bestehenden Armee geworden, deren Kommandant Georg Albrecht von Württemberg **(53)** ist. Die Aufstellung dieser neuen Armee ist in der Tat eine Bravourleistung Deutschlands. In ihrem Verbande sind nämlich wir, das 3. Reservekorps, die einzigen kampfgewohnten Truppen. Alle übrigen Korps, das 22., 23., 26. und 27. Reservekorps, setzen sich zusammen aus Ersatzreservisten, Kriegsfreiwilligen und Landwehrleuten 2. Aufgebots. Man trifft Truppenteile mit ganz unwahrscheinlich hohen Nummern, so das 209., 211., 233., 234. Ersatz-Infanterie-Regiment, das 25. Ersatz-Jäger-Bataillon. Es ist eine buntgewürfelte Gesellschaft: neben dem 17-, 18jährigen steht der 40jährige. Bei allen aber, die ich getroffen - und es waren davon eine ganze Menge; ich befand mich nämlich dauernd an diesem und den zwei folgenden Tagen vorn vor der Kompagnie mit den Radfahrern zur Aufklärung als Patrouille - sah ich stets dieselbe Begeisterung, denselben Eifer zur Sache, dasselbe einmütige Verlangen, erst einmal an den Feind zu kommen. Auffallend war namentlich das Jägerbataillon: Neben grünen, schnurbartlosen Bürschchen, aus denen dort die große Menge bestand, konntest Du mehr als 40jährige Männer mit wallendem, vielfach schon grau meliertem, selbst weißem Vollbart sehen, denen der alte Förstersmann im Gesicht geschrieben stand. Hoffentlich ersetzt die Begeisterung die fehlende Ausbildung. Wenn es uns nicht gelingt, mit diesen Truppen, die den Raum von Lille bis zum Meere ausfüllen sollen, den linken französischen Flügel einzudrücken, dann werden wir niemals vorwärts kommen. Nach allem aber, was ich gesehen, hoffe ich das Beste: Lieb Vaterland magst ruhig sein! Ein Volk, das eines Willens derartiges leistet, kann nicht zu Grunde gehen. Wir erreichten am 15. Oktober nach gewaltigem Tagesmarsche über Baeveghem, Gravere, Deinze das reiche Dorf Vinckte und fanden dort ebenso wie schon in Oordeghem eine ganz ungewöhnlich freundliche Aufnahme, fast wie im Manöver und nicht wie in Feindesland. Am 16. marschierten wir über Caeneghem, Wynghene, Hille nach Ruddervoorde, wo uns wieder ein reicher Brauereibesitzer vorzüglich verpflegte; sogar Bindenzigarren bester Art gab's. Es war überhaupt ein herrliches Leben in diesen 3 Tagen. Auf die Autotour quer durch Belgien vom 14. folgten 3 Radfahrtage bei durchweg prächtigem Wetter in der für solche Fahrten am meisten geeigneten Zeit, dem Herbst. Der Sommer hält für länger an. Erst seit etwa einer Woche beginnt sich das Laub zu verfärben, und bisher sind wir noch so gut wie ganz ohne Heizen ausgekommen. Auch der Winter wird hier an der Küste bei dem Seeklima weniger streng sein und wahrscheinlich statt des Schnees nur Regen bringen. Am 17. ging's in der bisherigen Weise weiter über Aertrycke, Eenerghem nach Snaaskerke (= Sinte Ignatius Kerke). Dort holten wir das Bataillon ein, dessen Aufenthalt ich inzwischen auf meinen Patrouillenfahrten hatte feststellen können. Nicht allzuferner Kanonendonner zeigte uns an diesem Morgen bereits an, daß weitere Kämpfe im Süden Belgiens noch bevorstehen würden. Das Bataillon lag aber in rückwärtiger Linie und hatte den Nachmittag dienstfrei. Major v. Hake, der über unser Kommen sehr erfreut war, stellte uns mit Rücksicht hierauf zu einer Spritztour das Bataillonsauto zur Verfügung. Wir nahmen dankend an. Eigentlich und von Rechts wegen gebührt ein Auto nur der Division, nicht einmal mehr der Brigade, noch weniger dem Regiment oder gar dem Bataillon. Seinerzeit standen aber am Hafen von Antwerpen soviel von den flüchtigen belgischen Truppen zurückgelassenen Autos, um die sich kein Mensch mehr kümmerte, daß jetzt wohl jedes Bataillon über ein derartiges Vehikel verfügt. Wohin es ging, kannst Du Dir ja denken, wenn Du in Deinen Atlas schaust: nach dem aus wenigen Kilometern Entfernung herüberschimmernden Ostende. Es war herrlich! Rosenberg fuhr in seiner Ungeduld schon mittags mit dem Kompagniedogcart **(54)** los; ich kam mit Giserius im Auto nach. Schnurgerade führt die Chaussee auf die Stadt zu; dann durch Straßen hindurch ein paar Biegungen; und nun lag es vor uns, das Meer, das graue, rollende, das ich zum ersten Mal in meinem Leben sah, von der schon tief stehenden Sonne wunderbar beschienen. Der Anblick bleibt mir sicher unvergeßlich. Nie hätte ich vor wenigen Monaten noch gedacht, daß ich in diesem Jahre überhaupt, und noch viel weniger, daß ich es zum ersten Male bei Ostende sehen würde. Von der Schlacht bei Neuport im nächsten Briefe. Für heute 1000 Grüße und Küsse Dir, den Kindern, allen Anverwandten, Christel und Wilhelm Rißmann von

Deinem Mann

---

53. Württemberg, A   Herzog Albrecht von Württemberg (1865-1939), 1913 Generaloberst, 1914 Oberbefehlshaber der 4. Armee, 1916 Generalfeldmarschall. Designierter Thronfolger des am 30.11.1918 abgedankten Königs Wilhelm II von Württemberg.

54. Komp.Dogcart   Dogcarts sind zweirädrige, einspännige Pferdewagen mit hinten offenem Raum, in dem ursprünglich Hunde zur Jagd befördert wurden. In der Frühzeit des Automobilsports auch Bezeichnung für kleine Elektrowagen für nicht mehr als eine Person, dem Fahrer (engl: dog-cart)

20. Brief vom 23. Oktober 1914 aus Feldlazarett Ostende / Belgien
(siehe Anhang: Landkarte 11 auf Seite 147)

Meine liebe, liebe Maus!

Ostende in seiner Gesamtheit ist keine schöne Stadt; viel über das Niveau von Althaldensleben erhebt es sich nicht; Schifferkneipe reiht sich an Schifferkneipe. Schön, sehr schön ist nur das Meer, der Strand und die Strandpromenade mit ihren internationalen, luxuriös eingerichteten Hotels; allenfalls auch noch die Straßen in nächster Nähe der Promenade. Das luxuriöseste dieser Hotels, das „Majestix", war bereits von Offizieren voll besetzt, als wir ankamen; so haben wir im zweitbesten, dem „Royal" prächtig diniert, nachdem wir draußen alles gebührend bestaunt: Une Douzaine d´huitres, Escalope de vile garnie, Hommard, Raisins; also: Austern, Wiener Schnitzel, Hummer, Trauben für 5 Franken in sehr guter Aufmachung; dazu erst eine Flasche Moét et Chandon Jillery, dann eine Gout Americain, letztere, das beste, was es an französischem Sekt überhaupt gibt, von Giserius gespendet mit Rücksicht auf seine kürzlich erfolgte Ernennung zum Staatsanwalt in Hildesheim. Der gute Giserius meinte noch: „Nun habe ich Ostende gesehen; jetzt kann ich ruhig sterben" und ahnte nicht, daß sein Wunsch 24 Stunden später nahezu erfüllt sein sollte. Eine englische Brisanzgranate hat ihm am nächsten Nachmittag um 4 die hintere Schädeldecke weggerissen und das Gehirn bloßgelegt, sodaß die Ärzte ihn für rettungslos halten. Zu Haus sitzt eine junge Frau ohne Vermögen mit einem 3 Monate alten Kinde. Vom Fenster hatte man einen idealen umfassenden Blick über Promenade, Strand und Meer - im nächsten Jahre setzen wir uns beide wieder dahin - , und die allgemeine Freude störte es nicht im geringsten, als am Abend englische Torpedoboote vor dem Hafen sichtbar wurden. Spät erst steuerte uns das Auto nach Snaaskerke zurück. Am nächsten Morgen allgemeiner Vormarsch gen Süden. Da plötzlich ein Divisionsbefehl: Feind schanzt jenseits der Yser; die Division greift an aus der Linie Slijpe - De Dode Weiden gegen die Linie Rattevalle - Mannekensvere. Und gleich darauf ein Regimentsbefehl: Leutnant Wolfien mit den Radfahrern vorwärts zur Feststellung der vordersten gegnerischen Postierungen und Erkundigung der Anmarschwege. Wir brausten also los durch Leffinghe durch. Es war ein ekelhaftes Gelände, in das wir kamen. Kein Feld, nichts als Sumpfwiesen und jede Wiese von der anderen abgegrenzt durch einen 2-3 m breiten, ½-1 m tiefen Wassergraben ohne Steg. Wir haben infolgedessen das nun kommende Gefecht wenigstens am ersten Tage auch so gut wie ganz ohne Artillerieunterstützung durchführen müssen. Mit Radfahren war natürlich garnichts zu machen. Mühsam habe ich, teils fußwandernd, teils im Wasser watend und die Räder nachschleppend, immer dabei schon im feindlichen Schrapnellfeuer, meine Aufgabe erledigen müssen. Dann entwickelten sich die Kompagnien, das 2. und 3. Bataillon in vorderster Linie, und nun ging´s los über ein ebenes Angriffsfeld von wohl 3 km Länge, das dauernd von der gegnerischen Artillerie bestrichen wurde. Mit nur 2 Toten und 9 Verwundeten gelang es Rosenberg, seine Kompagnie bis 700 m vor Mannekensvere zu bringen. Während die 10. Brigade noch links rückwärts erbittert um Peter-Kapellen (55) rang, traten wir dann zum Sturm an. Es war Sonntag Mittag ½ 1, gerade als Ihr gemütlich zu Hause beim Essen saßt. Um ½ 2 hatten wir das Dorf; die Belgier flohen auf ihre Hauptstellung jenseits der Yser zu. Beim Eindringen in das Nest bin ich getroffen. Die nach dem Feinde zu offene Dorfstraße strichen unaufhörlich Schrapnells und Granaten herauf; eins von den ersteren hat mich gehascht. Eine Kugel ist durch den Fernglasbehälter, ein Splitter ins linke Bein gegangen. Und nun, während wir uns im Dorfe einnisteten - ich habe meinen 2. Zug noch bis zum Einbruche der Dunkelheit geführt -, hub eine Kanonade an, schlimmer wie bei Eppeghem. Ich schildere absichtlich in meinen Briefen alles wahrheitsgetreu. Ohne Übertreibung kann ich aber auch sagen, daß neben mir im Umkreis von 30 Schritt sicher noch 80 - 100 Schrapnells und 20 - 30 Granaten geplatzt sind. Geduckt, eng angeschmiegt an die Kirchen- und Kirchhofsmauern, hinter den dicken Bohlen einer nahen Stellmacherei, hinter Grabkreuzen lagen meine Jungs, und doch hat noch so mancher Brave dran glauben müssen. Namentlich vor den Sprenggranaten der ans Land gezogenen englischen Schiffsgeschütze gab's kein Ausweichen. Von Offizieren ist, soviel mir bisher bekannt, noch der Oberleutnant v. Bornstedt getroffen, mit welchem ich jetzt ein Zimmer teile. Ihm ist der linke Fuß zerschmettert; außerdem hat er einen Streifschuß am Kopf und einen Schuß durch den rechten Arm. Erst mit Einbruch der Dunkelheit wurde alles ruhig; und nun bin ich, gestützt auf Wilhelm und einen meiner gleichfalls verwundeten Entfernungsschätzer, zurückgehumpelt. Bald gings freilich nicht mehr. Dann habe ich bis um 9 auf freiem Felde gelegen; schließlich haben mich wie all die anderen die Krankenträger geholt und mit Bahre zum Verbandsplatz nach Tempelhof überführt. Dort bin ich verbunden, habe mir dabei meine letzte Hose aufschneiden lassen müssen - die Wahldiecksche ist immer noch nicht angekommen -, habe dann in der Nacht auf ein Glas Portwein hin sehr schön geschlafen und bin am nächsten Morgen ganz früh ins Feldlazarett Zevecote überführt. Am Mittwoch bin ich mit Bornstedt zusammen per Auto nach hier transportiert. In Zevecote waren schon über 200 Verwundete, und der Zustrom hörte, als wir abreisten, noch immer nicht auf, sodaß am Mittwoch rund 350 da waren. Ich lag in Zevecote allein im Zimmer eines Nonnenklosters, das teilweise als Lazarett, teilweise als Quartier des Divisionsstabes benutzt wurde, und bin dort wirklich mit rührender Hingebung von den Heiligen Jungfrauen verpflegt worden. In buntem Wechsel habe ich gegessen, geschlafen und gegrübelt; Lektüre gab's natürlich keine. Ich empfehle als Liebesgabe: Bücher für Verwundete. Von meinem Aufenthalte hier und wen ich hier alles an Bekannten getroffen, im nächsten Briefe. Vorrausichtlich soll ich 2-3 Wochen bettlägerig bleiben. Dann geht's nach Frankreich gegen Dünkirchen und Calais und dann: Wehre dich, John Bull! Für heute wünscht alles Gute und küßt Dich

Dein Otto.

---

55. Peter Kapellen   Sint-Pieters Kapelle, kleiner belgischer Ort mit der bekannten St Peter Kapelle (zwischen Mannekensvere und Zevecote liegend)

21. Brief vom 27. Oktober 1914 aus Feldlazarett Ostende / Belgien
(siehe Anhang: Landkarte 11 auf Seite 147)

Meine liebe, lüttge Maus!

Seit vorigem Mittwoch Nachmittag also domizilieren wir beide hier, Bornstedt und ich, zusammen in einem Zimmer. Unser Tageslauf bietet seitdem wenig Aufregendes: Morgens um ½ 8 beginnt er mit gemeinsamem Kakaotrinken. Den Trank brauen Wilhelm und Hecht, unsere beiden Knappen; der Lazarettkaffee erwies sich sehr bald als absolut ungenießbar. Dann wird, soweit möglich, gewaschen und Zähne geputzt. Nun kommt der wichtigste Akt des gesamten Vormittags: nämlich die Abfeuerung der großen Kanone. So hat Bornstedt, damit nicht jede militärische Remeniszens aus unserem augenblicklichen Leben verschwinde, denjenigen Vorgang getauft, welchen man im bürgerlichen Leben „Das Morgen-Ei legen" nennt. Das von uns zu diesem wichtigen Prozesse benutzte Instrument hat nämlich eine lange röhrenförmige Gestalt und ist derartig hoch, daß man es fast nur mittels eines Stuhles besteigen kann und verflucht Balance halten muß. Wilhelm und Hecht heben einen nach dem anderen hinauf und holen ihn nach gemessener Weile ebenso wieder aus der luftigen Höhe herunter. Während der Prozedur stehen sie vor der Tür - als Artilleriebedeckung, sagt Bornstedt - zur Abwehr neugieriger Eindringlinge Doppelposten. Nach einer Weile kommen dann der Oberstabsarzt oder der Stabsarzt und machen eilige Visite. Sehr viel Zeit ist dazu nicht; denn das mit seinem ganzen Personal nur auf höchstens 150 Kranke eingerichtete Lazarett hat in der letzten Zeit vielfach über 400 Insassen gehabt, trotzdem alles nur einigermaßen Transportfähige wieder und immer wieder nach rückwärts abgeschoben wurde. Das Gefecht dauert noch heute an und wir haben im Korps starke Verluste. Man sagt von 4000 Mann. Der Feind ist inzwischen immer weiter zurückgeworfen; aber er wehrt sich von Dorf zu Dorf verzweifelt. Wir haben allerdings jetzt auch nicht bloß die nach der Einnahme Antwerpens demoralisierten und darum stets auf dem Sprunge nach hinten stehenden Belgier mehr gegenüber, wenn diese auch die Hauptmasse der gegnerischen Armee bilden, sondern daneben bereits Franzosen, insbesondere die treffliche französische Marineinfanterie und die ausgezeichnet schießende englische Schiffsartillerie, von der ich ja schon in meinem letzten Briefe sprach. Selbst die englische Flotte hat tagelang von der See aus in den Kampf mit eingegriffen. Vergeblich! Den Herren jenseits des Wassers wird offenbar von Tag zu Tag bänger ums Kaufmannsherz. Vor Dünkirchen müssen wir jetzt bald sein. Na; und ihnen steht ja noch eine kleine Überraschung bevor, wenn wir Dünkirchen und Calais erst unser nennen. Mehr darf ich noch nicht sagen: Aber Ihr werdet Euch freuen. Die 42er sind nicht das einzige gewesen, was wir in petto haben. Vom Regiment sind außer Bornstedt, Giserius und mir noch 2 Hauptleute verwundet und - mir treten noch jetzt fast die Tränen ins Auge, wo ich´s schreibe - Rosenberg am 22. tödlich getroffen, als er an der Spitze der 7. Kompagnie, der vordersten, die Yser in Flößen überschritt: Infanteriegeschoß mit Rückenmarksverletzung. Er hat eine - Gott sei dank - sehr vermögende Frau und 2 Jungen im Alter von 4 und 2 Jahren. Bornstedt ist auch dicht an der Amputation vorbeigekommen. Wie es Giserius geht, wissen wir nicht. Er ist als nicht transportfähig seinerzeit in Zevecote geblieben. Mir selbst

ist gestern die Kugel herausgeschnitten. Ich hoffe, in den nächsten Tagen, wenn auch nur für kurze Zeit, zum ersten Male wieder aufstehen zu können. Es heilt alles sehr gut; irgendwelche Folgen werden nicht zurückbleiben. Geheimrat Körte (56) - Berlin, unser Generaloberarzt und eine der ersten Autoritäten Deutschlands auf dem Gebiete der Chirurgie - hat mich persönlich operiert. Trotz Körte aber war ich, als der Einschnitt zum Herausholen der Kugel gemacht wurde, noch nicht vollständig in der mir äußerst unangenehmen Äthernarkose und habe entsetzlich geschrien - es tat nämlich gemein weh -; bin dann freilich sofort ganz bewußtlos geworden und habe dann auch nach dem Erwachen nicht mehr viel gespürt. Die Kugel trage ich jetzt im Brustbeutel. Hoffentlich komme ich noch für Dünkirchen zurecht. Um 10 Uhr morgens gibt's bei uns Frühstück: ein Brot mit Wurst, mitunter auch Rührei; einmal gab's sogar Bouillon dazu. Die Verpflegung ist überhaupt, vom Kaffee abgesehen, durchaus anerkennenswert und gut. Nach dem Frühstück folgt dann meißt ein Plauderviertelstündchen mit den Sanitätsunteroffizieren Jannecke und Arndt; darauf Lektüre der von diesen mitgebrachten Magdeburgischen Zeitung. Aus der letzteren - Nummern vom 11. - 20. Oktober - habe ich erst ersehen, wieviel Verluste an Bekannten Ihr auch in der näheren Heimat gehabt habt. Mir fallen neben anderen gerade die Namen Raßmus, Otto - Mammendorf, Schneidewind - Eickendorf ein. Mit Stolz habe ich aber z.B. auch gelesen, daß neben anderen der wackere Krieger Andreas Möhring aus Bülstringen sich das Eiserne Kreuz geholt hat. Bei uns ist bis jetzt nach Bornstedts und einer in einer der vielen müßigen Stunden angestellten Berechnung vom Offizierkorps des Regiments mehr als die Hälfte, nämlich 24 von 46, durch Wunden ausgefallen; und wenn ich zurückkomme, werde ich vorraussichtlich Kompagnieführer werden. Wer aber sind die Unteroffiziere Jannecke und Arndt? Ganz alte Bekannte. Doch dazu muß ich weiter ausholen; und dafür langt wieder der heutige Brief nicht. Also im nächsten mehr. Von Euch bin ich jetzt gerade einen Monat, nämlich seit 27. September ohne jede Nachricht. Wilhelm meint: Du müßtest zu den Strümpfen noch passende Wolle, eine entsprechende Stopfnadel, Flecken für Unterhosen und 2 Hemden schicken. Tus und sei nebst allen Verwandten und Verschwägerten herzlichst gegrüßt und tausendmal geküsst
von Deinem Mann

---

56. Koerte, Werner   Berühmter deutscher Professor und Chirurg (1853-1937), Vorsitzender der Deutschen Chirurgischen Gesellschaft 1906, im 1. Weltkrieg Generaloberarzt im 3. Reservekorps. Koerte war von 1881-1924 Direktor des Städtischen Krankenhauses „Am Urban" in Berlin und Schriftführer der Deutschen Chirurgischen Gesellschaft von 1899-1929.

22. Brief vom 30. Oktober 1914 aus Feldlazarett Ostende / Belgien
(siehe Anhang: Landkarte 11 auf Seite 147)

Mein liebes Lüttges!
Der erste Bekannte, den ich in diesem siegreichen Feldzuge auf dem Marsche nach Termonde traf, war, wie Du weißt Walter Hachtmann. Der zweite war Graf Leopold von der Schulenburg-Bodendorf (57), Wilhelm Rißmanns finsterer Prozeßgegner. Er ist als Rittmeister der Reserve der Schwedter Dragoner (58) irgendwo, beim Korps oder der Division, Ordonanzoffizier und wollte sich wie soviele Neugierige bei Boort-Meerbeck die 42cm ansehen. Der dritte war ein früherer Alumne (59) und dicker Freund von mir aus der Zeit vor 20 Jahren, wo ich noch im Flügelkleide in die Quarta des Klosters ging, jetzt Verpflegungsoffizier beim Regiment 52: Wolf, den Namen wirst Du wohl niemals gehört haben. Wir hatten uns auch in den 20 Jahren nie wiedergesehen. Der vierte war Assessor Eilts aus Magdeburg. Ihn traf ich gelegentlich einer Requisition (60) in Mecheln. Er steht beim Ersatzbataillon 73, das damals zur Bedeckung vom guten alten Goltz in Brüssel lag, requirierte von dort aus gleichfalls in Mecheln und sprach mich dabei auf der Straße an. Der fünfte und sechste sind nun aber wieder wichtigere Bekannte. Als wir am ersten Morgen unseres Hierseins, Bornstedt und ich, vollständig verschlafen in unseren Betten lagen - es war noch ganz dunkel -, tat sich die Tür auf. Hereintrat ein vollbärtiger Sanitätsunteroffizier und fragte, ob die Temperatur der Herren gemessen werden müßte. Wir verneinten, ziemlich unwirsch über die frühe Störung. Darauf längere Verlegenheitspause; dann Fortsetzung des Gesprächs von unserer Seite mit den wenig freundlichen Worten: „Was wollen Sie noch?" Nun die Antwort: „Verzeihen die Herren! An der Tür steht der Name Wolfien; und ich kenne einen Reserveoffizier aus der Neuhaldensleber Gegend." Der, meinte ich, könnte ich unter Umständen sein. Wen hatten wir vor uns? Pastor Jannecke aus Flechtingen. Und nachdem wir uns die Hände geschüttelt und des längeren begrüßt, und nachdem er sein Erlebnis offenbar in der Unteroffizierstube zum Besten gegeben, dauerte es garnicht lange, da kam noch einer, auch ein Pastor, aus Berkan bei Bismarck (61), Wilhelm Arndt. Das waren also Nr. 5 und 6. Beide, zur 4. Ersatzdivision gehörig, haben uns dann eine Woche lang gepflegt, bis das Lazarett hier von der Marine übernommen wurde. Neben ihnen tauchte von Zeit zu Zeit noch ein dritter Sanitätsunteroffizier Bonke oder Bunke oder Bumke auf, der ihnen gegenüber behauptet hatte: er sei längere Zeit bei Papa Knecht gewesen und kenne mich auch. Ich erinnere mich seiner nicht; wahrscheinlich stimmt's doch aber. Den Rest des Vormittags verbringen Bornstedt und ich je nach Bedarf mit Erzählen, Schlafen oder Briefeschreiben. Eine Quelle der Unterhaltung bietet daneben der Belgier Fips, der sich immer mehr herausmacht. Der Hund ist aber auch derartig quecksilbrig und infolgedessen ulkig, daß man sich zur Not schon mangels andern Stoffes stundenlang mit ihm allein unterhalten kann. Kurz nach 1 kommt das Mittagessen: meißt ein Braten. Heute gab's Schweinebraten, nach Kalbfleischart zurechtgemacht. Bornstedt hatte auf Kalbfleisch getippt, ich auf Schweinefleisch. Wer hatte nun recht? Dann gibt's die Siestazigarre, bei deren Genuß man langsam, aber sicher in einen traumstarken Nachmittagsschlummer zu verfallen pflegt. Totsicher kommt gerade in dem Augenblick, wo man fast

eingeschlafen ist, irgendeine der belgischen Schwestern, meißt die älteste und dickste. Wir haben diese Spezies von Weib mit der Kaserne übernommen, in der sie bis zur Einnahme Ostendes ihre Landsleute gepflegt haben. Wilhelm Arndt schimpfte furchtbar auf sie: Sie leisteten so gut wie nichts und beklagten sich dabei über alles. Über das Essen, über die vielen Verwundeten, lehnten Nachtwachen ab u.s.w. Jedenfalls haben sie mit uns verschiedentlich zu kokettieren versucht, und in ihren Zimmern sollen für ihren sittlichen Tiefstand bezeichnende Lektüre und Utensilien gefunden sein. Deutsche Schwestern, die in Zevecote da waren und einen ganz anderen Eindruck machten, fehlen hier leider. Wir Offiziere empfinden allerdings den Mangel kaum, da wir beide unsere Burschen mithaben. Mit Wilhelm bin ich nach wie vor sehr zufrieden. Um ½ 5 kommt der Kaffee; dazu Torte, von den beiden Knappen täglich frisch in Ostende aufgekauft. Gegen Abend kommt dann mitunter einer der anderen hier noch liegenden Offiziere zum Erzählen; sonst bleibt die Unterhaltung entre nous: wir beide sind ja ans Zimmer gebunden. Sonntag war sogar Exzellenz v. Beseler mit Geheimrat Körte und sonstigem Stabe hier und besuchte seine Verwundeten. Einmal in der ersten Zeit habe ich auch den kühnen Plan gehabt, Dich zu meiner Pflege hierher zu zitieren; d.h. eigentlich dachten wir damals immer noch, wir kämen in den nächsten Tagen nach Brügge oder gar nach Brüssel, und bis zu letzterem Orte existiert geregelter Bahnverkehr. Seitdem aber die englische Flotte ab und zu sich den Spaß leistet, nach Ostende hineinzufunken und neulich beim Mittagessen ein Marinestabsarzt von einer Granate getötet und ein Oberleutnant schwer verwundet sind, bin ich wieder von dem Gedanken abgekommen. Etwa 100 m hinter unserem Hospital platzte auch in der vorigen Woche noch so ein Ding. Kurz und gut: die Lage ist noch reichlich unsicher. In Brüssel aber sollen viele Offiziere des Gouvernements ihre Frauen haben. Um 8 Uhr kommt das Abendessen, immer kalt: Eier, Schinken, Wurst. Dann noch eine Zigarre; um ½ 10 gute Nacht. So geht's in buntem Wechsel nun schon 1 ½ Wochen. Heute sagte mir aber der Stabsarzt: in einer Woche könnte ich zur Front zurück. Gott sei Dank! Ich dachte schon: ich würde Dünkirchen verpassen. Bornstedt kommt dann nach Hause gen Berlin: er ist für diesen Feldzug erledigt. Im übrigen hören wir von den Ereignissen vorn so gut wie garnichts. Nur das eine haben wir erfahren, daß nämlich das erstklassig verschanzt gewesene Nieuport jetzt endlich nach mehr als einwöchigem Kampfe genommen sein soll. Grüß mir alle. Dir die 1000 Küsse!

Dein Mann.

---

57. Schulenburg, v der	Zweige der Grafen von der Schulenburg, eines alten preußischen Adelsgeschlechts. Sie saßen seit 1485 in Emden bei Magdeburg (Gutshaus aus 1676, s.a. unter Anm. 19 - „Emden"), Altenhausen (Schloß aus 12. Jahrhundert, ca 5 km nördlich von Emden) sowie Bodendorf (Schloß, ca 9 km nördlich von Emden, heute ca 150 Einwohner). 1945 wurde die Familie enteignet.
58. Schwedter Dragoner	1689 gegründetes Brandenburgisches Dragoner Regiment Nr. 2, benannt nach der südlich Stettin an der Oder liegenden Klein-

stadt Schwedt, in der es auch stationiert war. Die Dragoner waren ursprünglich Infanteristen, die ihre Pferde nur zum Transport verwendeten, nicht zum Kampf. Später wurden sie überall zur Schlachtenkavallerie. Militärisch stellten sie eine Zwischenstufe zwischen Kavalleristen und Infanteristen dar. Sie benötigten eine geringere Ausbildung im Reiten als die Kavalleristen und verwendeten nur leichte Reitpferde, besaßen dafür aber eine wesentlich schnellere Beweglichkeit in der Schlacht. Als Mischform aus Infanterie und Kavallerie waren die Dragoner oftmals dem Spott der Soldaten anderer Truppengattungen ausgesetzt. Ein verbreiterter Spottvers über sie lautete:

"Dragoner sind halb Mensch, halb Vieh, aufs Pferd gesetzte Infanterie!"

Bis zuletzt erhielten Dragoner eine Ausbildung und Ausrüstung, die es ihnen ermöglichte, einerseits in der Schlacht als abgesessene Infanterie zu kämpfen, andererseits aber auch als Polizei- oder Besatzungstruppe eingesetzt zu werden.

59. Alumne	Zögling, bzw Besucher eines aus einem mittelalterlichen Kloster hervorgegangenen Gymnasiums oder Internats
60. Requisition	Beschlagnahme ziviler Sachgüter für Heereszwecke
61. Bismarck (Stadt)	Stadt in der Altmark / Sachsen Anhalt

23. Brief vom 3. November 1914 aus Ostende / Belgien
(siehe Anhang: Landkarte 11 auf Seite 147)

Meine liebe kleine Maus!
Im Hotel Des Thermes sitze ich auf dem Balkon und schreibe diesen Brief an
Dich. Die Herbstsonne lacht vom blauen Himmel; mein Zimmer hat bisher noch
keine Feuerung zu sehen bekommen; die warme Wollweste habe ich wieder
ausgezogen, und am liebsten zöge ich noch den Rock dazu aus. Wenn das mit
der Witterung so weiter geht, läßt sich's hier sehr gut aushalten. Reif haben wir
ja gelegentlich morgens schon mal gehabt; aber von Frost noch keine Spur, und
mittags kann man wenigstens bei Sonnenschein allenthalben noch in Sommer-
kleidung draußen sitzen. Bornstedt hat mich am Sonnabend den 31. Oktober
verlassen. Nachmittags um 3 ist er mit einem großen Transport anderer Verwun-
derter via Gent, Brüssel nach Berlin, seiner Heimat, abgedampft. Wenn ich
gewollt hätte, wäre ich mitgekommen und könnte jetzt bei Euch in Hundisburg
sitzen. Der Stabsarzt bot mir die Heimreise an, meinte allerdings, es könnte sich
nur um Tage handeln, und es würde für mich wahrscheinlich später nicht leicht
sein, dann mein Regiment wiederzufinden. Daß ich's gesteh: ich habe lange
gebraucht; dann aber hat in mir doch der Patriot über den Gatten und Vater
gesiegt getreu dem alten Kriegsliede: „Ich diene meinem König treu und meinem Mädchen auch dabei." Aber eben nur dabei, secundo loco. Ich bin also
geblieben. Die erneute Trennung nach den paar glücklichen Wiedersehenstagen
wäre auch zu schmerzlich gewesen. Aber da oben im Militärhospital in der
Kaserne Des Guides Premiers wollten sie uns nicht mehr haben. Die Marine, die
hier in Ostende das Szepter führt, rechnet immer noch mit einer Beschießung
durch die Engländer. Der ganze wunderschöne Strand ist deshalb abgesperrt und
überall sind Kanonen aufgefahren; so auch vorm Hospital, von welchem aus der
Hafen beherrscht werden kann. Und da man weiter befürchtet, daß wenn wir mit
diesen Kanonen schießen, die Engländer in der Richtung auf die Kanonen ant-
worten werden, so ließ man die Verwundeten sämtlichst aus dem Hospital fort-
schaffen. Darum bin ich auch am Sonnabend Nachmittag nun in das 3. Lazarett,
nämlich das Feldlazarett 2 der 4. Ersatzdivision im Hotel Des Thermes gekommen. Hier wohne ich in einem großen nach Süden gelegenen Zimmer (Nr. 17)
der 1. Etage mit Balkon seitdem vornehm wie ein Graf. Noch am Abend traf ich
den 7. Bekannten, den Lazarettinspektor Korn, in Zivil Maurermeister in Wanz-
leben, mit welchem zusammen ich einst bei Herrn Kohlrausch in Pension gewesen war. Bei einer Haut Sauternes und zwei Moët et Chandon haben wir das
Wiedersehen begossen. Am Sonntag folgte der 8. Dessen wirst Du Dich vielleicht noch entsinnen: Rathmann, Pastor jetzt in Angern, ehedem in der schönen
Zeit vor 10 Jahren Hilfsprediger in Neuhaldensleben, im Militärverhältnisse
Sanitätsunteroffizier und noch genau so rührend hilflos wie früher. Am Sonntag
bin ich auch zum ersten Male spazieren gegangen oder vielmehr gehumpelt,
etwa 200 Schritt bis zum Kurpark und zurück. Gestern am Montag ging's schon
durch den Kurpark durch, und ich konnte bereits wieder mit der ganzen Sohle
des linken Fußes auftreten; und heute bin ich wagemutig sogar in der Stadt selbst
gewesen. Es ist eine Freude, fühlen zu können, wie sich die zerschossenen und
zerschnittenen Sehnen und Muskeln mehr und mehr wieder straffen. Ganz gera-

de durchbiegen kann ich freilich das Knie noch immer nicht; doch hoffe ich, in einigen Tagen soweit zu sein, und Sonnabend oder spätestens Sonntag mich auf die Suche nach meinem Regiment machen zu können. Wer weiß, wo´s dann liegt? Die Kämpfe an der Yser **(62)** waren äußerst erbittert und heftig. Wir haben, soweit ich bisher erfahren, außer den 6 Offizieren, mich eingerechnet, von welchen ich Dir schon schrieb schrieb, noch den Major v. Dallmer tot und einen Leutnant verwundet verloren, dazu schätzungsweise 400 Mann im Regiment. In den 14 Kampfestagen haben wir zwar die Kanalübergänge genommen, einen dahinter liegenden Bahndamm aber dem Feinde dauernd nicht entreißen können. Jetzt hat der Gegner Dämme durchstochen und so alles unter Wasser gesetzt und damit uns, aber andererseits auch sich selbst jedes Vorwärtskommen unmöglich gemacht. Soviel mir bekannt, plant das Korpskommando unter diesen Umständen einfach linksum zu machen und von Dixmuiden aus dem Feinde in seine rechte Flanke zu stoßen. Dabei werde ich mich dann hoffentlich schon wieder beteiligen können. Wilhelm wird der Betrieb hier hinten auch schon langweilig, und er meint: „Ohne det Geschieße" könnte er´s „nich lange mehr aushalten". Er hat recht, der gute Knappe! Wir müssen beide wieder vorne hin, wo die Kugeln pfeifen und das Hurra klingt. Da liegt des Infanteristen Herz. Wenn ich zum Regiment zurückkomme, werde ich hoffentlich auch viel, viel Post von Euch vorfinden; denn hierher ist mir immer noch nichts nachgeschickt. Wilhelm Arndt und Pastor Jannecke haben mich heute morgen noch einmal besucht. Sonst in Ostende nichts Neues. Herzlichst grüßt und küßt Dich sowie sämtliche Anverwandten

Dein geliebter Mann.

---

62. Ypern   Am 20.10.1914 begannen die Kämpfe an der Yser, sie dauerten bis 1918. Im Ypern Bogen, der sich von Nieuport und Mannekensvere im Norden über Langemark und Ypern im Süden 900 km² an den Flüssen Yser und Lys nach Westen erstreckt (eine Fläche, die nur unwesentlich größer als die des Landes Hamburg ist), verloren in einem erbarmungslosen Stellungskrieg über 700.000 Soldaten ihr Leben, mehr als auf allen anderen Schlachtfeldern des Ersten Weltkrieges. Allein in den ersten 10 Tagen der Offensive bis zum 30. Oktober 1914 starben 200.000 Soldaten, am 10.11.1914 bei Langemark innerhalb weniger Stunden beim Sturmangriff 2.000 völlig unausgebildete deutsche Ersatzreservisten, überwiegend Studenten. „*Der Tag von Langemarck wird in alle Zeiten ein Ehrentag der deutschen Jugend bleiben ... Wohl fielen an ihm ganze Garben von der Blüte unserer Jugend...; aber den Schmerz um die tapferen Toten überstrahlte doch der Stolz, wie sie zu kämpfen und zu sterben verstanden.*" kommentierte die Deutsche Tageszeitung am 11.11.1915 den Jahrestag dieser Katastrophe. Statistiker errechneten für die Jahre 1914-1918 über 180 Granateinschläge pro m². 214 Soldatenfriedhöfe erinnern heute an diese ebenso grauenvollen wie sinnlosen Kämpfe. „*Keine Spur von Gottes Hand*" zitierte Herbert Kremp den Kriegszeichner Paul Nash am 17.10.2004 aus Anlass der 90. Wiederkehr der ersten Kämpfe an der Yser. War es Zufall, dass sich hier zwischen Dezember 1915 und Mai 1916 die Hauptgegenspieler des 2. Weltkriegs, Winston Churchill und Adolf Hitler, nur knapp 3 km voneinander getrennt gegenüber lagen?

24. Brief vom 10. November 1914 aus Stadenberg / Belgien
(siehe Anhang: Landkarte 11 auf Seite 147)

Meine liebe, liebe kleine Frau!

Gestern bin ich zum Regiment zurückgekehrt und fand nun alles vor, was von Dir inzwischen eingegangen war: einen ganz anständigen Postsack voll. Ich habe bekommen Speck und Wurst, 1 Kiste Zigarren, eine leider nicht funktionierende Taschenlampe, wohl alle 6 Paar Strümpfe, sicher 5, wie Wilhelm meint; den von Putti und Ottheinrich gestifteten Schanel, den Seidenschanel, die gefütterten Handschuh, 2 Taschentücher, Kniewärmer und Seife. Für alles, alles und die zahlreichen Begleit- und selbstständigen Briefe, auch die von unserem Vater meinen besten Dank. Jedes liebe Zeichen von Euch freut einen ja so unendlich. Die großen Pakete, von denen Du schreibst, sind aber alle noch nicht angekommen, auch die Hose und die Heiseschen Stiefel noch nicht. An Stelle der letzteren habe ich mir inzwischen in Brüssel für teures Geld ein Paar allerdings auch wunderschöne Schnürschuh und Gamaschen besorgt. Insoweit bin ich also vorläufig versehen. Schick deshalb bitte die von Heise neu gefertigte Beinbekleidung zunächst noch nicht ab, wenn Du es inzwischen nicht bereits getan haben solltest. Ich schreibe Dir, wenn ich die Stiefel gebrauche. Mit der Feldpost ist es tatsächlich ein Jammer; und dabei macht man noch Versuche, dieses klägliche Institut zu entschuldigen. Unser Auto fuhr natürlich am Sonnabend den 7. nicht. Es geht eben im Kriege fast immer anders als man denkt. Mit der harmlosesten Miene von der Welt kamen die guten Österreicher zum Mittagessen und erklärten: Die Herrn möchtens entschuldige; aber sie könnte net, absolut net und in de nächst Tag auch net; sie täte ihr Vehikel dienstlich gebrauche. Na; wir gingen zum Bahnhof, Ritter und ich, und erfuhren, daß von Ostende in den jetzigen Bereich des 3. Korps nach Thourout direkt keine Züge gingen, daß wir aber mit dem Umwege über Brügge per Bahn dorthin gelangen könnten. Mit Freuden nahmen wir die Gelegenheit wahr, auch Brügge noch kennenzulernen, und dampften am Sonnabend Abend um 6 von Ostende ab. Um ½ 9 hatten wir die etwa 20 km Entfernung glücklich überwunden. Im Hotel Memling speisten wir vornehm zu Abend; und nun, gerade als wir uns hinlegen wollten, tauchte der 10. Bekannte auf, Fritz Koch aus Eichenbarleben, unsers Vaters dicker Freund. Ritter und er sind beide Bonner Franken und erkannten sich trotz Vollbart sofort wieder. Fritz Koch lag mit einem großen Teil der Marine in Brügge. Natürlich saßen wir noch lange bei Pilsener zusammen. Am Sonntag früh sahen Ritter und ich uns Brügge an. Es ist tatsächlich sehenswert; alles Gotik. Mit einer Stadt wie Hildesheim kann sich's freilich nicht vergleichen. Aber namentlich das Rathaus und der Belfried - ein großer einzeln stehender Turm auf dem Marktplatze - sind wunderbar. Und dann Alt-Brügge mit seinen zahllosen Kanälen und moosbewachsenen Straßen! Ein Bild, verschlafen wie ein Märchentraum. Das alles müssen wir uns in friedlichen, geruhigen Zeiten - hoffentlich sind wir Weihnachten 1915 schon zu Hause; also Sommer 1916 - einmal näher ansehen. Dann gehen wir nach Ostende ins Bad, steigen in Aachen in ein bereitstehendes Auto und fahren die ganze Marschstraße des tapferen 3. Reservekorps entlang. Den Sonntag Mittag feierten wir wieder im Memling mit einem Pilsenerfrühschoppen. Fritz Koch brachte dazu Pinkernelle mit, den ich bei dieser Gelegenheit nun kennengelernt habe, und der mir sehr gut gefallen hat. Ein Tübinger Germane, Kousin von mir, war auch da, und es war deutsch gemütlich. Mühsam nur erreichten wir um ½ 3 den Zug nach Thourout, wo wir uns bei der Wittwe d´Aussey für die Nacht einquartierten. Auch hier war´s sehr nett. Ritter spielte auf dem etwas verstimmten Piano egal Kriegs- und Studentenlieder. Dazu tranken wir 2 Pullen Rotspohn und plauderten mit der Wittib en francais et en flamand. Am 9. vormittags ging´s dann weiter mit der Bahn über Cortemarck nach Staden. Hier grollte schon wieder deutlich vernehmbar unsere schwere Artillerie, und hier trennten sich unsere Wege. Ritters Regiment - Nr. 24 - lag in Houthulst, und meines schon seit einer Woche im Schützengraben vorwärts Mangelaere mit der Front auf Langemarck zu. Ritter faßte glücklich zur Beförderung seiner selbst und seiner Bagage einen Lebensmittelwagen seines Regiments rein zufällig ab. Ich hatte weniger Dusel, konnte zwar auf einen vorbeifahrenden Wagen mein Gepäck, Koffer und Mantelsack zum Divisionsdrain **(63)** bringen, erreichte dann aber mit Fußmarsch bloß noch Stadenberg. Dort legte ich mich bei den Offizieren der Sanitätskompanie 26 ins Quartier, die mich riesig liebenswürdig gleich mit warmem Kaffee und gräusligem Cognac aufnahmen. Plötzlich erschienen auch noch unser Verpflegungsoffizier und der von unserem I. Bataillon, die gleichfalls in Stadenberg rückwärts der vorderen Linie lagen. Sie verschafften mir meine Post und hatten viel von dem zu erzählen, was seit Mannekensvere passiert war. So verging der Abend mit Lesen und Plaudern in buntem Wechsel. Wir haben jetzt im Regiment noch 9 unverwundete Offiziere. Der Tod hat an der Yser furchtbar gehaust. Die 9. Kompagnie z.B. hat nur noch 40, die 6. noch 60 Mann von ursprünglich 250. Über 200 hat keine mehr. Hier sind die Schützengräben teilweise bis auf 50 m an einander herangetrieben. Mit dem nächsten Briefe weiteres. Grüß mir inzwischen alle, insbesondere die Kinder und sei selbst tausendmal geküßt

von Deinem Mann.

---

63. Divisionsdrain   Divisionstross. Bez. für Versorgungs- und Transportteile der Truppe

25. Brief vom 14. November 1914 aus Mangelaare bei Langemark / Belgien
(siehe Anhang: Briefkopie auf Seiten 132-135, Landkarte 11 auf Seite 147)

Meine liebe, liebe Maus!
Am 11. November abends kam ich in die vordere Linie, in das Gewirr von Schützengräben, welches sich hier ebenso wie drüben bei den Franzosen gleich einem Labyrinth kilometerweit in der Erde entlang erstreckt. Wir sind hier Maulwürfe und keine Soldaten. Wer nur den Kopf aus einem Graben erheben will, mag vorher getrost mit dem Leben abschließen. Wir arbeiten mit Lauf- und Verbindungsgräben und Parallelen, mit Minen und Minenwerfern, mit Sappen **(64)** und Räuchergranaten, die wir auf ganz kurze Entfernungen in die feindlichen Linien hineinwerfen - kurz mit allen Mitteln des modernen Festungskrieges; und das alles nicht etwa in befestigtem oder auch nur bergigem Gelände, - sondern in einer Ebene so glatt wie die Magdeburger Börde. Es ist ein furchtbarer Krieg. Die Leute liegen Tag und Nacht unter freiem Himmel, müssen Tag und Nacht mit ihren Sinnen wie die Schießhunde dabei sein. Es regnet und stürmt jetzt hier, es ist das richtige feuchtkalte Novemberwetter. Das geht nun schon 10 Tage an dieser Stelle ununterbrochen so; vorher bei Nieuport war's nicht viel anders, und der Himmel weiß, wann's enden wird. Wir werden allesamt mehr und mehr Pessimisten. Der einzige Trost, den wir noch haben, ist der, daß es dem Gegner drüben bei seiner schlechteren Gewöhnung an Nässe und Kälte - es sind nämlich meißt Turkos **(65)** und Südfranzosen, mit denen wir kämpfen - viel schlimmer noch gehen muß. Vorläufig bekommt er freilich alle Augenblicke noch Nachschub - weiß der Teufel woher - und hält sich mit einer wahnsinnigen Zähigkeit. Der Boden ist mit Blut gedüngt. Zwischen den beiderseitigen Stellungen liegen die Toten zu Haufen und können nicht begraben werden, weil jeder, der es riskieren wollte, sicher abgeschossen werden würde. Ihr Geruch verpestet die Luft. Langsam, ganz langsam gewinnen wir ja Terrain, aber jeder Bajonettangriff kostet ungeheure Opfer. Als ich am 18. Oktober abends bei Mannekensvere meinen braven Jungs zum Abschied die Hand schüttelte, war der Zug zwar nicht mehr wie zu Kriegsbeginn 82, aber doch immer noch 64 Mann stark. Als ich jetzt zurückkam und die Leute sah, waren es noch 22, und die ganze Kompagnie zählte noch 86 Mann. Mir sind die Tränen in die Augen getreten, als ich von all den Verlusten hörte. Und dann kam der 12. November. Ewig denk ich an diesen Tag. Auf morgens 6 Uhr 30 war der Sturm angesetzt. Einheitlich sollte das ganze 3. Reservekorps zum Bajonettangriff vorbrechen, lagen doch die Schützengräben vielfach nur noch 20-30, meißt 50-100 und höchstens einmal 200 m von den feindlichen Stellungen ab. Und so geschah's. Noch völlig dunkel war's, nur im Osten ein ganz schmaler heller Streif, als sich die Linie erhob. Aber der Feind hatte scharfe Augen und sobald sich nur die ersten aus dem Graben vorgeschoben hatten, empfing uns ein geradezu entsetzliches Infanterie- und Maschinengewehrfeuer. Rasch hintereinander fielen der Bataillonsführer, der Adjutant, der neue Hauptmann der 7. Kompagnie Eiber; und als das Bataillon drin war im feindlichen Graben und mit dem Bajonett blutige Arbeit gemacht hatte, war es selbst nur ein schwaches Häuflein noch. Kein Schuß ist von unserer Seite gefallen; kein Hurra haben wir geschrien; es war aber auch kein frisches, feucht-fröhliches Drauf mit Schwert und Gewehr in

der Hand, sondern ein stummes Vorwärtsstürzen: Rasch heran! Rasch heran! Je schneller, desto weniger kannst Du getroffen werden. Jeder von denen, die hier vorbrachen, hatte sicher mit dem Leben völlig und glatt abgeschlossen. Von den Offizieren des Bataillons sind noch Müller-Kranefeld und ich da; alle anderen, die den Sturm mitgemacht haben, tot. Von der 7. Kompagnie sind 40 Mann tot, 20 verwundet. An der unverhältnismäßig großen Zahl der Toten kannst Du schon sehen, wie furchtbar es gewesen sein muß. Die Kompagnie zählt jetzt noch 26 Mann, die am Ende ihrer physischen Kraft sind. Und was wurde mit dem ganzen ungeheuren Einsatze an Menschenleben gewonnen? Rund 100 m voran. Wenn auch der Feind schwere Verluste und viele Gefangene gelassen hat, so steht doch der Erfolg meines Erachtens in keinem Verhältnisse zum Einsatze. Die Verlustliste meiner Kompagnie aus den Kämpfen an der Yser und hier bei Ypern wird so aussehen: Hauptmann v. Rosenberg +, Hauptmann Eiber +, Leutnant Wolfien l.vw., Offizierstellvertreter Rosenfeld +, Offizierstellvertreter Leyd schw.vw., Feldwebel Nawrotzki +, Vizefeldwebel Westendorf +, Vizefeldwebel Wüst +, u.s.w. Das ganze Regiment verfügt noch etwa über 650 Gewehre. Ich selbst bin zur Zeit - seit gestern - und wahrscheinlich noch für rund 1 Woche beim Regimentsstab als Gerichtsoffizier beschäftigt, da meine Wunde noch immer nicht völlig vernarbt ist, und der Regimentsarzt mir erklärte, bei dem jetzt herrschenden feuchtkalten Wetter und dem vielfachen knietiefen Schmutz in den Schützengräben könne er die Verantwortung dafür nicht übernehmen, daß ich in der vorderen Linie bliebe. Ich sitze also im warmen Zimmer, und meinetwegen kannst Du ganz unbesorgt sein. Es ist das einzige heizbare Zimmer im weiten Umkreise; alles andere ist zerstört. Wegen meiner Weihnachtswünsche und Deiner sonstigen Anfragen mehr im nächsten Briefe. Für heute Euch allen 1000 Grüße. Ich küsse Dich, leider nur in Gedanken!

Dein Mann

---

64. Sappe	Mit Hilfe von Sappen (Erdwalzen) konnte man sich an Festungsmauern heranarbeiten, um sie durch ein anschließendes Unterminieren zum Einsturz zu bringen. Sie wurden 2,5 m breit und 1,2 m tief, zickzackförmig mit Erdaufschüttungen als Schutz vor feindlichem Beschuß von den zu den ingenieurtechnischen Truppen gehörenden Sappeuren angelegt. Die Sappeure verfügten über eine besondere Ausrüstung, wie z. B. den typischen, breitkrempigen Eisenhelm zum Schutz vor Geschossen, welche die Verteidiger von oben abschossen. Bei mittelalterlichen Burgbelagerungen wurden Sappen häufig eingesetzt, um das Mauerwerk der belagerten Festung aufzubrechen und die Mauer so weit auszuhöhlen, dass sie, evtl. durch Verbrennen des Stützgebälks, zum Einsturz gebracht werden konnte.
65. Turkos	Bezeichnung für die Soldaten der von 1842-1964 bestehenden algerischen Schützenregimenter des französischen Heeres, die nach der Eroberung Algeriens aus Einheimischen gebildet wurden. Die Offiziere und meisten Unteroffiziere waren Franzosen. Ihre Tracht war arabisch: hellblaue Jacke, Turban, Burnus und Gamaschen. Die Turkos kämpften erstmals im Sardinischen Krieg 1859 auf Seiten Frankreichs. Sie zeichneten sich durch besondere Tapferkeit und Ausdauer aus.

Feldpostkarte vom 15. November 1914
aus Mangelaare bei Langemark / Belgien
an „ *Fräulein Putti und Herrn Ottheinrich Wolfien, Hundisburg, Kreis Neuhaldensleben (Abs. Leutnant d.R. Wolfien, 3. Reservekorps, 3. Reserve-Division, 8. Reserve - Infanterie - Regiment, 2. Bataillon, 7. Kompagnie)*

Liebe Kinder!
Recht herzlich danke ich Euch für den schönen warmen Schal, den Ihr mir gegen kalten Hals geschickt habt, und für Eure Karte vom 24. Oktober. Über beides habe ich mich sehr gefreut. Ich kann Euer Geschenk jetzt wunderbar gebrauchen; denn draußen regnet und schneit und hagelt es heute; immer alles dreies unaufhörlich und gleich auf einmal, und auf den Straßen liegt der Schmutz so hoch, daß Ihr beide drin ersaufen würdet. Und die armen Franzosen, die wir neulich gefangen genommen haben, hatten schon beinahe keine Stiefel mehr an, ihnen guckten schon die Zehen aus den Schuhen heraus. Vater braucht dagegen heute Nacht nicht einmal draußen auf dem Felde zu liegen und friert bloß ein ganz klein bißchen; denn er hat eine schöne Stube. Ein Ofen ist nicht drin; aber sogar noch eine Decke über dem Zimmer, wo die Kugeln noch nicht durchgegangen sind; und die Fensterscheiben sind alle heil, und Vater hat seinen dicken Mantel an und noch einen Umhang und 2 Unterhosen und 2 Paar Strümpfe und 2 Hemden; und heute Sonntag Nachmittag will Vater sogar Kaffee trinken. Nun grüßt mir Mutter und Großvater und Großmutter und Tante Suse von

Eurem Vater.

1914 - Susemieke (re) und Otto-Heinrich Wolfien (li)

26. Brief vom 17. November 1914 aus Hazewind / Belgien
(siehe Anhang: Landkarte 11 auf Seite 147)

Meine liebe gute Maus!
Nun ist das erste große 10-Pfund-Paket mit dem Datum vom 2. Oktober bei mir eingetroffen. Ich habe es gestern Abend aufgemacht und auch Wilhelm die für ihn bestimmte Gabe überreicht. Wir alle beide haben uns mächtig gefreut. Es sind so eine Unmenge praktischer Sachen darin, auch die Fußlappen werde ich gut verwenden können. Eure Briefe und Karten habe ich bis 7. November. Herzlichen Dank! Nun Deine Fragen für Weihnachten: Außer Eßwaren, Konserven und Wäsche kann ich sonst einen Schlafsack wie einen Pelz, natürlich Uniformpelz, gebrauchen. Die Adresse von Mohr & Speyer ist Jägerstraße. Meine Weste ist vorläufig noch gut. Sobald sich ihre Reformbedürftigkeit herausstellen sollte, schreibe ich. Wilhelm ist verheiratet und wünscht sich eine kurze Pfeife. Auch auf die letztere ist er erst nach langem Überlegen verfallen. Tabak dazu und sonstige weitere Kleinigkeiten würde er natürlich nicht ablehnen. Eine Kompagnie soll kriegsstark reichlich 250 Mann enthalten **(66)**. Die 10. aber, die ich augenblicklich führe - entsprechend ändert sich jetzt meine Adresse: 3. Bataillon, 10. Kompagnie - zählt noch rund 100 Mann und ist damit eine der stärksten im ganzen Regiment. Die 6., 7. und 8. Kompagnie sind überhaupt zu einer einzigen in etwa derselben Gesamtstärke zusammengezogen. Das ganze 2. Bataillon ist mit dem 1. zu einem vereinigt und dieses Konglomerat, in dem Vizefeldwebel Kompagnien führen, hat noch etwa 400, das 3. Bataillon noch etwa 300 Gewehre. Schwer ist es, unter diesen Umständen Dir bestimmte Vorschläge für Weihnachten zu machen. Wahrscheinlich kommandiere ich dann, wenn ich überhaupt noch lebe, schon längst nicht mehr die 10. Kompagnie; denn deren schon bei Antwerpen verwundeter Hauptmann Baron v. Wrangel soll, wie es heißt, in spätestens 2 Wochen zurückkommen. Ebenso wahrscheinlich aber kommandiere ich irgend eine andere; denn ältere Offiziere haben wir so gut wie garnicht mehr. Endlich aber werden wir bis Weihnachten doch vermutlich Ersatz heran und uns wieder komplettiert haben. Wieviel von diesem Ersatz freilich dann bereits wieder abgeschossen sein wird, läßt sich heute natürlich auch nicht annähernd sagen. Am besten richtet Ihr Euch wohl auf ca 150 Mann ein. Endlich Deine letzten Fragen: Die Tageszeitung, 6-Uhr-Abendausgabe, erhalte ich pünktlich seit 1. Oktober, und aus ihr sauge zunächst ich, darauf Wilhelm und nach und nach die ganze Kompagnie unsere Wissenschaft von den Vorgängen auf dem Kriegstheater. Unser Heer besitzt 4 Batterien 42cm zu je 2 Geschützen, insgesamt also 8 Geschütze. 2 davon sind aber erst jetzt fertiggestellt und werden jetzt neu eingereiht. Nun habe ich Deine Neugier hoffentlich voll befriedigt. Unsere Leute haben nach dem großen Sturm vom 12. bis gestern unentwegt weiter in ihren Schützengräben gelegen. Das Wetter war miserabel; fast den ganzen Tag Regen und Sturm. Die Jungens halten Erstaunliches aus, aber sie waren jetzt doch am Ende ihrer Kraft, nicht der moralischen - die Stimmung ist gut -, aber der physischen. Ich selbst hab's ja besser gehabt. Ich hab bis gestern meinen Schuß noch im Regimentsstabsquartier hinten auskurieren müssen. Schön war das ja nun gerade auch nicht: Der Oberst, an sich schon sehr nervös, nörgelte den ganzen Tag über die unglaublichen Verluste und die unglaublichen Anstren-

gungen, die man seiner zusammengeschossenen Truppe zumutete. Das färbte auf den Adjudanten, den Ordonanzoffizier und mich natürlich ab. Kurz die Stimmung war auf dem Gefrierpunkt. Dazu war man in der vorderen Linie wenigstens vor den Granaten und Schrapnells der Franzosen sicher gewesen; denn auf die erste Linie der Schützengräben hatte weder die feindliche noch unsere Artillerie feuern können, um nicht bei der geringen Entfernung der beiderseitigen Infanterien die eigenen Landsleute zu gefährden. Hinten aber am Stabsquartier platzte es rechts und platzte es links, schwer und leicht, Tag und Nacht. Ein Wunder, daß die alte Bude, in der wir wohnten, niemals getroffen ist. Namentlich unseren Garten links vom Hause hatten sie verflucht auf dem Kieker. Dort vermuteten sie eine Batterie, die tatsächlich etwa 200 m rückwärts stand, und dorthin schickten sie infolgedessen Tags über regelmäßig 2 und gewöhnlich mitten in der Nacht noch eine Rafale (d.h. 30-50 Schuß unmittelbar hintereinander) schwerer Artillerie. Auf unserem Hof sind verschiedene Dinger niedergegangen; im Stalle hatte eine Kuh ein zwei Fäuste großes Stück Granate im Hinterteil; ein Posten vor dem Hause bekam eins der zum Überfluß noch häufig herumschwirrenden Infanteriegeschosse in den Oberschenkel; und wenn ich zum Verbandsplatz ging, um meinen Verband zu wechseln, war das alles andere als ungefährlich. Zweimal habe ich Granaten dicht vor und hinter mir gehabt, und wenn die vor mir einschlagende krepiert wäre, schriebe ich diesen Brief nicht mehr. Zufällig machte sie bloß ein natürliches und einige Meter breites Loch in den Acker. Jetzt sind wir in Reserve zurückgenommen. Für heute 1000 Grüße!

Dein Mann.

---

66. Deutsches Heer Vor Kriegsbeginn betrug die Stärke des deutschen Heeres 794.000 Mann (1902: 605.000, 1875: 420.000 Mann), aufgeteilt in 5 Armeen mit je drei Armee Korps. Mit Kriegsbeginn wurden 3 weitere Armeen aufgestellt. Insgesamt gab es bei Kriegsbeginn 25 Armee Korps. Jedes Armee Korps bestand aus 1.554 Offizieren, 43.317 Mannschaften, 16.934 Pferden und 2.933 Fahrzeugen. Untergliedert war jedes Korps in zwei Divisionen, jede Division wiederum in je vier Infanterie- und zwei Kavallerieregimenter, ein Jägerbataillon, ein bis zwei Feldpionierkompanien und ein bis zwei Sanitätskompanien. Ein Infanterieregiment bestand im Krieg aus 3.000 Mann und war unterteilt in drei Bataillone a 1.000 Mann mit je vier Kompanien (a 250 Mann), die wiederum aus je drei Zügen zu 84 Mann bestanden. Das Deutsche Heer stand unter dem Oberbefehl des Kaisers und bestand im wesentlichen aus den Heeren der Bundesstaaten Preußen, Sachsen, Bayern und Württemberg. Die Heere der übrigen Bundesstaaten wurden von Preußen verwaltet. Das Heer gewann im Kaiserreich einen hohen gesellschaftlichen Status und besonders Offizierskorps genoß höchstes Ansehen. Es war konservativ und antisozialistisch geprägt. Der Reserveoffizier wurde für viele Bürger ein erstrebenswertes Ziel. Zahlreiche Kriegervereine bildeten sich. Der 1900 gegründete "Deutsche Reichskriegerbund Kyffhäuser" umfaßte als Dachverband schon bald fast sämtliche Kriegervereine des Kaiserreichs und zählte 2,9 Millionen Mitglieder.

27. Brief vom 21. November 1914 aus Hazewind / Belgien
(siehe Anhang: Landkarte 11 auf Seite 147)

Meine kleine Maus!

Heute Nachmittag habe ich Deinen lieben Brief vom 12. erhalten. Vielen Dank. Er bringt ja eine Unmenge wünschenswerter Nachrichten über alle Gefreundte (67), Verwandte und Bekannte. Gestern traf auch endlich - nach 10 langen Wochen - das berühmte, viel besprochene und viel vermißte Paket mit den Heiseschen Stiefeln und Wahldiecksche Hose vom 10. September ein. Ein Heft „Woche" (68) und „Jugend" (69), eine Dose Sprotten in Tomaten und die zwei schönen Lebkuchen habe ich gleichfalls inzwischen bekommen. Dagegen fehlen noch das Päckchen Zigarren, die Fische in Remoulade und die Zigaretten von Schwägerin Suse. Alles und jedwedes begrüße ich immer wieder mit geradezu kindlicher Freude. Ich komme mir wirklich, wenn ich so ein Paket auslade, nicht wie ein rauher, vollbärtiger Kriegsmann, der schon Dörfer in Brand gesteckt hat pp., sondern wie ein vom Weihnachtsmann bescherter kleiner Junge vor. Wie praktisch Du aber auch alles stets aussuchst! Kaffeetabletten und Kakao schickst Du vielleicht bald wieder einmal. An Getränken beginnt's nämlich allmählich in dieser vom Kriege gänzlich ausgesogenen Gegend zu mangeln. Ich habe in der Offiziersmenage bloß noch eine halbe Flasche Mumm; dann ist's Schluß; und die hüte ich natürlich mit Rücksicht auf vorraussichtlich kommende kalte Nächte im Schützengraben wie meinen Augapfel. Notgedrungen aber sicher gehe ich im übrigen - schwer fällt mir's wirklich nicht; ich konnte beinahe schon keinen Rotwein, selbst den besten nicht mehr sehen - vom Alkoholiker zum Antialkoholiker über. An Speise ist im Gegensatz zum Trank in Flandern noch viel zu haben. Die Landschaft ist reich. Überall liegen nach belgischer Art um die im wesentlichen nur aus Handwerkerhäusern und Kaufläden - flämisch winkels, meißt verbunden mit einem Estaminet (70), zu deutsch Stampe (71) - sich zusammensetzenden Dörfer herum größere Bauernhöfe verstreut durch das Feld. Hier herrscht wie auch im übrigen Belgien und ähnlich wie in Irland das Pachtsystem. Die Pachthöfe, französich fermes - uns fehlt im Deutschen ein einheitliches Wort; denn ferme bezeichnet nicht nur den Pachthof, sondern zugleich auch die Einzellage desselben -, sind natürlich von verschiedener Größe, gehen aber wohl niemals über den Umfang unserer Kossatenbesitzungen hinaus. Das Land liegt meißt unmittelbar um den Hof herum. Ich glaube, mehr wie 100 Magdeburgsche Morgen (72) wird wohl kaum mal einer haben. Der Verpächter ist Schloßherr, nennt eins oder mehrere von den wunderschönen Châteaus dieses Landes sein eigen mit den kolossalen Parks und idealen Linden- oder Kastanienalleen, dominiert auf denselben und lebt vom Pachtschilling, ohne seinerseits Ackerbau und Viehzucht zu treiben. Ein besserer Bauernstand wie bei uns in der Börde fehlt gänzlich. Die Viehzucht spielt auch hier wie im Norden Belgiens die erste Rolle; ihr ordnet sich die Landbestellung unter. Gerade deswegen aber haben wir immer noch vollauf zu leben. Wir schlachten egal Schwein und Rindvieh für die Leute, die jetzt in den Tagen der Ruhe unbedingt wieder auf den Damm gebracht werden müssen; denn ihr Ernährungszustand läßt viel zu wünschen übrig; haben sie doch vier Wochen lang in Dreck und Schlamm - das Wasser stand in den Schützengräben teilweise mehr als knietief -

draußen liegen müssen und dabei nur kalt essen können. Ich habe vorgestern beispielsweise Gulasch mit Sauerkraut gegessen, gestern Ruladen, heute Milchreis - alles von meinem guten Wilhelm unter Zuhilfenahme des Kochs so ideal zurechtgemacht, wie selbst Du es nicht schöner könntest. Die Ruladen in einer richtigen Schicht gebräunten Specks mit Sahnesauce; mir läuft noch jetzt das Wasser im Munde zusammen. Heute Abend gibt´s Lebergulasch. Sogar die sonst in Belgien so gut wie ganz unbekannten Gänse und Enten - sonst findet man nur poules und poulets (73) - gibt es hierzulande; und nach dem Braten steht schon lange mein Sinn. Wo die Bewohner geflüchtet sind, steckt man das Vieh ohne Besinnen und ohne weiteres Federlesen aus Stall und Hof heraus in den Topf. Kein Hahn kräht danach, wo er geblieben ist. Wo die Bewohner unerfreulicherweise geblieben sind - sie nehmen ja nur Platz weg -, erhalten sie einen sog. Requisitionsschein, d.h. eine Bescheinigung, daß sie der Kompagnie ein näher bezeichnetes Vieh im Werte von so und soviel Francs verkauft haben. Diese Scheine soll, so sagt die Mär, die belgische Regierung später einlösen. Die Unglücklichen glauben alle daran. Ich liege mit meinen Mannen auf zwei einsamen größeren Bauernhöfen abseits vom Bataillon, deren Bewohner noch sämtlich da sind, habe außer Wilhelm noch einen Burschen Schlichting, der bis zum Kriegsausbruch Diener beim englischen Botschafter in Berlin war und äußerst gewandt ist; drittens noch einen Pferdeburschen Dossow, der meine zwei Reitpferde besorgt. Ich schreite, in der Hand die Reitgerte, an den neuen Heiseschen Stiefeln klirrende Sporen, wie ein König, neben mir Fips, auf meinen Gütern umher, trainiere Vormittag und Nachmittag die beiden Gäule, während aus der Ferne von Dixmuiden, Langemarck und Ypern der Donner der Schlacht herübergrollt, und regiere als Autokrat, dessem Willen sich alles beugen muß, über etwa 15 Personen Zivilbevölkerung und mit Ausmärschen, Exerzieren und Appells über meine Kompagnie Soldaten. Es ist wirklich ein ideales Leben! Seit 3 Tagen hat dabei nach Sturm und Schneetreiben starker Frost eingesetzt, verbunden mit heftigem Nord und Nordost, ein um diese Zeit in dieser Gegend ganz ungewohntes Wetter. Die Erde trägt eine weiße Decke. Im Schützengraben, in den wir wohl in einigen Tagen wieder einziehen, wird´s bei Kälte allerdings ungemütlich werden. Meine Wunde ist immer noch nicht ganz geschlossen, doch habe ich kaum noch Beschwer von ihr. Viele Grüße Euch allen und tausend Küsse Dir und den Kindern

von Deinem Otto.

---

67. Gefreundte   Bezeichnung für Freunde, Verwandte und Nachbarn

68. Woche   „Die Woche" war eine der ersten illustrierten Wochenzeitschriften in Deutschland, mit aktuellen Bildern aus dem politischen und kulturellen Leben, 1899 erstmals vom Scherl Verlag in München herausgegeben.

69. Jugend   Bei der „Jugend" handelte es sich um eine illustrierte Wochenschrift und Zeitschrift für Kunst und Literatur, in der satirische und kritische Texte eine große Rolle spielten. Erschien von 1896 bis 1940. Die Zeitschrift „Jugend" wurde Namensgeber für die Kunstrichtung „Jugendstil".

70. Estaminet	In der Wallonie / Belgien Bezeichnung für Cafe oder Bar
71. Stampe	Kneipe
72. Magdeb Morgen	1 Magdeburger Morgen umfasste 0,2553 Hektar, also 2553 m². 100 Magdeburgische Morgen entsprachen damit 25,53 Hektar.
73. Poule, Poulet	Poule (Huhn), Poulet (8-12 Wochen altes Masthuhn)

28. Brief vom 24. November 1914 aus Hazewind / Belgien
(siehe Anhang: Landkarte 11 auf Seite 147)

Meine liebe kleine Maus!

Noch immer sitze ich als selbstständiger Gutsherr auf meinen beiden abgelegenen Bauernhöfen in Hazewind. Und da wir heute Nachmittag gegen Typhus geimpft werden sollen - wie es heißt, weil wir in typhusverdächtige Gegenden kommen -, und da weiter die Schutzimpfung Krankheitserscheinungen von mindestens 24-stündiger Dauer hervorrufen soll, so werden wir wohl auch morgen und übermorgen noch hier bleiben. Wohin wir dann kommen, weiß natürlich niemand. Das bindet die oberste Heeresleitung keinem auf die Nase. Vermutlich in hiesiger Gegend wieder aus der Reserve in die vorderste Linie. Gemunkelt wird auch: wir kämen vor Verdun hin oder gar als Besatzung nach Straßburg. Doch ist bei derartigen, im Kriege so häufig auftauchenden und völlig unkontrollierbaren Gerüchten wohl der Wunsch der Vater des Gedankens. Na, wir werden ja sehen! Vorläufig geht's bei uns Tag für Tag friedlich wie in der Garnison zu. Wenn sich morgens die Sonne im Osten erhebt - so aus der Gegend her, wo Ihr wohnt -, versammle ich als guter Häuptling mein Völkchen um mich, lasse es vom Feldwebel Dick rangieren, besteige eins meiner Schlachtrösser und mache einen Übungsmarsch. Dabei frisch ich gleichzeitig vergessene Reitkünste auf. So um 11, ½ 12 herum sind wir dann wieder zu Hause. Ich regiere dann noch eine halbe Stunde daheim, revidiere die Quartiere, schimpfe über weggeworfenes Papier, weggeschüttete Speisereste, aufstehende Knopflöcher und schiefsitzende Mützen. Um 12 gibt's Mittagbrot; heute Rinderschmorbraten. Dann kommt wie im Zivil der sanfte Mittagsschlaf. Um 3 ist Appell und damit Schluß der täglichen Arbeit. Ich trinke behaglich mit Deinen Kaffeetabletten gewürztes warmes Wasser, esse dazu einen Deiner vorzüglichen Lebkuchen und denke beim Genuß der letzteren an Weihnachten und grüne Tannenbäume, die es hierzulande nirgends gibt. Wir werden uns wohl heute in einem Monat mit einer Kiefer behelfen müssen. So um 4 herum schließt sich regelmäßig ein Spaziergang oder Ausritt mit Leutnant Trantow, dem Führer der 9. oder Hauptmann Heller, dem Führer der 12. Kompagnie, an. Um 7 wird zu Abend gegessen, und nach dem Dîner versammeln Heller und ich uns in der Villa Trantow. Pünktlich um ½ 11, als ob Polizeistunde wäre, geht's nach Hause; und so nun schon 1 Woche lang Tag für Tag. Etwas von der friedlichen Stille bürgerlichen Lebens wird durch diesen regelmäßigen Verlauf wohltuend in unsern bisherigen Kriegsbetrieb hineingetragen. Namentlich die Glühweinabende bei Trantow - letzthin gab's auch einmal das von uns allen immer wieder so schmerzlich entbehrte Deutsche Bier - sind sehr nett. Leidlich angesäuselt zieht man nach Hause, nachdem man wie am Stammtisch, hinüber und herüber diskutiert und debattiert hat, daß die da drüben doch bald genug haben müßten, und daß sie vor allem sicher die Kälte noch viel weniger aushalten könnten als wir. Auf dem Heimwege mahnt dann freilich wieder das aus den wenigen Kilometern Entfernung in der nächtlichen Stille meißt deutlich herüberschallende Knattern des Infanteriefeuers und das gleichmäßige „Tak-Tak-Tak" der Maschinengewehre daran, daß zum Kannegießern (74) noch lange keine Zeit ist. Es ist ein völlig neuer Bekanntenkreis, in den ich hier hineingerate. Die alten Gefreundten aus dem Beginn des Feldzuges sind bis auf Müller-Kranefeld sämtlich tot oder verwundet zu Hause. Wir haben ja auch, wie ich Dir schon schrieb, schreckliche Verluste gehabt. Meine brave, brave 7. ist nicht nur - was die Geschichtsschreiber immer als besonders schrecklich anführen - dezimiert. Wir haben gerade umgekehrt auf 10, die auszogen, noch 1 Unverwundeten. Jetzt in der Zeit der Ruhe komplettieren wir uns wieder durch Ersatz aus der Heimat, der freilich - wenigstens soweit ich ihn bekomme, - gegen meine alten Leute stark abfällt. Man hat in diesen Tagen der Muße im allgemeinen recht viel Zeit; und wenn man Zeit hat, achtet man auf so manches, woran man sonst vorbeisieht. Denke Dir: Da habe ich die Entdeckung machen müssen, daß mein Fips gar kein richtiger Hundejunge, sondern ein Mädchen ist; und da wurde mir auch schrecklich klar, weshalb er immer den Schwanz einzog und sich hinsetzte, wenn andere Hunde ihn beschnüffelten. Wilhelm behauptete: er habe diese Entdeckung schon längst gemacht, bisher aber teils aus zarter Rücksichtsnahme auf mich, teils aus Angst vor meinem Zorn mir nichts sagen wollen. Vorläufig befindet sie sich ja noch in schulpflichtigem Alter. Ob aber Wilhelm als Elefant (75) genügen wird, wenn später die Verführung an sie herantritt? Inzwischen sind noch verschiedene kleinere und das dritte große Paket angekommen, auch Suses Zigaretten. Sie schmeckten sehr gut. Mit Freuden ist alles begrüßt. Vielen Dank! Wilhelm meint: es wären bei späteren Sendungen erwünscht: Lichte - Petroleummangel herrscht auch hier - Streichhölzer, Guttalin (76) oder Schuhfett, etwas Wurst neben den ausgezeichneten Konserven und das sehr gute Chorleau. Die Weihnachtseinkäufe für die Kinder und die beiderseitigen Familien kann ich Dir wohl überlassen. Hier fehlt einem ja natürlich jede Möglichkeit der Auswahl. Ich selbst kann außer Eßwaren und Zigarren nichts verwerten - Bekleidungsstücke habe ich genügend da -, und deshalb weitergehende Wünsche auch nicht äußern. Tausend Grüße!

Dein Otto.

---

74. Kannegießer	Nach Ludvig Baron von Holbergs (1684-1754, dänischer Dichter und Historiker) Lustspiel „Der politische Kannegießer" Bezeichnung für Personen, die gern und viel, aber ohne große „Tiefe" über politische Tagesereignisse diskutieren, klatschen, bzw „schwätzen".
75. Elefant	Bezug nimmt Otto Wolfien hier auf den Familiensinn der Elefanten, die ihre „Kinder" bis zum letzten Atemzug verteidigen.
76. Guttalin	Lederglanzmittel aus verschiedenen Wachsarten und Terpentinöl

29. Brief vom 28. November 1914 aus Hazewind / Belgien
(siehe Anhang: Landkarte 11 auf Seite 147)

Meine liebe kleine Maus!

Auch heute an der Nordfront nichts Neues. Wir sind noch immer in Hazewind. Allmählich, aber sicher beginnt sich im Kriegerherzen die Langeweile zu regen. Von Bixschoote, Mangelaare und Langemarck herüber donnern ununterbrochen die Kanonen ihren Brummbaß. Gestern Abend um ½ 11, als Heller und ich von Trantow nach Hause gingen, ballerte dazu das Infanteriefeuer in einer unerhört heftigen Weise. Es war Vollmond und so hell, daß man die Minute auf der Uhr ablesen konnte. Vielleicht war gerade wieder ein Sturmangriff da vorne. Neulich sind doch die Franzosen nach der langen Ruhe, die wir ihnen gelassen, so frech gewesen, daß sie - unerhört! - ihrerseits angegriffen haben. Entsprechend sind sie dann freilich auch abgeschmiert worden und haben den braven Rheinländern, die vor uns stehen - 8. aktives Korps - 4 Offiziere und 234 Mann als Gefangene hinterlassen. Nun möchten wir Brandenburger aber auch bald wieder mitmachen und nicht immer dahinten bleiben. Freilich scheint man uns mit Rücksicht auf unsere starken Verluste zunächst doch noch etwas schonen zu wollen; wenigstens solange, bis wir uns wieder durch Nachschub aus der Heimat aufgefüllt haben. Am 16. November - dem Tage, an welchem wir in Reserve kamen - hatten wir, die bis dahin empfangenen Nachschübe schon eingerechnet, im Regiment noch 650 Mann, während wir kriegsstark im August mit 3000 ausgerückt waren. Ähnlich stark, wenn auch nicht so schlimm, waren die Verluste der anderen Regimenter des Korps. Dazu war der ununterbrochene Dienst in den nassen schlammigen Schützengräben unter dem unaufhörlichen feindlichen Feuer wirklich keine Kleinigkeit für unsere Leute. Die Franzosen schießen Tag und Nacht und besonders schlimm während der letzteren, wo sie offenbar die meißte Angst haben. Niemals vergessen sie auch den sog. Morgen- und Abendsegen. Um die Zeit der Dämmerung herum als die beste Zeit für unsere von ihnen so sehr gefürchteten infanteristischen Angriffe entfalten sie nämlich eine verzehnfachte Feuertätigkeit. Gewisse Anzeichen lassen aber doch darauf schließen, daß sie hier, wenn nicht jetzt schon, so doch in absehbarer Zeit am Rande ihrer Kräfte angelangt sind. Namentlich scheint es ihnen an dem uns immer noch reichlich zur Verfügung stehenden Ersatze zu fehlen. Ablösung aber ist bei der angespannten Aufmerksamkeit, die man da vorne anwenden muß, bei Tag und Nacht, bei Regen und Frost, in Dreck und Schlamm unbedingt von Zeit zu Zeit erforderlich, zumal man ja doch stets in Lebensgefahr schwebt. Selbst armdicke Nerven halten das auf die Dauer nicht aus. Hinzukommt, daß zwischen den beiderseitigen Schußlinien die Toten, manche nun schon seit Ende Oktober, noch immer unbeerdigt liegen. Eine Bestattung ist einfach unmöglich, so gerne man den gefallenen Kameraden diesen letzten Liebesdienst erwiese; denn nach jeder Hand, die sich aus dem Schützengraben reckt, wird geschossen. So bleibt nur die eine Möglichkeit, sich wie ein Maulwurf in die Erde einzubuddeln und mit Sappieren und Minieren auf Sturmentfernung heranzuarbeiten. Man kann sich´s ja bei unserer modernen Waffenwirkung kaum vorstellen, aber es ist in der Tat so: Die Schützengräben liegen mitunter nur 20-30 m von einander entfernt. Und so zieht sich von der Nordsee bei Nieuport bis nach Belfort eine einheitliche, zusammenhängende Linie hinunter; oder vielmehr nicht eine Linie, sondern beiderseits ein ganzes Festungswerk hinter einander gelegener Linien. Darum ist auch jeder Angriff so schwer und meißt so verlustreich; denn wenn der vorderste Schützengraben genommen ist, lauert hinter ihm ein zweiter und hinter diesem wieder ein dritter. Und selbst wenn die ganze Kette von Gräben genommen ist, dann liegt wenige Kilometer dahinter wieder ein in der Zwischenzeit konstruiertes neues Werk. Alles läuft deshalb darauf hinaus: Wer es am längsten aushält, gewinnt. Und ich glaube, wir halten es länger aus. Nun werdet Ihr Euch aber auch erklären können, weshalb wir hier soviel Zeit gebrauchen, und mit welchen Opfern wir hier Terrain gewinnen. Der feuchtfröhliche Bewegungskrieg, wie wir ihn zu Anfang des Feldzuges hatten, und wie sie ihn heute noch in Rußland haben, mit seinem „Sprung auf! Marsch! Marsch!" und seinen Radfahrpatrouillen war schöner als dieser Stellungskrieg. Aber es muß nun einmal so sein. Jede Kavallerie ist natürlich bei dieser Art Kriegführung überflüssig: Attacken kann sie gegen Maulwürfe nicht reiten und Aufklärung braucht bei der Nähe der beiderseitigen Stellungen keine Partei. Unsere Reiter liegen deshalb - was Christel sicher außerordentlich verdrießen wird - entweder mit dem Karabiner wie wir gewöhnlichen Infanteristen im Schützengraben oder sie bessern Wege aus. Na, sie können im Graben auch Gutes leisten. Unser Angriff vom 12. November läßt sich meines Erachtens mindestens mit dem Todesritt von Mars la Tour (77) vergleichen. Gebrauchen könnte ich noch ein Paar gefütterte Handschuh - die von Dir geflickten sind sehr gut -, Keks und Gummi für die Strippen an den Hosen. Im übrigen grüß alle recht schön und sei mit den Kindern herzlichst geküsst

von Deinem Mann.

---

77. Mars la Tour   In der Schlacht bei Mars la Tour (auch als Schlacht von Vionville bezeichnet) am 16.8.1870 besiegten lediglich zwei preußische Korps bei den Orten Mars la Tour und Vionville (20 km westlich von Metz) die zahlenmäßig deutlich überlegene komplette französische Rheinarmee und zwangen sie zum Rückzug in die Festung Metz. In dieser Schlacht starben auf deutscher Seite 711 Offiziere und 15.079 Mannschaften, die Franzosen verloren 879 Offiziere und 16.128 Mannschaften.

30. Brief vom 01. Dezember 1914 aus Hazewind / Belgien
(siehe Anhang: Landkarte 11 auf Seite 147)

Meine liebe, gute Maus!
Noch immer, aber heute auch das letzte Mal aus Hazewind. Die schönen Zeiten der Ruhe und des Faulenzens sind vorrüber. Mit einem nassen und einem freudigen Auge ziehn wir somit in den Kampf: Wann? Weiß ich nicht; aber sicher in allernächster Zeit. Wohin? Weiß ich auch nicht. Abwarten! Und wenn ich es wüßte, dürfte ich es Dir nicht schreiben. Also hab Geduld bis zu meinem nächsten Briefe; dann erfährst Du alles. Ich habe mich in den letzten Tagen nach der Beschäftigungstheorie, weil wir schon gar weiter nichts mehr anzufangen wußten, mit der Kompagnie gemüht, einmal einen idealen Schützengraben herzustellen, und ich glaube: es ist mir gelungen. Selbst einen Ofen haben wir in einen der Unterstände eingemauert, und es war recht schön warm in der heizbaren, sauber mit Moos ausgelegten Stube. Schießscharten anzubringen haben wir erst von den Franzosen gelernt. Bis zu den Yser-Kämpfen schossen wir stets mit dem Kopfe völlig frei aus dem Graben herausstehend. Wie überhaupt die Franzosen Muster in der Verteidigung sind, während bei uns alles auf den Angriff hinausläuft. Ich persönlich habe noch keinen einzigen Angriff der Franzosen erlebt, und ich halte es für absolut ausgeschlossen, daß sie uns je aus unsern jetzigen Stellungen vertreiben könnten. Fragen kann sich meines Erachtens nur, ob wir sie aus den ihrigen hinauswerfen; und das muß und wird uns gelingen. Der Geist unserer Leute ist nach wie vor ein denkbar guter. Dazu haben die 2 Wochen Ruhe ihnen körperlich sehr wohl getan. Ich selbst bin trotz aller Ausritte und Übungsmärsche wieder fett und rund geworden wie ein alternder Justizrat. Wilhelm habe ich wegen seiner Verdienste um mein leibliches Wohlergehen neulich zum Gefreiten befördert, was ich bei etwaigen Liebesgaben für ihn bei der Adressierung zu berücksichtigen bitte. Sehen müßtest Du uns überhaupt einmal in unserem derzeitigen Aufzuge. Die Feldbinde **(78)** ist wie alles Glänzende längst geschwunden. Viele tragen sie verkehrt herum mit der grauen Innenseite nach außen; andere tragen die schwarzen Mannschaftskoppel; ich selbst schnalle einfach mein Säbelkoppel über. Den Degen trägt wohl kein Infanterist mehr. Er hindert bloß beim Gehen, noch mehr beim Laufen. Dazu ist er im Nahkampfe gegenüber dem schweren und weiterreichenden Bajonette kaum mit Erfolg zu führen. Gar mancher Offizier nimmt deshalb auch in das Gefecht sich Gewehr und Seitengewehr mit. Ich habe mich bisher im Feuerkampfe damit begnügt, bei günstigen Gelegenheiten zum Schuß mir das Gewehr eines Nachbarn zu leihen und im Nahkampfe mit dem Revolver gearbeitet. Die Grenadierlitzen und die Achselstücke sind in graues Tuch eingenäht, damit sie ja keiner sieht. Wohlverwahrt im Mantelsacke schlummert der helle Offiziersmantel. Statt dessen kleidet uns alle der einfache Mannschaftsmantel. Kurz und gut: Jeder bemüht sich, möglichst wenig auffallendes an sich zu tragen; denn jeder markant hervortretende Punkt ist in erster Linie das Ziel der Schüsse des Gegners. Die Verkleidung ist uns Offizieren dann auch soweit gelungen, daß uns nicht selten unsere eigenen Leute, wenigstens in der Dämmerung und im Dunkel, als ihresgleichen mit „Du" anreden. Hinzukommt, dass mancher Fleck und Flicken schon auf Rock und Hose zu sehen ist, der vor Deinen strengen Augen kaum Gnade finden

und in geruhigen Friedenszeiten sicher auch allseitige Verwunderung auslösen würde, während augenblicklich kein Mensch danach rausguckt. Hauptmann Heller war neulich bei Trantow in Reithosen und den Holzschuhen seines Paysans **(79)**. Stell Dir einmal einen königlich preußischen Hauptmann daheim in diesem Aufzuge vor! Meine weißen Taschentücher sind überhaupt, wenn Wilhelm sie mir als frischgewaschen aushändigt, stets schon so grau, wie sie in Magdeburg erst nach monatelanger Benutzung zu sein pflegten. Die bunten dagegen bewähren sich jetzt. Man kann sich unendlich lange und oft drin ausschnauben . Mein Heim ist als einzig heizbarer Raum des Hauses die Küche des Paysans, die 1. Küche, 2. mein Empfangssalon, 3. Eßzimmer, 4. Arbeitsraum, 5. Kompagnieschreibstube, 6. Aufenthalt und Schlafgemach des Feldwebels, der Burschen und Ordonanzen, also ein gar vielseitiges Institut ist. Die Bauernhäuser haben hier alle nur in Anbetracht des milden Klimas einen einzigen zugleich als Herd dienenden Ofen in der Küche, während die sämtlichen Zimmer unheizbar sind. Danach halten sich die Bewohner offenbar während des ganzen Winters lediglich in der Küche auf. Die Bauten, selbst die größeren sind vielfach auch nur aus Fachwerk hergestellt, und der Wind pfeift jetzt nicht schlecht hindurch. Das Wetter ist nach dem Frost vor einer Woche trübe, regnerisch und sehr milde geworden. Ich habe mich der Hälfte meiner Wollsachen wieder entäußert. Habe ich Dir schon geschrieben, daß Du mir noch ein Paar gefütterte Offiziershandschuhe schicken möchtest? Ich glaube. Und etwas kondensierte Milch? Auch Butter ist da ein sehr begehrter Artikel, wo das Vieh bereits aufgegessen ist; und vielleicht kommen wir in eine solche Gegend. Meine Vorliebe für Lebkuchen kennst Du. Trudel hat mir nämlich auch neben Schokolade einen Pfefferkuchen geschickt. Mutter Mathilde wartete mit einer Futterkiste auf. Mit Heller war ich Sonntag Nachmittag nach Rousselaar (Roulers) geritten. Es schien mir reichlich so groß wie Neuhaldensleben, ist aber nicht weiter sehenswert, nur ein großes Fabrikdorf in unserem Sinn. Herzlichsten Gruß und 1000 Küsse!

Dein Mann.

| 78. Feldbinden | Die Feldbinde (franz: e´charpe, woraus das deutsche Wort Schärpe entstand) war ein um Schulter, Arm oder Leib getragener Schmuck der militärischen Kleidung. Sie findet sich vereinzelt bereits im Altertum. Im Mittelalter sieht man sie als Bestandteil der ritterlichen Kleidung, meist zur Ehre der auserwählten Dame. Seit der Reformation werden Feldbinden immer öfter zum Erkennungszeichen. So trugen im Dreißigjährigen Krieg die Kaiserlichen Truppen rote, die Schweden grüne Feldbinden. In der Folgezeit wurden sie zum besonderen Abzeichen der Offiziere und später Zeichen dafür, dass sich ihre Träger gerade in Ausübung ihres Dienstes befanden. Das deutsche Heer führte 1896 eine besondere Feldbinde (Schärpenband ohne Quasten mit bronzenem oder silbernem Schloß zum Zuhaken) ein, die von Offizieren der Infanterie (Jäger), Artillerie, beim Generalstab etc. getragen wurde. |
| 79. Paysan | Bauer |

31. Brief vom 05. Dezember 1914 aus „Hinter Thorn" / Deutsches Reich
(siehe Anhang: Landkarten 12 und 13 auf Seiten 148 und 149)

Meine liebe, lüttge Maus!
Am 2. Dezember früh um 9 Uhr sollte das Bataillon abfahren und 3 Stunden vorher sollte es mit der Verladung der Bagagen und Pferde beginnen. Also 2 Uhr 45 antreten! Nachtmarsch. Es war eine wundervolle belgische Vollmondnacht und ein prächtiger Marsch auf der schon wieder ganz gut abgetrockneten Chaussee. Dazu ein Wetter wie an milden Apriltagen, und mein Schwarzer, den ich zwei Tage lang nicht geritten hatte, war aus dem Galopp garnicht herauszukriegen. Im Café de Bruges gegenüber dem Bahnhofe gab´s für 10 cts eine wüste Zichorienbrühe. Aber Wilhelms Wurst- und Zungenbrote schmeckten dazu prächtig. Keiner weiß bei solchen Gelegenheiten, wohin es geht, selbst der Transportführer und selbst das häufig wechselnde Zugpersonal nicht. Auch ihnen wird immer nur als nächstes Reiseziel eine etwa 50 km entfernte größere Bahnstation angegeben. So lag ein mystisches Dunkel über der Fahrt. Die Mehrzahl tippte für Verdun; dann fand Rußland die meißten Anhänger, ohne daß diese Partei zu sagen wußte, ob Memel oder Galizien oder was dazwischen. Mit einer kleinen Minderheit war ich für die Vogesen von Straßburg bis hinab gen Belfort. Nächstes Reiseziel: Audenarde **(80)**. Das war gewiß noch ganz unverfänglich. Wir hatten zu dreien 2 Abteile 2. Klasse: Heller, Trantow und ich, die wir das eine: „Estaminet in den lustigen Heller", das andere nach Fips „Herberg in de wilde Hond" tauften. Heizung gab´s nicht, da das Militär nur mit Güterzuglokomotiven fährt. Die Mannschaften saßen in Viehwagen. Gefroren haben wir aber in unseren Mänteln und Decken bis jetzt noch nicht, trotzdem die Kälte beinahe mit jedem Schritt nach Osten merklich zunahm. Bloß Fips bibbert mitunter. Vertrieben haben wir uns die Zeit sehr angenehm mit fröhlichem Geplauder, vielem Rauchen, Schokoladeessen und der Lösung der Frage, wohin es ginge. Das Landschaftsbild war dauernd: Norddeutsche Tiefebene; bot also recht wenig Abwechslung. Von Audenarde gen Brüssel. Gott! Was war alles anders geworden, seitdem ich Mitte Oktober das letzte Mal die ragende Kuppel des Justizpalastes und den japanischen Pavillon in der Vorstadt Laeken, die beiden weithin sichtbaren Wahrzeichen, vor Augen gehabt hatte. Brüssel – Schaerbeck, Verpflegungsstation. Essen miserabel, wurde immer besser, je weiter wir nach Osten kamen. Nun über das arg zerstörte Löwen, das wir im Abenddämmer passierten, gen Lüttich, das, soweit ich gesehen, garnicht gelitten hat. Dann Aachen, wo wir morgens um 3 waren. Zum ersten Male wieder seit nahezu 4 Monaten Deutscher Boden! Und jetzt begann wieder - nicht so wild wie zu Anfang des Krieges, aber doch schön, das Hurrarufen und Hüte- und Tücherschwenken überall da, wo wir durchkamen. Die Belgische Zivilbevölkerung hatte unseren Zug nur in trübem Stumpfsinn dösig angestarrt. In Aachen mußte ja die Entscheidung, ob Süd oder Ost, ob Elsaß-Lothringen oder Rußland, wenigstens in der Fahrtrichtung angedeutet, kommen. Und sie kam. Crefeld, Duisburg. Also ein Teil der Strecke, auf der wir schon zu Kriegsbeginn gefahren waren. Der Bogen nach Norden verriet deutlich genug, daß Rußland unser Ziel werden sollte. Und mit diesem Bogen wachte zugleich in uns Dreien und noch vielen anderen die Hoffnung auf, unsere Frauen wiederzusehen. Kamen wir

doch so gut wie sicher über Berlin und entweder über Stendal, Magdeburg, Güsten oder Halle. So telegrafierten wir drei, und zwar ich im Interesse der Beschleunigung einmal, sodann weil ich Genaueres noch nicht sagen konnte, an Clemens: „Durchkomm. Bestell Mieze telephonisch Magdeburg. Nähere Nachricht folgt." Wir haben das Telegramm in Duisburg unter Zuhilfenahme einer Rote-Kreuz-Schwester mühsam nach der Stadtpost durchschmuggeln müssen, weil hier wie an sonstigen Orten die Bahnpost behauptete, laut Anweisung der Armeeoberleitung Telegramme von Militärpersonen durchgehender Transporte zwecks Geheimhaltung der letzteren nicht annehmen zu dürfen. Dies Telegramm hast Du wohl erhalten; dagegen offenbar nicht mein zweites etwa um ½ 7 Uhr abends in Minden aufgegebenes, wo ich endlich feststellen konnte, daß es über Stendal weiterging, gleichfalls an Clemens gerichtet: „Kann Mieze 1 Uhr 30 nachts Stendal sein?" Ich habe versucht, dieses zweite Telegramm mit Hülfe eines Eisenbahnbeamten durchzupaschen. Es wurde mir aber gleich gesagt, daß in Minden gelegentlich früherer Transporte auch die Stadtpost schon Schwierigkeiten gemacht habe. Heller und Trantow hatten mehr Glück. Für sie kam erst Berlin in Betracht. Sie konnten infolgedessen auch später telegraphieren, und ihre Frauen haben die Reise, die Du von Stendal bis Landsberg mitmachen solltest, wenigstens von Berlin bezw Dahmsdorf i./Mark aus mitgemacht. Ich armes Rübenschwein habe während dieser Zeit wie ein nasser Strumpf dagesessen. Noch mehr aber bedauere ich Dich, wenn Du unnötig durch das erste Telegramm in Aufregung versetzt sein und dann vergeblich gewartet haben solltest, was ich ja nach allem annehmen muß. Ich halte auch die Geheimniskrämerei unserer Heeresleitung wenigstens bei einem derartig unverfänglich gehaltenen Telegramm wie meinem zweiten für einfach unsinnig und nur verbitternd. Meine Abteilgenossen und ihre Gattinnen fanden natürlich dasselbe. Frau Trantow wollte sogar ihrem Mann nach dem Kriege erlauben, auf den Teppich soviel Asche zu streuen, wie er wollte, wenn sie ihn nur erst dauernd wiederhätte. Unsere Tour ging von Duisburg über Recklinghausen, Hamm, Gütersloh, Minden, Hannover, Öbisfelde, wo wir nachts um 12 sehr schön zu Abend aßen, Stendal, wo ich wie ein Wilder nach Dir gesucht und dann wie ein Berserker getobt habe, Berlin-Nordring, Cüstrin, Landsberg, Thorn **(81)** nach Alexandrow **(82)**, das wir soeben in südöstlicher Richtung passiert haben. Grüß alle von mir. Tausend Küsse! Es wär so schön gewesen!

Dein Gatte.

---

80. Audenarde	Belgische Stadt in Ostflandern, 30 km südlich von Gent (auch Oudenaarde genannt).
81. Thorn	1231 vom Deutschen Orden gegründete Stadt an der Weichsel (180 km westlich von Warschau), die 1793 im Zuge der 2. Polnischen Teilung an Preußen fiel. Thorn (poln: Torun) hatte 1910 46000 Einwohner, 66 % von ihnen deutscher, 34 % polnischer Nationalität. 1914 war Thorn deutsche Grenzstadt der Provinz Posen.
82. Alexandrow	1822 nach Zar Alexander benannter polnischer Ort, 25 km südlich von Thorn (poln: Aleksandrow Kujawski). Alexandrow lag im an Posen grenzenden russisch-polnischen Gouvernement Warschau.

32. Brief vom 09. Dezember 1914 aus Wolka-Visla / Polen
(dieser Brief wurde in Polen am 9.12. zur Post gegeben, schildert aber nur
Erlebnisse bis zum 6.12.)
(siehe Anhang: Landkarte 13 auf Seite 149)

Meine liebe, liebe Maus!

In Nieszawa **(83)** spie uns der Zug aus und drückte uns Mütterchen Rußland an
den Busen. Eine weite endlose Ebene tat sich vor uns auf, fast ohne Hügel. Feld
reihte sich an Feld, alles wohlgeordnet und bestellt, aber doch durchzogen von
Schützenhügeln und Schützengräben: Bis hier sind die Russen vorgewesen, und
bei Ilow steht jetzt der Kampf. Bis dorthin sind sie zurückgetrieben. In die weite
Ebene hinein dehnen sich Wege, die an unsere Bagagenpferde die allerstärksten
Anforderungen stellen. Chausseen in unserem Sinne hat Rußland nicht. Das
beste, was es gibt, sind chaussierte Feldwege. Diese sind auch trotz des für
hiesige Verhältnisse außergewöhnlich milden Wetters - das Land ist frostfrei und
heute am Jahrestage Deiner Spaziergänge nach Fermersleben wehte wahre Früh-
lingsluft - ganz leidlich abgetrocknet und unschwer passierbar. Leider aber hat
Väterchen Zar nur recht wenige von ihnen; und das Nächstbeste, was er uns
bieten kann, erhebt sich in nichts über die Qualität der Feldwege Hundisburg-
Dönstedt, Alvensleben - Emden zur Winters- und Rübenfahrzeit. Ich habe noch
nie so viele müde, abgerackerte und gepeitschte Gäule gesehen wie in diesen
Tagen und noch nie so viele von Krähen zerhackte und von Hunden und Füch-
sen, vielleicht auch Wölfen zerfressene Pferdekadaver, trotzdem man in Belgien
doch auch nicht gerade verwöhnt war. Merkwürdig: unsere schweren Belgier
brachen zusammen und die leichten kleinen Russen, denen man jede Rippe
abzählen kann, ziehen die schwierigsten Sachen. Schuld ist freilich viel, daß wir
noch die klobigen belgischen Karrenwagen haben, die hier absolut unbrauchbar
sind. Aber wie sie durch die russischen Karreten **(84)** ersetzen, auf die nichts
hinaufgeht, ohne den Troß ins Unendliche zu dehnen? Das Rätsel bedarf noch
der Lösung. Dabei habe ich unverschämtes Glück, denn meine sämtlichen Pferde
sowohl vom Patronenwagen und der Feldküche wie vom Lebensmittel- und
Packwagen haben bisher - unberufen - durchgehalten wie die Löwen. Freilich
bin ich auch hinterher gewesen wie ein Wiesel und habe gute Kutscher. Hoffentlich geht´s so weiter. Bäume an den Wegen kennt der Russe nicht. Selbst an den
besten fehlen sie. Höchstens findet man ab und zu Weidenbäume, meißt uralte,
niemals Nutzbäume. Und da es auch an tiefen Furchen zur Abgrenzung der
Äcker fehlt, so haben die Wege augenblicklich durchweg eine Breite von 30-50
Metern. Jede Kolonne hat es eben ängstlich vermieden, in die ausgefahrenen und
ausgetretenen Spuren ihrer Vorgängerin hineinzugehen, sondern hat sich
daneben rechts oder links ihren eigenen Weg über die angrenzenden Feldteile
gebahnt. Wundern soll mich nur, wie man die Wege finden wird, wenn erst
Schnee liegt. Ich glaube, im Winter gehen die Leute hier aus ihren Buden überhaupt nicht heraus. Etwas unendlich Monotones hat diese Landschaft mit ihren
flachen Feldern und Wiesen, mit ihren Weiden und strohgedeckten Häusern und
in der Ferne den blauen Wäldern. Sie sieht nicht häßlich, aber langweilig aus
und stimmt melancholisch. Alles dehnt sich so endlos weit. Die Wege verlaufen,
wenigstens die größeren, schnurgerade und verschwinden am Horizonte, ohne

daß man ein Ziel sieht. Hier verbinden nicht die Wege die Dörfer, sondern die Dörfer sind angelegt an den Wegen. Durch diese Landschaft also sind wir bisher hindurchgezogen. Am Sonnabend den 5. abends kamen wir in Machnacz ins Quartier, wo wir bis Montag früh blieben. Es war bereits spät, als wir bei wunderbarem Vollmondschein einrückten. Äußerlich machte der Raum, den ich bezog, gar keinen schlechten Eindruck. Zwar nur sandbestreuter Lehmboden; aber in der Mitte stand verführerisch lockend ein großes Doppelbett. Früh vertraute ich mich ihm an; denn ich war müde. Zunächst überschritt nun, während ich gerade am Einschlafen war, gackernd eine Henne die Schwelle von der benachbarten Küche aus und ließ sich trotz mehrfacher Attacken seitens des furchtlosen Fips nicht von ihrem Entschluß abbringen, die Nacht zusammen mit mir in demselben Zimmer zu verleben. Fips ging schließlich unter das Bett, die Henne in eine Ecke und ich schlief ein. Plötzlich mitten in der Nacht wachte ich auf. In der benachbarten Schlafstelle raschelte es unerklärlicherweise. Erst dachte ich, es sei der Feldwebel, dem ich erlaubt hatte, neben mir der Ruhe zu pflegen. Aber er hatte ja doch abgelehnt mit dem Bemerken: er sei schon samt der ganzen Habe in dem gegenüberliegenden Zimmer wunderschön auf Stroh untergekommen. Also der konnte es kaum sein. Trotzdem rief ich seinen Namen: „Bick!" Nichts rührte sich. Auch auf ein nochmaliges „Bick!" nur ein erneutes Rascheln. Donnerwetter! Sollte vielleicht einer der Burschen die Unverschämtheit besessen haben, sich in das Bett nebenan zu legen, oder vielleicht gar ein Polack? Das wäre dann doch die Höhe! Die linke Hand fährt nach der stets bereitliegenden Taschenlampe, die rechte nach der Pistole. Es flammt das Licht, die Waffe ist auf den imaginären Feind gerichtet. Und wer war´s? Wladislava Pawlowska, die etwa 18jährige Haustochter mit dem wohlklingenden Namen und schamig wogendem Busen. So was war mir denn in Belgien doch nicht vorgekommen. Ja, andere Völker, andere Sitten! Am Sonntag den 6. war Ruhetag. Gott sei dank! Es regnete viel. Mit Besuchen bei Trantow und Heller ging die Zeit hin. Trantow wohnte fürstlich gegen uns: in einer richtig gesunden guten Stube. Am Abend nach dem Essen hatte ich beide zu Gast. Es gab viel Grog; und Wladislava hatte den Boden der Lehmstube in sinnreicher Weise mit wunderschönen Figuren in weißem Sand bestreut und tanzte nach langem Weigern den Krakowiak. Meine Wunde scheint nun endlich in Ordnung zu kommen; sie ist jetzt ziemlich ganz geschlossen. Post habe ich in letzter Zeit nicht gekriegt. Die Ortsveränderung hat wohl jeden Verkehr unterbrochen. Allen herzlichsten Gruß; Dir unzählige Küsse von

Deinem Otto.

---

83. Nieszawa   Polnische Stadt an der Weichsel, 32 km südöstlich von Thorn
84. Karreten   Russische gedeckte Wagen oder Schlitten

Kriegstagebuch 6. bis 16. Dezember 1914 von Otto Wolfien über die Tage
vor und nach Verwundung am 12. Dezember
bei Piotrkowek - Niemiecki / Polen
(von Notizen ihres Mannes abgeschrieben am 27. 1. 1915 durch Marie Wolfien)
(siehe Anhang: Landkarte 13 auf Seite 149)

Am Sonntag, d. 6. Dezember gab´s eine Kaschka zu Mittag, eine Ente, die zwar nicht sehr fett war, dafür aber auch nur 1 Rubel = 2 M. kostete. Die Polacken leben äußerst primitiv. Zwar haben sie, trotzdem hier beide Kriegsparteien schon das dritte Mal durchgekommen sind, merkwürdigerweise noch allerlei Viehzeug, selbst Gznz (Gans) und Kaschka, in größerer Menge, und in meinem Quartier aßen sie auch eine Kaschka zu Mittag. Aber sie braten ein solch köstliches Geflügel nicht, sondern kochen es. Und dann saßen sie in Stachnacz alle, von der alten Dame an - den alten Herrn hatten die Russen als Fuhrmann mitgenommen-bis zum zweijährigen Jannek hinunter ohne jedes überflüssige Utensil, wie Messer, Gabel oder Löffel, lediglich mit den ihnen von Gott gegebenen fünf Fingern, nagten die Knochen auf´s sauberste ab und warfen sie zur großen Freude des Fips unter den Tisch. Morgens gab´s bei ihnen Schlickermilch (85) mit Kartoffeln als Kaffee und Frühstück und alle löffelten gemeinsam aus derselben Terrine. Auch die Wohnräume sind recht primitiv. Die Bauart ist, wenigstens hier überall die gleiche: Die Vorderseite - nicht der Giebel - allenthalben nach der Straße zu, in der Mitte die Haustür, wenn man eintritt ein kurzer, höchstens halb durch das Haus hindurchführender Korridor; rechts und links je ein Eingang zu den beiden Stuben, an die sich bei größeren Häusern noch weitere Räume und stets auf der einen Seite die Küche anschließen. Jeder nur einigermaßen Begüterte scheint über einen kleinen Wintergarten bestehend vornehmlich aus Palmen zu verfügen. Fast überall sind die Öfen gut - in scharfem Gegensatz zu Belgien -, meist Kachelöfen. Dazu kommen Doppelfenster, so daß der Winter sich hier schon aushalten läßt; vorrausgesetzt, daß man ein Dach über sich hat. Lüften tun aber die guten Leute prinzipiell nicht, und bei dem reichen Kindersegen, den ihnen der liebe Gott verschwenderisch schenkt, greifen diese ungelüfteten Stuben die Geruchsnerven eines an weniger Kinder gewöhnten recht, recht unangenehm an. Dabei gehen die Fenster, wie in Belgien, meistens garnicht zu öffnen, sodaß man nur unter Zuhilfenahme der Tür etwas dürftig gute Luft hineinpumpen kann. Die Häuser der Ärmeren sind vielfach nur aus Holz roh zusammengefügt. Allenthalben aber selbst im reichsten Haushalt, selbst auf dem Gutshofe, fehlt ein gewisser, nach unseren Begriffen unentbehrlicher Ort. Statt ihn aufzusuchen gehen Urahne, Großmutter, Mutter und Kind mit dem Spaten auf das benachbarte Feld, was zweifellos unsern komplizierten Verhältnissen gegenüber ein sehr vereinfachtes Verfahren darstellt. Die Dächer sind natürlich nirgends mit Ziegeln sondern überall mit Stroh gedeckt, und die Ortschaften ziehen sich an der Landstraße weit ausgedehnt hin. Auch Einzelgehöfte trifft man in nicht unbeträchtlicher Menge.
Am Montag d.7. sah es zunächst auch noch nach Ruhetag aus. Es war aber ein Irrtum; denn etwa um 10 Uhr früh erreichte uns der Befehl zum Abmarsch, der uns eigentlich schon vier Stunden vorher erreichen sollte. Der Befehlsüberbringer hatte sich verfahren. Wir marschierten über Brzesz, Kowal, nach Kolonie

Baruchowo (86) bei ziemlich üblem Wetter und den gewohnten schlechten Wegen. Das Quartier bei einem größeren Bauern, vorsichtshalber wegen der bei Wladislawa beobachteten Flöhe auf Stroh, war nicht schlecht; aber es war an diesem, wie dem folgenden Tage bei der Länge des Weges zum großen Teile ein Nachtmarsch, da die Sonne hier schon kurz nach 3 Uhr nachmittags unserer Zeit unterzugehen pflegt.

Am 8. ging´s über Patrowek, Gostynin, Stefanow nach der Kreisstadt Gombin (86). Hier kamen wir bereits in das Operationsgebiet der vorderen Truppen. Die Stadt war vollgepfropft von Soldaten, namentlich des vor uns kämpfenden Württembergischen Korps; und nur mit Mühe vermochte ich meine Kompagnie in den ganzen drei oder vier Häusern, die mir zugewiesen wurden, auf Böden zu später Abendstunde bei völliger Dunkelheit noch unterzubringen. Ich selbst fand aber schließlich durch Vermittlung des Regimentsstabes noch eine für polnische Verhältnisse einfach ideale Unterkunft zusammen mit meinem Offiziersstellvertreter Schwerin. In den Städten wie Brzesz, Kowal, Gostynin und Gombin leben fast ausschließlich Juden: die Männer mit Kaftan und Schweinelöckchen und Männer wie Weiber unglaublich dreckig. Sie verstehen fast alle deutsch und halten ihre Mazze (87) nebst anderem Gebäck, das garnicht schlecht schmeckt, allenthalben an der Straße in offenen Ständen feil, wobei sie zunächst mindestens das dreifache von dem verlangen, was man ihnen nachher gibt. Ich habe noch nie soviel Juden auf einem Haufen gesehen, wie in diesen Städten: das geht immer gleich in die Tausende. Auf dem Lande findet man sie so gut wie garnicht.

Als wir am 9. früh abrückten, klang der erste Kanonendonner von der Front herüber. Wir blieben trotzdem an diesem Tage noch außer Gefecht und marschierten über Czermno, Alfonsow, Studzcenice nach Wolka-Niska bei herrlichstem Frühlingswetter. Die Belegung war ziemlich eng, weshalb ich mit der ganzen Familie – die Schar der rotznäsigen Kinder war zahlreich und der Säugling brüllte heftig auf polnisch - in einem Zimmer nächtigen mußte.

Am 10. ging dann die Geschichte los. Wir sollten den äußersten linken Flügel der Württemberger an der Weichsel ablösen, die 1., 4., 9. und 10. Kompagnie in vorderster Linie, und waren zur Besprechung der Lage und Anweisung unserer Stellungen auf früh 11 Uhr in die vordere Front bestellt. Es war ein wunderschöner Ritt, die sechs bis sieben km nach dort, bis die ersten Granaten in unserer Nähe platzten und wir die Burschen mit den Pferden zurückgehen ließen. Gegen abend lagen die vier Kompagnien dann schon in Piotrkowek-Niemiecki auf Vorposten. Piotrkowek-Niemiecki heißt Deutsch-Piotrkowek (88). Der Ort ist auch tatsächlich von Deutschen bewohnt. Die Großeltern oder Urgroßeltern der jetzigen Generation sind eingewandert; woher wußten die Leute nicht. Jedenfalls verstehen sie kaum polnisch und haben noch eigene deutsche Schulen. Sie sind evangelisch und sehr fromm.

Patrouillen klärten in der Nacht das Vorgelände auf; und von einem Geplänkel mit Kosacken herrührend pfiffen am Morgen die ersten Infanteriekugeln über unsern Hof. Dann kam der Angriffsbefehl. Die Russen sollten zwei Stellungen hintereinander haben: einen mit Kosacken besetzten Damm bei Vorwerk Suchodol und eine stark befestigte Infanteriepostierung etwa 2000 m weiter. Punkt 9 Uhr traten wir - 9. und 10. Kompagnie - an. Es war eine verflucht freie Ebene über die ich hinüber mußte, während die 9. ein langgestrecktes Dorf vor sich von Kosacken säuberte. Aber wir hatten ziemlich dichten Nebel und kamen ohne Schuß hinüber. Vorwerk Suchodol hatte die 4. Kompagnie rechts von mir bereits in der Nacht den Russen abgenommen. In den letzten zum Vorwerk gehörigen Häusern bekamen wir das erste Feuer. Das Gelände war jetzt ekelhaft unübersichtlich, teils Wald mit Unterholz, teils fast gänzlich unwegsames Weidengestrüpp. Dahinter schimmerte der Damm, von dem es fortwährend knallte. So schlossen wir auf und als ich nach allen Seiten Fühlung hatte - links nach der 9., rechts nach der 4. und 1. - brachen wir vor. Zwanzig Minuten später war der Damm genommen. Bei den Franzosen hätten wir ungefähr zwei bis drei Wochen dran geknabbert. Wir sollten eigentlich heute nicht weiter, aber im Schwung kamen wir noch etwa 500 m hinter den Kosacken her bis über einen Bach. Dort gruben wir uns ein und plänkelten den ganzen Nachmittag mit dem Gegner, der sogar einmal einen Sturmangriff machte, aber natürlich abgeschlagen wurde. In der Nacht rückten wir, ohne von den Russen gestört zu werden, etwa 1000 m weiter vor, und ich lag nun noch rund 200 m von ihnen ab, nachdem ich eine Häusergruppe vor mir fast ganz in meinen Besitz gebracht hatte. Angst haben die Russen wie die Franzosen: der absolut unnütze Abend- und Morgensegen blieb uns hier ebensowenig wie in Belgien erspart. Wir hatten Sturmbefehl, sollten aber erst die Wirkung unserer Artillerie abwarten. Bei der nahen Entfernung entspann sich ein ziemlich lebhaftes Infanteriegefecht. Ich hatte den ersten Toten und Verwundeten. Dann setzte unsere Artillerie ein. Gleich darauf begann uns aber auch die russische, die ausgezeichnet schoß, zunächst mit Schrapnells und dann mit Granaten zu bewerfen, sodaß wir, um nicht unnötige Verluste zu haben, nach vorn durch gingen und mitten in diesem Vorgehen kriegte ich, gerade als ich mich zur Abgabe eines Befehls umdrehte, wieder mein Schrapnell weg: Weichteilschuß in den Rücken mit Rippenquetschung. Ich versuchte noch weiter mitzumachen; es ging aber nicht lange mehr, da mir jedes Bücken und infolgedessen auch Hinwerfen bald unmöglich wurde. So gab ich die Kompagnie an Feldwebel Schwerin ab und ging zum Verbandplatz zurück. Noch am Abend wurde ich zur Leichtverwundeten-Sammelstelle in die Kirche von Slubice überführt, wo ich die unangenehm kalte Nacht, in eine Altardecke gewickelt neben einem schwer am Bauche verwundeten und unaufhörlich sich erbrechenden Vizefeldwebel der Fußartillerie und inmitten noch einer ganzen Menge anderer Verwundeter zubrachte.

Am nächsten Morgen kam schon ziemlich zeitig Wilhelm mit Schlichting, meinen Sachen, Fips und einem einspännigen Bauernwagen, auf dem ich zusammen mit dem gleichfalls leichtverwundeten Feldwebel Walther der 4. Kompagnie mich sofort nach Gombin (89) verfrachten ließ, wo wir in einem Lazarett des XIII. Korps Unterkunft fanden. Kaum waren wir eingeschlafen, da weckte uns schon wieder ein Sanitätsoffizier mit der Mitteilung, es ginge noch diese Nacht ein Sanitätsautozug nach Kutno (90), und der Anfrage, ob wir mitwollten. Natürlich wollten wir; und nun begann eine, bei den holprigen Wegen, mit häufig fußtiefen Löchern und Knüppeldämmen geradezu schreckliche Autofahrt, die die ganze Nacht über von ½ 11 bis morgens um 8 dauerte, und an der schon Gesunde reichlich genug gehabt hätten.

In Kutno war im Lazarette kein Platz mehr frei. So ging´s nach kurzem Aufenthalt auf Wlozlawek (91) weiter, wo wir auch sofort aus dem Lazarett hinaus komplimentiert und in ein Sanitätsschiff auf der Weichsel verladen wurden. Meine Sachen hatte ich samt Fips in Gombin zurücklassen müssen; sie gingen in das Auto nicht mehr hinein. Ich habe sie und Fips heute, 27. Ja-Januar, noch nicht, und werde sie wohl vorläufig nicht wiedersehen. Auf dem Schiff war´s wirklich wunderhübsch. Aus einem einfachen Lastkahn war ein Ideal-Lazarett mit zwei Abteilungen hergerichtet. In der unsrigen standen 24 Betten. Die Krankenpflege besorgten wunderschöne Schwestern, von de-denen sich verpflegen zu lassen ein Vergnügen war. Dazu ging die Fahrt auf dem Strom, gerade im Gegensatze zur Autofahrt von Kutno nach Wlozlawek, glatt von statten.

Noch am 14. passierten wir die preußische Grenze, legten die Nacht über in Thorn an und erreichten am 15. nachmittags Bromberg (92), wo wir ausgeladen wurden. Die Schwerverwundeten blieben in der Stadt, wir Leichtverwundeten sollten mit einem Lazaretteisenbahnzuge nach Altona befördert werden. Nach einigem Hin und Her gelang es aber Walther und mir, den Zug führenden Generaloberarzt zu unserer Entlassung in die Heimat zu bewegen. Abends um sieben saßen wir bereits in Schnellzügen nach Berlin und um zwölf standen wir auf Bahnhof Friedrichstraße, wo Walther die weinende Mutter in die Arme schloß und nach Hause entführte. Ich selbst blieb die Nacht über im Hospiz am Brandenburger Tor, seligen Angedenkens, bestieg am nächsten Morgen den Schnellzug nach Magdeburg, überraschte Donnerbergs und überraschte zu Mittag meine Mieze und die Familie Michael.

Das war der Feldzug des Jahres 1914

---

85. Schlickemilch	Sauer gewordene, aber noch genießbare Milch (auch Schlottermilch genannt)
86. Baruchowo	Die Marschleistung am 7.12.1914 von Machnacz über Brzesz und Kowal nach Kolonie Baruchowo betrug 34 km, die am 8.12.1914 von Kolonie Baruchowo über Patrowek, Gostynin und Stefanow nach Gombin 36 Kilometer.
87. Mazze	Koschere, flache, ungesäuerte Brotfladen der jüdischen Küche aus Wasser, mit Weizen, Roggen, Gerste, Hafer oder Dinkel - ohne Hefe oder andere Gärungsmittel gebacken.
88. Piotrkowek	Kleiner polnischer Ort an der Weichsel zwischen Plock und Wyszograd. Hier wurde Otto Wolfien am 12.12.1914 verwundet. Piotrkowek liegt nur 32 km von Gawlow / Bzura entfernt, dem Ort, an dem er am 9.4.1915 fiel.

89. Gombin Kongreßpolen	Stadt im russisch-polnischen Gouvernement Warschau, Kreis Gosty-nin. Gombin (poln; Gabin) kam 1793 im Zuge der zweiten Polnischen Teilung ursprünglich zu Preußen, 1815 jedoch als Ergebnis des Wiener Kongresses zu Kongresspolen. Als Kongresspolen bezeichnete man das konstitutionelle Königreich Polen, das 1815 auf dem Wiener Kongreß (daher der Name) als Nachfolger des von Napoleon 1807 mit dem Tilsiter Frieden gegründeten Herzogtums Warschau geschaffen wurde. Es war in Personalunion eng mit dem Russischen Zarenreich verbunden. Die Polen versuchten, sich in immer wieder neu aufflammenden vergeblichen Aufständen von den Russen zu befreien. Nach der Niederwerfung des großen Aufstandes von November 1830 hob Zar Nikolaus I die Verfassung von 1815 im Jahr 1831 auf, die polnischen Woiwodschaften wurden aufgelöst und das Weichselgebiet 1837 in russische Gouvernements aufgeteilt. Die Folge: Ausnahmezustand wegen permanenter polnischer Aufstände bis 1856. Die russische Niederlage im Krimkrieg 1855 führte zwar zu Reformen durch Zar Alexander II, der erneute polnische Aufstand von 1863 brachte dann aber einen weiteren Rückschritt. Die Anführer des Aufstandes wurden hingerichtet, Rechte und kulturelle Freiheiten eingeschränkt. Bis 1880 stieg Kongresspolen, vor allem bedingt durch Auslandsinvestitionen, zur höchstentwickelten russischen Provinz auf. Die politische Situation stagnierte jedoch. Die Bevölkerung wuchs bis 1900 auf 9,4 Millionen Menschen. Im Ersten Weltkrieg eroberten und besetzten deutsche und österreich-ungarische Truppen im Laufe des Jahres 1915 den ganzen russischen Teil Polens. Die zaristische Herrschaft war damit dort beendet. Mit Gründung des an die Mittelmächte angeschlossenen Regentschaftskönigreichs durch die Deutschen und Österreicher am 5.11.1916 war Kongreßpolen erloschen. Beim Regentschaftskönigreich handelte es sich um die 4. und letzte polnische Monarchie, die von Wilhelm II mit der Absicht initiiert wurde, einen eng mit dem Königreich Preußen verbundenen polnischen Staat zu schaffen. Am 11.11.1918 fand auch diese „Monarchie" ihr Ende.
90. Kutno	Stadt in der Woiwodschaft Lodz mit heute ca 50.000 Einwohnern, 47 km von Gombin entfernt. Erste urkundlicher Erwähnung 1301. In den Kämpfen bei Wloclawek, Kutno, Lodz und Lowicz vom 11. November bis 1. Dezember wurden von den Deutschen über 80.000 Russen gefangengenommen.
91. Wlozlawek	Die Stadt Wlozlawek (dt: Leslau) liegt 61 km von Kutno entfernt an der Weichsel. 1793 fiel sie mit der 2. Polnischen Teilung an Preußen, kam 1815 als Ergebnis des Wiener Kongresses zum neu gegründeten Kongresspolen (s.a. Anm 89. auf S. 89 zu „Kongreßpolen") und wurde 1831 von Rußland okkupiert.

33. Brief vom 7. Februar 1915 aus „Neues Lager", bei Jüterbog / Deutsches Reich

Meine liebe Maus!
Sonder Fährnisse gelangte ich am vorigen Montag nach Berlin, das abgesehen von den vielen Feldgrauen keinen andern Eindruck machte wie früher, und von da weiter nach Frankfurt. Als ich hier das Geschäftszimmer des Ersatzbataillons betrat, um mich beim Obristleutnant **(93)** Gussow zu melden, traf ich rein zufällig auf den Leutnant Schmidt, seines Gewerbes Amtsrichter in Sommerfeld, der am denkwürdigen 12. Dezember rechts neben mir die 4. Kompagnie geführt hatte und am selben Tage verwundet war. Gussow eröffnete uns in liebenswürdigster Weise mit vielen bedauernden Worten, daß er uns leider nicht behalten könne, da das Ersatzbataillon des Reserveregiments seit einigen Tagen von dem des Leibregiments **(94)** abgezweigt und nach Jüterbog **(95)** geschickt sei. Mit langen Gesichtern zogen wir zum Mittagessen in den Prinzen von Preußen. Unterwegs trafen wir Seyffert, der gerade mit gezückter Spadille **(96)** an der Spitze seiner seit 8 Tagen eingestellten Rekruten in den Kasernenhof marschierte. Wir bemächtigten uns seiner; er hatte den Abend frei und brachte Ullmann mit. Es war ein gerührtes Wiedersehn. Jeder wußte von zahlreichen Heldentaten zu berichten und schonte die Zunge nicht. Dazu hatte Lunau einen gar köstlichen Tropfen Mosel aus dem Jahre 1911 und Liebfraumilch auf den Tisch gestellt. Leider ist auch in Frankfurt mit Rücksicht auf die Kriegsläufe um 12 schon Polizeistunde. Am nächsten Morgen fuhren Schmidt und ich wieder gen Berlin und von da weiter nach Jüterbog. Herr Schmidt ist seitdem mein Spielgefährte; ein zwar stiller, aber doch ulkiger Mann, Burschenschaftler, wie ich inzwischen durch Befragen in Erfahrung gebracht habe, Königsberger Germane und als solcher Bundesbruder von Pinkernelle. Sonst ist noch da und sitzt viel mit uns zusammen ein Herr Stolzenberg, der bei der 8. Kompagnie diente und schon Mitte September bei Eppeghem verwundet wurde. Weitere Bekannte fehlen hier - fehlen gänzlich. Zwar ist an Offizieren **(97)** kein Mangel (3-5 in der Kompagnie), aber sie kommen sämtlich aus andern Regimentern. All die Namen, die ich Dir zu Haufe aufgezählt habe, und deren Träger wahrscheinlich hier sein sollten, kennt niemand. Was das Leben anlangt, so geht es im allgemeinen zu wie bei einer Sommerübung, nur noch weit gemütlicher. Die 5 Kompagnien sind in den vorhandenen Baracken untergebracht. Sie bestehen so gut wie ganz aus verwundeten und mehr oder weniger bis zur Garnison- oder Felddienstfähigkeit wieder genesenen Kriegern. Gewehre waren bisher überhaupt nicht vorhanden; an ein Exerzieren war darum auch nur in ganz beschränktem Umfange zu denken. Jetzt sollen Gewehre, und zwar das längst veraltete Model 1871, ausreichend für die Hälfte jeder Kompagnie eingetroffen sein. Viel mehr wie mit Steinschloßflinten kann man mit den Dingern auch nicht machen; und je mehr sich der einzelne mit ihnen befaßt, desto mehr verlernt er nur meines Erachtens den Gebrauch unseres gegenwärtigen Modells 1898. Der ganze Dienst ist unter diesen Umständen darauf zugeschnitten, möglichst die Zeit tot zu schlagen. Das ist aber in Jüterbog garnicht so leicht. Den Vormittag kriegt man zwar noch mit recht spätem Aufstehen - nicht vor 7 -, einer Stunde Unterricht über Kriegserfahrungen und -erlebnisse, wo man jeden Kerl eine selbst erlebte Ge-

schichte erzählen läßt und daran, wenn's geht, eine Nutzanwendung schließt, mit anderthalbstündigem Exerzieren - länger geht's wegen der fehlenden Gewehre nicht - oder einem Ausmarsche nach Jüterbog oder zum Schlachtfelde von Dennewitz (98) so leidlich unter. Aber was mit dem Nachmittage bis zu dem allabendlichen 7 Uhr stattfindenden Mittagessen anfangen? Ich habe bisher nachmittags noch keinerlei Dienst gehabt. Spazierengehen bietet bei der Landschaft und dem Wetter keinerlei Reiz, Kneipen gibt es außer dem Kasino nicht. Die Lektüre kann allenfalls in dem Genusse der gestrigen Nummer des Lokal-Anzeigers, der Täglichen Rundschau oder der Deutschen Tageszeitung bestehen, welche 3 man dann aber dem Vorgänger, sobald er die letzte Seite verschlungen hat, mit geschicktem Griff entreißen und gegen zahlreiche Prätendenten (99) im Faustkampfe verteidigen muß. So bleibt mir nur ein ausgiebiger Mittagsschlaf und die Beschäftigung mit dem Markenalbum und Walter Peters tatsächlich sehr schönen Markenschatzes. Das Abonnement auf die Tägliche Rundschau nach hier überzuleiten, wird sich für mich nicht lohnen, denn es ist absolut ungewiß, wie lange diese Zeit des Faulenzens noch dauern wird. Sie kann, da ich felddienstfähig bin, schon nach wenigen Tagen-, sie kann aber auch unter Umständen - und daran darf man garnicht denken, erst nach Monaten zu Ende gehen. Ullmann und Seyffert sind beide schon seit Anfang November wieder felddienstfähig, und noch heute in Frankfurt, während andere erst später felddienstfähig geworden sind und trotzdem bereits das Glück gehabt haben, wieder hinauszukommen. Ohne erkennbaren Grund wählt das stellvertretende Generalkommando aus allen ihm zur Verfügung stehenden Offizieren sämtlicher Regimenter und schickt hin zu irgendeinem Regiment, bei dem gerade Bedarf ist. Deshalb ist es auch zwar keineswegs unmöglich, aber doch unwahrscheinlich, daß ich zu meinem alten Regiment zurückkomme. Das glückt nur wenigen, bei denen es gerade der Zufall so fügt. Für die Fresserchen besten Dank. Sie sind schon gestern, überaus pünktlich also, eingetroffen. Darf ich den Vorrat, insbesondere an Konserven, erneuern, wenn ich Euch nächsten Sonntag besuche? Urlaub könnte ich in Hülle und Fülle bekommen; er wird jedem, der es verlangt und selbst manchem, der es nicht verlangt, bereitwilligst erteilt. Von meinem Koffer und Mantelsack bisher keine Spur. Hier gibt es zahlreiche Herren, denen das Gepäck verloren gegangen ist. Entschädigung soll dafür bis zu 600 Mark gewährt werden. Nun grüßt Euch alle tausendmal und küßt Dich in Gedanken auf beide Backen

Dein Gatte.

| 92. Bromberg | Bromberg (poln: Bydgoszcz) liegt an der Weichsel, hat heute 370.000 Einwohner und wurde im 11. Jahrhundert gegründet. Die Stadt liegt 140 km südlich Danzig. 1772 kam sie im Zuge der 1. Polnischen Teilung zu Preußen, gehörte zunächst bis 1807 zur preußischen Provinz Westpreußen, von 1807-1815 zum Herzogtum Warschau und von 1815-1920 zur preußischen Provinz Posen. Bromberg zählte 1772 lediglich 700 Einwohner, 1910 waren es 57.000. |

93. Obristleutnant | Frühere Bezeichnung für Oberstleutnant. Entsprechend wurde der Oberst auch Obrist genannt.

94. Leibregiment Leibkompanie | Der Oberst eines Landsknechtsregiments hatte einen Stab, der ihn in der Ausübung seiner Kommandogeschäfte unterstützen und gegen seine oft sehr übermütigen Untergebenen schützen sollte. Letztere Aufgabe fiel insbesondere den Trabanten (Leibtrabanten) beim Stabe zu, aus denen später die Leibtruppen hervorgingen, deren Chef (im 16. und 17. Jahrhundert) der Regimentsinhaber wurde. Später wurde diese Chefstelle als Ehrenstelle fürstlichen Personen verliehen, und der Landesfürst selbst wurde nominell Befehlshaber solcher Leibkompanien, Leibbatterien, Leibeskadrons, Leibbataillone und Leibregimenter.

95. Jüterbog | Stadt im Landkreis Teltow-Fläming / Brandenburg, 60 km südlich Berlin. Urkundlich 1007 erstmals erwähnt. 1815 als Ergebnis der Befreiungskriege von Sachsen (Bündnispartner Napoleons) an Preußen abgetreten. Über die Jahrhunderte bis 1994 durchgehend großer Truppenübungsplatz.

96. Spadille | Kleiner Degen

97. Offiziere | Offiziere in der kaiserlichen Armee benötigten – zumindest in den unteren Diensträngen (Leutnant) – monatliche Zuwendungen von zu Hause zwischen 90 und 180 Mark. Grund hierfür waren niedriges Einkommen, erhebliche Zusatzausgaben für Burschen (Diener) und Pferde sowie regimentsabhängige Repräsentationsverpflichtungen. Erst ab etwa 4000 Mark Jahreseinkommen (ab Hauptmann) „kam man zu recht" (zum Vergleich: Metallarbeiter verdienten 600 bis 2.000 Mark). Beförderungschancen waren gering, bis zum Hauptmann dauerte es im Schnitt 10, bis zum Major 25 Jahre. Heiraten durften Offiziere erst ab einem gesicherten Einkommen ab 4.000 Mark jährlich und mit Erlaubnis des Vorgesetzten. Vermögende Bräute waren daher begehrt.

98. Dennewitz | Schlacht bei Dennewitz (Ortschaft der Gemeinde Niedergörsdorf im Landkreis Teltow-Fläming / Brandenburg) am 6. September 1813. Hier schlug General Freiherr von Bülow im Zuge der Befreiungskriege gegen Napoleon die französische Armee unter Marschall Ney und die mit ihr verbündeten Sachsen.

99. Prätendent | Person, die für sich ein Recht oder einen Status anmaßt

34. Brief vom 21. Februar 1915 aus „Neues Lager", bei Jüterbog / Deutsches Reich

Liebe Maus!

Deine beiden Pakete vom 18. und 19. mit Strümpfen kamen hier glücklich an. Vielen Dank für sie und die Begleitschreiben. Mit Interesse entnahm ich den letzteren, daß nun endlich nach mehr als zweimonatlicher Fahrt Koffer und Mantelsack da sind. Daß derartige Schweinereien wie Erbrechen des Koffers passieren, soll nicht gerade selten sein; wenigstens erzählte mir jetzt ein Herr, ihm sei es genau so gegangen, und er hatte dasselbe auch von Bekannten erfahren. Wenn bloß, wie Du schreibst, der Rasierapparat fehlt, will ich immer noch zufrieden sein. Das Ding ist mir bei meinem Vollbart augenblicklich kein notwendiges Requisit. Wenn Rock oder Mantel gemaust wären, würde ich viel trauriger sein. Bockbierbild **(100)** und Spitzendamenkragen gehören natürlich nicht mir, sondern Wilhelm. Wie er in den Besitz der Sachen gelangt sein mag, entzieht sich meiner Kenntnis. Den Kragen dürfte er auf ehrliche Weise mittelst eines regelrecht abgeschlossenen juristischen Kaufvertrages erworben haben. Aber das Bild? Unbekannt war mir bisher auch, daß er meinen Koffer für seine Requisiten mitbenutzte. Ob ich wegen der Beraubung der Koffer Anzeige erstatte, will ich mir noch überlegen. Wilhelm hat ihn in seiner gewohnten Gewissenhaftigkeit sicher vor der Aufgabe zur Bahn abgeschlossen gehabt. Herauskommen dürfte freilich bei einer Untersuchung kaum etwas. An unsere Großmutter habe ich den Geburtstagsglückwunsch richtig weggeschickt - es stimmt doch mit dem 22. oder trügt mich mein sonst so zuverlässiges Zahlengedächtnis? -, nachdem ich vorigen Montag früh im unmittelbaren Anschluß an meine Rückkehr aus Wittenberg einen dicken Knoten in das schön saubere rote Kriegstaschentuch gemacht hatte. Wie wertvoll ist es doch, diese Taschentücher selbst bei enormem Schnupfen - unter dem ich augenblicklich leide -, eine Woche lang und länger tragen zu können! Es wundert mich aber nicht, daß unser Großvater sich bei dem nassen Wetter erkältet hat. Ganz so schlimm, wie Du zuerst schriebst, scheint es ja allerdings nach Deinem zweiten Briefe nicht zu sein. Ich habe ihm gute Besserung gewünscht. Vater Otto und Mutter Mathilde haben mir ja einen langen Brief versetzt. Vater Otto beklagt in rührseligen Worten den Verlust seines Prozesses gegen die verbündeten Grafen von Emden und Altenhausen **(101)**, beschimpft meinen Vertreter, den alten Justizrat, und beweint die Tatsache, daß nicht einmal dieser im Termine zugegen gewesen sei, sondern wieder ein anderer (Dessauer). In Verkennung der Sachlage, aber voll Stolzes auf seinen Erstgeborenen vergißt er nicht zu bemerken, daß alles sicher ganz anders gegangen wäre, wenn ich sein Recht im Termine hätte vertreten können. Im übrigen entschuldigt er sich vielmals wegen Deuwels, des trefflichen Hundes, den ich jetzt in Erwartung der Dame Fips garnicht mehr nötig habe. Mutter Mathilde vermißt in Emden die kräftigen, sehnigen Männergestalten und meint, es wären nur noch ganz alte abgetakelte Krippensetzer **(102)** und Kinder mit Knöpphosen da - woraus zu entnehmen, daß ihr Hosen vermittelst sogenannter Träger mehr imponieren. Daneben bietet sie mir aus dem Überflusse ihres mütterlichen Herzens an Wäsche und Lebensmittel soviel an, wie ich bei den gegenwärtigen Zeitläufen nur irgend gebrauchen könnte. Ich habe die Wäsche in

Erwartung der mit Koffer und Mantelsack und später von Wilhelm noch einge-
henden Vorräte abgelehnt - vielleicht denkst Du anders, dann geniere ich mich
nicht -, das Angebot der Lebensmittel aber dankend acceptiert. Nun treffen 5
Schlacht-, 4 Leber- und 3 Rotwürste sicher kommenden Montag früh genau in
dem Augenblicke ein, wo ich mit Schätzen gleicher Art aus Hundisburg schwer
beladen mein Zimmer wieder betrete. Nächsten Sonnabend gedenke ich, Eure
gütige Erlaubnis vorrausgesetzt, zur gewohnten Stunde, also mit dem Arbeiter-
zuge, zu erscheinen und zur gewohnten Stunde, also ab 5 Uhr nachmittags von
Neuhaldensleben, am Sonntag wieder zu verschwinden. Wenn ich dann wieder
Konserven in derselben Menge wie das letzte Mal mitnehmen könnte - sie scheinen gerade 2 Wochen zu reichen -, wäre ich Dir dankbar. Die Aprikosenmarme-
lade ist gut, aber doch nicht so schön wie die englischen jams, weil etwas weich-
licher. Immerhin: Kauf lieber das deutsche Futter anstatt des fremdländischen,
das ich drüben jenseits des Kanals noch hoffentlich genügend verkonsumieren
werde, und gib mir eine zweite Dose mit! Die Heringe in Bordelaise hat
Pätzold, der Burschenvertreter - Paul ist auf Urlaub - geöffnet, und zwar trotz
Büchsenöffners, ehe ich es verhindern konnte, mit seinem Taschenmesser, das
eine Klinge wie das sagenhafte Schlachtschwert Balmung hat und mit dem er im
regelmäßigen Verlauf der Dinge seinen Prim beschneidet und andere angenehme
Sachen zerkleinert. Es ist aber alles gut gegangen. Gekostet habe ich sie noch
nicht, doch sehen sie sehr angenehm aus. Paul alias Wilhelm II und Kutscher bei
einem Königlichen Förster in Massin, Post Glambecksee, Kreis Landsberg a/W
macht sich. Wilhelm war schlauer, aber langsamer; Paul ist mehr Burschentyp.
Gespannt bin ich nur, wie er mir den Fips aus Thorn heimbringen wird. Ich habe
ihn, da er so wie so in seine Heimat Vietz bei Cüstrin fahren wollte, vom Hauptmann gleich weiter nach Czernewitz bei Thorn beurlauben lassen. Unter diesen
Umständen bezahle ich ihm nur das Billet von Cüstrin bis Thorn *(Anm: ca 320
km)* und auch das nur als Militärfahrkarte, also mit 1 Pfennig für den km, sodaß
mich die ganze Expedition wahrscheinlich nicht teurer als etwa 10 Mark zu
stehen kommt; und soviel ist mir die verlorene Tochter Fips, die Gefährtin meiner belgischen und russischen Kriegsmonate, wohl wert. Donnerstag will das
Paar heimkehren. Paul hat sich offen als Hundefreund bekannt, wie es einem
richtigen Jägersknecht ziemt. Seine Braut will er aber nicht besuchen. Das Mädchen hat ihm in der letzten Zeit so wenig geschrieben. Eben bringt mir Schmidt,
seit einigen Tagen Oberleutnant, die Nachricht von der Versenkung eines englischen Transportdampfers mit 2000 Mann. So nur weiter! Und dann, wenn erst
Otto nach England kommt. Aber hoffentlich recht, recht bald. Oder sonstwohin;
ganz egal. Seyffert ist vor einigen Tagen zum Leibregiment ins Feld zurück
gegangen. Auf Wiedersehen am Sonnabend! Bis dahin grüßt alle und küßt Dich
und die Kinder

Dein Mann.

---

100. Bockbierbild   Stillleben des deutschen Malers Johann Wilhelm Peyer (1803 –
1889)

101. Altenhausen	Zweig der Grafen von der Schulenburg (Weisse Linie), eines alten preußischen Adelsgeschlechts, die Besitzungen in Altenhausen (Schloß), Emden (Gutshaus) sowie Bodendorf (Schloß) besaßen. Alle Orte liegen nur wenige Kilometer von einander entfernt bei Haldensleben in der Magdeburger Börde.
102. Krippensetzer	Pferde mit der Angewohnheit des Koppens (Abschlucken von Luft unter „rülpsenden" Lauten), die dabei ihre Mäuler auf Krippen aufsetzen.

**Feldpostkarte vom 25. Februar 1915 aus „Neues Lager", bei Jüterbog /
Deutsches Reich**

Postkarte mit Darstellung im Schützengraben liegender kaiserlicher Soldaten, die angreifende Kavallerie bekämpfen. Adressiert an *„Frau Rechtsanwalt Wolfien, Hundisburg, Kreis Neuhaldensleben"*

Jtbg 25/2 15.

Also es bleibt bei Sonnabend Arbeiterzug. Mutter Mathilde hat mich heute mit einer Leberwurst und einer Gänsebrust versehen. Im Laufe der Nacht soll nun auch der Ritter Paul heimkehren, der die Jungfrau - hoffentlich! - Fips aus der Gewalt der bösen Hexe Modzywska erlösen will. Ich bin gespannt, ob's ihm gelungen ist. Der stellvertretende Bursche Pätzold - d.h. Bärenfreund; so sieht er nämlich auch aus - ist bereits als Ehrendame zur Bewillkommnung aufgestellt. Sonst nichts neues. Nur finde ich es albern von Hindenburg, daß er ohne mich egal weitersiegt. Auf Wiedersehen übermorgen! Bis dahin bin ich

Dein Otto.

35. Brief vom 7. März 1915 aus „Neues Lager", bei Jüterbog / Deutsches Reich

Liebe Maus!

Die Sonntagsvormittagsplauderstunde kommt! Der Winter ist wieder ins Land gezogen. Vom Himmel rieselt wieder nach dem unausgesetzten Regen und Sturm der beiden letzten Tage weich der Schnee; der ganze Übungsplatz ist mit dem von den Dichtern so viel besungenen weißen Tuche überspannt. Dabei ist es in meiner Bude trotz Fehlens jeglichen Luxusses wie Tapeten, Gardinen u.s.w. furchtbar gemütlich. Eben hat Kühne, der Stellvertreter des bei der Braut für Sonnabend und Sonntag in Urlaub gegangenen Paul - die Versöhnung zwischen den beiden Liebenden scheint stattgefunden zu haben -, das Kaffeegeschirr abserviert. Der Kasinokaffee ist sehr gut. Nur kostet er, zwei und eine halbe kleine Tassen, jeden Morgen 35 Pfennige, macht im Monat 10 Mark 50 und bei 31 Tagen sogar 10 Mark 85. Dazu knistert im eisernen Ofen das von Kühnes kundiger Hand reichlich mit Petroleum durchtränkte Holz und der aus Sparsamkeitsrücksichten von einer hohen Intendantur statt Kohle gelieferte ziemlich minderwertige Koks. Eine behagliche Wärme durchströmt den nicht allzu groß abgemessenen, mit einem Kleiderstande, einer Kommode, einem Waschtische, einem harten Bette ohne Matratze oder Federn, einem Tische, einem Stuhle, einem Schemel, einem Kohlenkasten, einem Topfe unter dem Bette und einem Spucknapfe - c'est tout - ausstaffierten Raum. Halt! Den blinden Spiegel hätte ich beinahe vergessen, aus dem ich selbst mit vieler Mühe nicht herauslesen kann, ob ich ein Knabe oder ein Mädchen bin. Du siehst: es geht bei Leutnants spartanisch einfach zu; freilich immer noch unendlich viel pomphafter als im besten Unterstande des solidesten Schützengrabens, gegen den mein einfaches Zimmerchen als ein luxuriöses Budoir mit intimen Interieur erscheint. Namentlich Topf und Spucknapf, aber auch Bett und Tisch und alles andere, insbesondere der Kleiderschrank, pflegen dort zu fehlen. Die armen, armen Kerle in Flandern beneide ich bei diesem Wetter wirklich nicht. Wenn's auch anderswo schlecht genug zugehen mag, dort bei den Grundwasserverhältnissen muß es um diese Jahreszeit wieder ganz besonders fürchterlich sein. An trockene Füße ist dabei nicht zu denken: Geht's nicht unten durch, so läuft's oben in die Stiefel hinein. Der Hauptmann lebt hier in Jüterbog schon viel pomphafter: Er hat Tapeten, die Kaiserproklamation in Versailles oder einen Bismarckkopf, und seine nächtliche Ruhestätte steht in einem besonderen Kabinett. Der Stabsoffizier gar verfügt über noch ein Bild mehr, einen vorgetäuschten Kamin und 3 Zimmer. Allmorgendlich, wenn Paul den Kaffee bringt und mir von der Tür aus unter strammem Zusammenschlagen der Hacken, daß die Tasse klirrt, sein „Guten Morgen, Herr Leutnant" entgegenschmettert, pflegt auch der Fips in der Türfüllung zu erscheinen und mir unter einem ungeheuren Aufwande von Schwanzwedeln den Morgengruß zu entbieten, meißt in einer derartig lebhaften Weise zwischen den Beinen vom guten Paul hindurch, daß ich um das Kaffeegeschirr die allergrößte Sorge habe. Als Morgentrank nimmt er dann mit besonderer, mir meißt recht verständlicher Vorliebe, während ich mit Genuß meinen Mokka schlürfe, offenbar mit ebenso viel Genuß das Wasser des Spucknapfes zu sich. Du kannst unbesorgt sein: ich habe noch nie hineingespuckt, höchstens Zigarrenasche schwimmt mal drin. Nachts schläft er in der von Paul und 4 andern Kollegen gemeinsam bewohnten Burschenstube schräg gegenüber meinem Zimmer, natürlich stets in einem Bett. Dort führt sie den ihrem Geschlecht mehr entsprechenden Namen „Fiffi" und wird ungeheuer verhätschelt. Paul ist das bei weitem umneidetste Mitglied unter den 5, weil er einen Hund hat. Er pflegt infolgedessen auch diesen Hund bei jeder Gelegenheit, die sich ihm zu Besorgungen bietet, mitzunehmen. Fiffi wird jetzt so rundlich, daß ich den andern 4 untersagt habe, ihm irgend etwas Eßbares zu geben. Natürlich tun sie das doch. Neulich hatte ich schon meine eigenen Gedanken wegen der Rundlichkeit. Paul behauptet aber, noch keinerlei Neigungen zum anderen Geschlecht bei der Fiffi wahrgenommen zu haben. Zwar stelle ihr der große Wolfsspitz eines Fußartillerieoffiziers nach - die Rasse! - er habe jedoch bisher noch immer den Zudringlichen rechtzeitig verscheuchen können und hüte die Fiffi wie eine gute Mutter ihre in zartem Backfischalter stehende Tochter. Abwarten! Wenn wir nur erst wieder im Felde stehen, ist mir alles andere egal. Neulich hieß es schon - die Zeitungen würden schreiben: von einer sonst gut unterrichteten Seite wird uns mitgeteilt -, wir kämen, das ganze Ersatzbataillon, in wenigen Tagen, Mitte März, nach Lodz (103). Es scheint sich aber doch bloß um eins der üblichen blinden Kriegsgerüchte gehandelt zu haben. Ich hielt es auch gleich für wenig wahrscheinlich, daß man ein Ersatzbataillon aus dem Lande hinausverlegt. Jedenfalls finden aber nach allem, was man hier hört, augenblicklich große Truppenzusammenziehungen im Süden von Ostpreußen statt; und unsere vorgeschriebenen 5 Impfungen gegen Cholera und Typhus sind ganz oder doch nahezu ganz erledigt. Von morgen ab sollen auch noch einmal eingehend sämtliche Offiziere und Mannschaften auf Felddienstfähigkeit untersucht werden. Wenn's doch bald losginge! So gemütlich es zu Hause ist, wir gehören jetzt in Feindes - und nicht ins Vaterland. Heute wollten wir eigentlich nach Lückenwalde; bei dem tiefen Schnee wird aber kaum etwas daraus werden. Nächsten Sonnabend komme ich zur gewohnten Zeit. Was macht unser Großvater? Euch allen herzlichen Gruß! Dir und den Kindern 1000 Küsse von

Deinem Mann.

---

103. Lodz   Lodz (dt: Lodsch), heute mit 750.000 Einwohnern drittgrößte polnische Stadt, wurde 1332 erstmals urkundlich erwähnt. 1793 fiel Lodz im Zuge der 2. Polnischen Teilung zunächst an Preußen, zählte 1800 nur noch 190 Einwohner, gehörte nach dem Tilsiter Frieden von 1807 für 8 Jahre zum Herzogtum Warschau und anschließend von 1815-1920 zu Kongreßpolen (s.a. Anm 89. auf S. 89 zu „Kongreßpolen"). Im Herbst 1914 siegte in der Schlacht um Lodz zunächst Rußland, am 6.12.1914 wurde Lodz jedoch von den Deutschen erobert.

36. Brief vom 16. März 1915 aus Gawlow / Polen

Briefumschlag mit Querstempel *„SOLDATENBRIEF"*, Rundstempel *„K.D.Feldpostexp., 5.Reserve-Div, 18.3."* sowie Absenderangabe *„Abs. Ltnt. Wolfien 3.Reservekorps, 5. Reserve-Division, 8. Res.-Inf.-Rgt, III Bataillon, 10. Compagnie"*

(siehe Anhang: Landkarten 12 und 13 auf Seiten 148 und 149)

Meine liebe kleine Maus!

Das war doch ein ganz andrer Abschied diesmal als der vom August 1914. Damals Sommer und Sonnenschein und jetzt grauer Himmel und unaufhörlich rieselnder Winterregen. Mit einer Viertelstunde Verspätung etwa setzte sich unser Zug endlich unter Hüte- und Taschentücherschwenken und Tränenströmen in Bewegung, nur um gleich auf dem Bahnhof Frankfurt nochmals eine halbe Stunde zu verweilen. Dann aber ging's schneller, und pünktlich um Mitternacht hatten wir Lisse als erste Verpflegungsstation erreicht. Früh am Morgen passierten wir Ostrowo und bald vor Kalisch **(104)** die russische Grenze. Das Leben im Abteil mit Oberleutnant Schmidt, dem früheren Führer der 4. und den beiden andern Herren war durchaus nett und gemütlich. Wenn auch die Bude ungeheizt war, ließ sich's doch im Mantel, Umhang und der Wolldecke ganz gut leben. Selbst nachts fror man nur wenig. Das Unglück begann aber am nächsten Tage. Der gute Jägermajor v. Fischer - Treuenfeld, welcher das Ganze leitete, hatte nämlich, trotzdem er früher offenbar aktiver Soldat war, vom Transportführen nicht mehr Ahnung als sein Neffe gleichen Namens, der ewige Naumburger Referendar mit den 22 angefangenen Assessorarbeiten in iuridicis **(105)**. Er kümmerte sich nämlich einfach um nichts. Aus dem Morgen wurde Mittag, aus dem Mittag wurde Abend, und die Leute bekamen weder Kaffee noch normales Essen - Brot hatten sie ja allerdings genügend mit -, ohne daß der Herr Major sich rührte. Als wir dann eingriffen, war er noch dazu sehr erfreut. Er hatte gedacht: Speis und Trank würde ihm auf den Stationen schon angeboten werden. Wir hätten auch in Sabianice, wo wir am Spätnachmittag ankamen, trotz mehrstündigen Aufenthalts noch nichts bekommen, wenn wir ihn nicht einfach an die Wand gedrückt und alles selbstständig in die Hand genommen hätten. So gab's wenigstens eine warme, wenn auch vielleicht magere und schmacklose Suppe. Erst um Mitternacht waren wir bei immerwährendem Regen durch die ewig gleichförmige russische Landschaft mit ihren strohbedeckten Holzhäusern hindurch bis Lodz gelangt. Von Kalisch habe ich nur die fernen Türme, von Lodz garnichts gesehen. Beider Städte Bahnhöfe liegen wie so oft in Rußland kilometerweit ab. Am zweiten Morgen so um 7 herum erreichten wir Lowitsch. Die Strecke Kalisch – Lowitsch **(106)** ist ja an sich wirklich nicht so lang um volle 24 Stunden an ihr zu verfahren. Einmal aber ist der Verkehr auf ihr in den gegenwärtigen Zeitläufen natürlich ein ganz gewaltiger, und zweitens ist sie eingleisig, sodaß auf jeder Station bei den sich kreuzenden Zügen ein endloser, oft stundenlanger Halt entsteht. Lowitsch mag nach meiner Schätzung 20-25000 Einwohner wohl zählen, bietet aber kein anderes Bild wie jede polnische Kleinstadt: schmutzige Straßen, Fahrdamm und Bürgersteig, soweit letzterer überhaupt vorhanden, mit möglichst regellos gelegten Kopfsteinen, wenige polnische Landbewohner mit hohen Juchtenstiefeln, ihre Weiber mit denselben Stiefeln und möglichst buntfarbiger Kleidung, viele Juden mit langen Bärten und schwarzem Kaftan, ihre Weiber schwarz und schmierig, mit trotz der Umgebung wirklich gut schmeckender Mazze, mit Ansichtskarten, Hosenträgern und wer weiß was allem handelnd. Es ist phänomenal, wie dieses Volk mit dem ausgeprägten Handelssinn sich den veränderten Verhältnissen sofort angepaßt hat. Unendlich viel Feldgrau, Trains **(107)** und Kolonnen und Autos in dichtem Gedränge vervollständigen das Straßenbild. Lowitsch ist in den Dezemberkämpfen namentlich von österreichischen Mörserbatterien arg mitgenommen, und man sieht recht viele zerschossene Häuser. Die Mannschaften wurden hier noch einmal mit Kaffee getränkt, und für uns Offiziere gab es in dem mitten in der Stadt gelegenen, ganz behaglich eingerichteten Offiziersheim sogar ein vorzügliches Pschorr und prächtige belegte Brötchen. Dann begann der Fußmarsch nach Ruski zur Division. Es war ein schrecklicher Weg. Wir haben hier nämlich bereits den schönsten Vorfrühling mit Sturm und Regen, von Schnee nicht die geringste Spur mehr. Die Straßen, erst Feldweg, dann russische Kopfsteinchaussee mit vielen Schlaglöchern, waren entweder abgrundtief, wie umgepflügter Acker etwa um diese Zeit bei uns zu sein pflegt, oder fußhoch mit Schlamm überzogen. Dabei durchweg Moorboden, in dem die Stiefel stecken blieben. Wir konnten infolgedessen auch die vielfach mit neuem Schuhwerk versehenen, reichlich mit Gepäck beladenen, dabei des Tornisters nicht gewohnten Leute an diesem Tage nicht weiter als etwa 15 km bis Jedziorko bringen. Hier fanden wir in merkwürdigerweise wenig zerstörten, aber von den Bewohnern ausnahmslos verlassenen, für polnische Verhältnisse durchweg großen und reichen Bauernhäusern gute Unterkünfte. Schmidt und ich wurden in gastlichster Weise von dem Führer einer Munitionskolonne, die das Dorf bereits teilweise belegt hatte, aufgenommen und bewirtet und verlebten bei viel Grog, und als dieser ausging Kaffee ganz prächtig den Abend des 14. März, während ich am Tage zuvor im Zuge von Kalisch nach Lowitsch meiner zehnjährigen heimlichen Verlobung, zu der ich Dir herzlichst gratuliere, still und trocken gedacht hatte. Am 15. früh brachen wir über Rybus nach Ruski auf, wo wir bei der Division gegen Mittag anlangten und vom Divisionskommandeur Exzellenz v Diringshofen **(108)**, dem alten Kommandeur des Leibregiments aus meiner Unteroffiziers- und Vizefeldwebelzeit, mit einer schwungvollen Ansprache begrüßt wurden. Ich wurde zusammen mit Schmidt und unserm jüngsten Kupeegenossen, dem bartlosen Herrn v Bockelmann, dem Regiment zugeteilt. Liebesgaben erbitte ich mir unter der auf dem Briefumschlage angegebenen Adresse reichlichst. Man kann hier alles gebrauchen. 1000 Küsse

Dein Otto.

| 104. Kalisch | Kalisch (poln: Kalisz) war 1914 Hauptstadt des gleichnamigen russisch-polnischen Gouvernements. Die Stadt, bereits 150 n. Chr. urkundlich erstmals erwähnt, ist die älteste Stadt Polens. Im Zuge der zweiten Polnische Teilung fällt Kalisch 1793 an Preußen und wird Teil der Provinz Südpreußen. Die Zahl der deutschsprachigen Einwohner von Kalisch beträgt 1793 120 Personen, die Gesamt- |

einwohnerzahl 3.800. 1807 wird Kalisch im Zuge des Tilsiter Friedens Teil des Herzogtum Warschau, 1813 von den Russen erobert und 1815 als Folge der Beschlüsse des Wiener Kongresses Bestandteil Kongreßpolens (s.a. Anm 89. auf S. 89 zu „Kongreßpolen"). Nach der Niederlage des polnischen Novemberaufstandes 1830 wird Kongreßpolen in das Russische Zarenreich einverleibt, Woiwodschaften werden aufgelöst und Kalisch Hauptstadt eines russischen Gouvernements. Am 2.8.1914 besetzt das deutsche 155. Infanterieregiment die Stadt, am 7.8.1914 wird sie als Folge von bis heute ungklärten Umständen auf Befehl Major Preuskers von der deutschen Artillerie völlig zerstört.

105. Iuridicis	Gemeint sind Rechtsangelegenheiten, bzw Themen mit juristischen Inhalten
106. Lowitsch	Stadt (poln: Lowicz) im russisch-polnischen Gouvernement Warschau, 54 km von Lodz entfernt an der Bzura liegend. 1136 erstmals urkundlich erwähnt. Lowitsch fiel 1793 im Zuge der 2. Polnischen Teilung an Preußen, gehörte 1807 nach dem Tilsiter Frieden zum Herzogtum Warschau (Vasallenstaat Frankreichs) und ab 1815 nach dem Wiener Frieden zu Kongreßpolen (Königreich Polen), das zunächst in Personalunion mit Rußland weitgehend unabhängig war, ab 1831 jedoch vom Zarenreich zunehmend unterdrückt wurde (s. a. S. 89, Anm. 89 zu „Kongreßpolen"). Die im Brief von Otto Wolfien angesprochene Entfernung von Kalisch nach Lowitsch beträgt 165 km, für deren Überbrückung 24 Stunden benötigt wurden.
107. Train	Beförderungsmittel für Truppenteile (Wagenzug, Fuhrwesen, Tross)
108. Diringshofen v	Generalleutnant Max von Diringshofen (1855-1936)

37. Brief vom 19. März 1915 aus „Schützengraben bei Gawlow" / Polen
Absender *„ Leutnant Wolfien, 3. Reservekorps, 5. Division, 8. Reserve - Infanterie - Regiment, III. Bataillon, 10. Compagnie",* handschriftlich als Feldpostbrief gezeichnet, an *„ Frau Rechtsanwalt Wolfien, Hundisburg, Kreis Neuhaldensleben"* mit Rundstempel *„ K.D.Feldpostexp., 5.Reserve-Div, 21.3.15.7-8N"* sowie Querstempel *„S.B. 3.Bat.Res.In.R.8"*
(siehe Anhang: Landkarte 14 auf Seite 150)

Liebe Maus!
Als wir am Montag den 15. März mittags mit unsern 320 Mann Ersatz beim Regiment ankamen, wurden wir natürlich mit Jubel begrüßt. Dossow, mein wackerer Pferdebursche - dessen Stelle dermaleinst Hermann Hebestreit ausfüllen soll -, war der erste, den ich von der 10. Kompanie traf. Er fiel mir vor Freude fast um den Hals. Der Herr Oberst saß gerade mit seinem Stabe zu Tisch und wir kamen noch rechtzeitig genug, um an dem wunderbaren Dinner teilzunehmen: Kartoffelsuppe, Kalbsbraten mit Sahnetunke, Salzkartoffeln und Beitisch (Pflaumen), Schokoladenspeise mit Schlagsahne. Erinnerst Du Dich noch, wie ich 3 Tage vorher in Frankfurt im Kaffee Kyritz prophetisch gesagt hatte: wer weiß, in wieviel Monaten, und ob überhaupt in unserm Leben wir noch einmal Schlagsahne essen? Beim Regiment wird wirklich ausgezeichnet gekocht, von einem Juden, der behauptet, Fuhrunternehmer zu sein und niemals vor dem Kriege wirklich gekocht zu haben. Als Getränk gab es einen leidlichen Rotwein. So wie seiner Zeit im schönen Belgien war er freilich nicht. Ich bat in erster Linie um die 7. Kompanie. Die hat man aber immer noch nicht wiederaufgemacht. Dann um die 10. Auch das ginge nicht, meinte der Herr Oberst. Ich sollte aber die 11. bekommen. Ich habe mich dann - wie ich hier gleich vorweg bemerken will - hinter den Bataillonskommandeur, unsern guten alten Papa Daum, gesteckt und auf diesem Umwege schließlich doch die 10. erhalten. Von unserm III. Bataillon liegen 2 Kompagnien, die 9. und 12., rückwärts in Adamova Gora. Dort hält sich auch mein Feldwebel auf und befindet sich meine Bagage. Die 10. und 11. Kompagnie liegen in einem größeren Waldstück zwischen Adamova Gora und Gawlow **(109)**. Das sind die Reservestellungen. Der Schützengraben zieht sich, von Süden kommend, vor dem jenseits der Bzura **(110)** gelegenen und noch in russischen Händen befindlichen Sochaczew **(111)** entlang durch den Park des etwa 3 km weiter nördlich gelegenen Gutes Gawlow hindurch, immer den Windungen der Bzura folgend, nach Norden. Etwa 6 km vor der Einmündung der Bzura in die Weichsel biegt er bei Witkowice westlich ab. Das diesseits der Bzura liegende Kamion befindet sich infolgedessen noch teilweise in russischem Besitz. Das Korps reicht nun, untermischt mit Teilen des vom Süden her neu eingetroffenen 5. Armeekorps - also Ludchen! Ob ich ihn wohl mal zufällig zu sehen kriege? - von Dachowa 3 km südlich Sochaczew bis zur Einmündung der Bzura, wobei unsere Schützengräben allenthalben bis Witkowice westlich, die russischen östlich der Bzura entlang gehen. Je nach den Biegungen, welche die Bzura macht, liegen wir uns dabei mehr oder weniger weit gegenüber: am nächsten wohl in Gawlow - dort auf 60-70 m, bei mir rund 800 m. Die russische Stellung ist hier außerordentlich stark, weil das Ostufer der Bzura - die Leute sagen übrigens alle wie Johann: Jura - bis zu einer Höhe von

10 Metern steil ansteigt. Vor unserer wie der russischen Front liegen Drahtverhaue und vor unserer, wahrscheinlich aber auch der russischen außerdem noch Spanische Reiter (112) und Flatterminen (113). Ein Angriff wäre sicher für beide Teile nur mit großen Verlusten durchzuführen, wird aber auch - soweit ich informiert bin - von unserer Seite garnicht beabsichtigt; und die Russen ihrerseits greifen sicher nicht an. Artillerie haben sie entweder sehr wenig oder sie habe großen Munitionsmangel. Ab und zu schmeißen sie ja mal mit Schrapnells und Granaten. Aber groß regt sich darüber kein Mensch auf; man weiß aber, die Sache dauert nicht lange. Schießen kann ihre Artillerie immer noch ganz gut; meißt krepieren doch die Dinger um einen in verfluchter Nähe. Getroffen hat sie allerdings, solange ich hier bin, von meiner Kompagnie noch niemand. Auch die russische Infanterie, vermutlich immer noch Sibirier wie in den Dezemberkämpfen, ist durchaus tüchtig. Sie paßt scharf auf, hat fast immer gleich weg, wenn mal ein Kopf über unserm Graben sich zeigt und schießt dann auch mit Geschick in beängstigende Nähe dieses Kopfes. Alles in allem aber kein Vergleich mit den Kämpfen zwischen Dixmuiden und Ypern. Es geht weit, weit gemütlicher zu. Das macht in erster Linie die beiderseits schwache Besetzung der Front. Beide Teile wollen hier nur Errungenes halten und Festgehaltenes weiterverteidigen. Namentlich sollen die Russen, so wird wenigstens erzählt, einen großen Teil ihrer früher hier aufgestellten Artillerie jetzt seit der Schlacht in Masuren an die ostpreußische Front geschickt haben. Auch wir haben Artillerie von hier nach dort gezogen. Außerdem ist unserm Korps schon länger eine ganze Infanteriebrigade - Reserveregimenter 24 und 35 - genommen und ebenso in Ostpreußen verwendet worden. Jetzt endlich ist ferner das Regiment 12 abgezweigt - wie es heißt, zwecks Verwendung im Gebirgskriege im Süden, also wohl Karpathen. Die Lücken hat das 5. Korps gefüllt. Trotz alledem ist unsere Front noch reichlich breit. Ich verteidige z.B. mit meiner jetzt allerdings nach geringen Verlusten und mehrfachem Ersatze wieder auf 195 Köpfe gebrachten Kompagnie einen Raum von 250-300 m. Dabei habe ich rechts zur Nachbarkompagnie eine Lücke von etwa 400 und links eine solche von etwa 300 m. Rechne nun von den 195 Mann Verpflegungsstärke ab die als Schreiber, Ordonanzen oder sonstwie Abkommandierten, die Leute bei der Bagage, die Posten und Patrouillen und berücksichtige, daß nachts immer nur abwechselnd ein Viertel der Kompagnie wacht, so triffst Du auf nur alle 10 m etwa einen Mann. Trotzdem schlafe ich ebenso ruhig und gemütlich wie zu Hause. Das bißchen Schießen wird man tatsächlich bald wieder gewöhnt; und meine Leute, besonders die Patrouillen und Posten, passen schon auf. Von letzteren haben wir im Vorgelände zwei Posten, von denen der eine dicht am Ufer der Bzura, nur durch den 30-40 m breiten Flußlauf von den Russen getrennt und durch eine größere Weidenpflanzung ihnen unsichtbar gemacht, den ganzen Tag draußen liegen bleibt und allabendlich in der Dämmerung abgelöst wird, während der andere, um diese Zeit abgelöst, im Morgengrauen wieder zurückgeht. Namentlich der erstere, der die Russen am Übergang durch eine Furt hindern soll, ist natürlich eine sehr exponierte Stellung und erfordert schon kräftige Herren. Mir war doch nicht ganz gleichgültig zu Mute, als ich vorgestern Abend durch das dauernd von den Russen unter Feuer gehaltene Vorgelände hindurch - sie schießen wie die Franzosen, um uns zu beunruhigen, auch wenn sie nichts sehen - eine Zeit

lang bei ihm sondierte. An Liebesgaben erbitte ich mir in erster Linie die hier sehr raren Talglichte zum Beleuchten der Unterstände, ferner Handtücher, die Du mir nicht mitgegeben hattest. Schick mir doch auch ein vollständiges Besteck - die Kompagnie hat kein´s mehr übrig, und ich muß mit Pauls sonst im Stiefelschafte steckenden Messer essen -, mein kleines schwarzes Notizbuch und die ganze Korrespondenz, die ich nach Jüterbog erhielt, und sei von Deinem Mann geküßt.

109. Gawlow	Polnischer Ort an der Bzura, 2 km nördlich von Sochaczew, 17 km südlich der Mündung der Bzura in die Weichsel und 50 km westlich von Warschau. Hier fiel Otto Wolfien am 9.4.1915.
110. Bzura	Nebenfluß der Weichsel (166 km lang), der durch Lowicz und Sochaczek fließt und 50 km westlich von Warschau bei Wyszogrod in die Weichsel mündet.
111. Sochaczew	Heute 39.000 Einwohner zählende Stadt an der Bzura, die 1138 erstmals urkundlich erwähnt wurde. Sie fiel 1795 im Zuge der 3. Polnischen Teilung an Preußen, wurde 1807 Teil des Herzogtums Warschau und 1815 Kongreßpolens. 1914 und 1915 Zentrum erbitterter Stellungskriege der Deutschen und Russen.
112. Spanische Reiter	1,5 m lange, X-förmig zusammen gebundene und angespitzte Stangen, die – damit man nicht durch sie durch kriechen konnte – durch 6 m lange Querstangen verbunden wurden. Platziert u.a. vor Schützengräben als Hindernis für den angreifenden Gegner.
113. Flatterminen Minen	Der Begriff „Mine" leitet sich von „Stollen" ab, die man unter feindliche Befestigungen grub, um die Mauern zum Einsturz zu bringen. Die „Minen" trieb man zunächst - stabil durch Holzgerüste abgestützt – unter die Festung vor, anschließend wurde leicht brennbares Material eingebracht und angezündet. Sobald die tragenden Elemente weg gebrannt waren, stürzte der darüberliegende Festungsteil ein. Durch Benutzung von Schießpulver wurden diese Stollen noch wirksamer. Seit dem 16. Jahrhundert waren Flatterminen (auch Fladderminen) bekannt, welche als Annäherungshindernis im Erdreich eingesenkt wurden und die man per Zündschnur explodieren ließ, wenn der Angreifer über sie hinwegging. Die ersten „modernen" Minen (mit mechanischem Zünder, Sprengstoff und Splittermaterial) wurden im amerikanischen Bürgerkrieg 1862 eingesetzt, die ersten industriell hergestellten im Ersten Weltkrieg. Nach der Wirkungsweise unterscheidet man ua Sprengminen, Splitterminen, Richtminen und Springminen. Darüber hinaus gibt es Einteilungen nach Zündung, Verlegung, Aussehen, Material und Umfang der Zerstörung. In Meyers Konversationslexikon, 4. Auflage von 1885-1892, werden mit Flatterminen Minen bezeichnet, „die als Annäherungshindernis höchstens 20-30 cm tief eingesenkt werden, und die man springen läßt, wenn der Angreifer über sie hinweggeht."

38. Brief vom 23. März 1915 aus Schützengraben Gawlow / Polen

Absender *„ Leutnant Wolfien, 3. Reservekorps, 5. Division, 8. Reserve - Infanterie - Regiment, III. Bataillon, 10. Kompagnie"*, handschriftlich als Feldpostbrief an *„Frau Rechtsanwalt Wolfien, Hundisburg, Kreis Neuhaldensleben"* mit Rundstempel *„K.D.Feldpostexp., 5.Reserve-Div., 24.3.15. 7-8N"* sowie Querstempel *„S.B. 3.Bat.Res.In.R.8"*
(siehe Anhang: Landkarte 14 auf Seite 150)

Meine liebe kleine Maus!

Allzuviel hatte sich bei der Kompagnie in der Zwischenzeit ja nicht verändert. Feldwebel Bick regierte noch immer und auch Wilhelm war noch da; nur daß er sich statt im Spitzbart englisch geschnitten präsentierte. Rührend war das Wiedersehen zwischen ihm und Fips. Zunächst erkannte ihn Fips unter den vielen andern Soldaten - es war gerade beim Antreten zum Dienst - nicht heraus; auch als Wilhelm ihn lockte, reagierte er noch ziemlich sauer; erst als er die Wilhelmschen Hosenbeine roch, verklärte sich sein Gesicht und nun brach er allerdings in ein förmliches Jubelgeheul aus, wie er es selbst bei dem ersten Zusammentreffen mit mir nicht fertig gebracht hatte. Meine Kompagnie kam am 15. März gerade aus dem Schützengraben zurück, um für 2 Tage in Reservestellung zu gehen. Wir lösen uns mit der 11. ab. Immer abwechselnd 2 Tage ist eine Kompagnie vorn im Graben, während die andere in Reserve liegt. Unter Zuhilfenahme Deines rechnerischen Talents wirst Du Dir danach mit Leichtigkeit ausrechnen können, wann ich jeweils in vorderer Linie liege. Unser Graben hat jetzt unter der Ungunst der Jahreszeit zu leiden. Nicht als ob wir hier in den 8 Tagen meiner Anwesenheit besonders schlechtes Wetter gehabt hätten. Im Gegenteil. Zwar ist es durchweg windig gewesen, teilweise sogar recht stürmisch. Aber es war Frühlingswind, der Regen nur am ersten Tage und später höchstens vereinzelte meist Schneeschauer mit sich brachte, dabei die Wolken vor sich herschob und die Erde von der Winternässe zu befreien suchte. Heute ist es sogar ganz windstill und frühlingsmäßig lau und die Lerchen singen allenthalben in den Kanonendonner und die Infanterieschüsse hinein. Just das richtige Osterwetter und man meint die Veilchen zu riechen. Aber davon kann hier doch noch keine Rede sein. Nicht eine Knospe, auch nicht eine einzige ist an Baum und Strauch bisher zu spüren. Nachts ist es meist noch empfindlich kalt und ich schätze, daß wir hier doch mindestens 2 Wochen später grün werden wie Ihr. Dieser Wechsel zwischen Tau und Frost macht sich nun in meinem Schützengraben unangenehm bemerkbar. Soweit wir sanddurchwachsenen Boden haben - was in einem Teile der Fall ist - geht's ja. Größtenteils aber besteht der Untergrund aus Lehm; und auf diesem hat sich infolge seiner Undurchlässigkeit eine mehr oder weniger hohe Wasserschicht angesammelt. Ich lasse nun schon mit 2 Pumpen, die mir das Bataillon gestellt hat, arbeiten, aber es schafft nicht allzuviel; und wo wir das Wasser wegkriegen, tritt an seine Stelle später Morast, der noch viel schlimmer ist und dem Dreck der Feldwege unserer Börde um diese Jahreszeit verflucht ähnelt wie ein Zwilling dem andern. Hätte ich nur die Heiseschen Stiefel, so könnte ich jeden Tag 2-17 Paar neue Strümpfe anziehen; aber meine belgischen Schnürschuhe halten dicht, ganz anders als Meister Heises deutsches Fabrikat. Zu dem Schmutz kommt hinzu, daß die frostfrei werdenden Vorder- und Hinterwände abzubröckeln beginnen; und nur mühsam läßt sich dem allen mit Knüppeldämmen und Faschinen **(114)** - (Strauchwerk-) Versteifung steuern. Meine Leute haben jedenfalls, soweit sie nicht schießen, den ganzen Tag mit Erdarbeiten vollauf zu tun. Dafür haben sie es aber auch nachts, soweit sie nicht Posten haben oder Patrouille gehen, in ihren Unterständen recht gemütlich. Die letzteren haben hier mit viel mehr Erfahrung, bei den ausgedehnten Waldungen mit viel besserem Material und bei dem verhältnismäßig schwachen Feuern der Russen mit viel mehr Ruhe als in Belgien angelegt werden können und sind deshalb auch ausnahmslos viel besser geraten **(115)**. Aus starken Kiefern- oder Birkenstämmen erbaut sind sie alle reichlich mit Stroh und einem Ofen versehen; und die Leute liegen, wenn es nicht sehr kalt ist oder der Wind sehr auf den Eingang drückt, förmlich warm. Leicht gefroren, aber auch nicht übermäßig, habe ich bisher nur in den kältesten und zugigsten Nächten. Um nicht der feindlichen Artillerie ein gutes Ziel zu bieten, sind die Unterkünfte vollständig in die Erde eingebaut. Ihre Decke liegt sogar noch etwa einen halben Meter unter der Erdoberfläche, damit wenigstens Schrapnellkugeln nicht durchschlagen können. Um sie gegen den Einschlag von Granaten zu sichern, hätte man natürlich noch tiefer gehen müssen. Mit Rücksicht aber auf die Schwierigkeit der dann erforderlichen Erdarbeit einerseits, das geringe Schießen der russischen Artillerie andrerseits hat man davon Abstand genommen. Tatsächlich ist, soviel ich habe in Erfahrung bringen können, bisher erst einmal hier eine Granate in Unterstände des Bataillons hineingegangen. Zufällig aber war niemand drin, sie hat sich also mit dem Demolieren der Sachen begnügen müssen. Wo irgend angängig, haben die Unterstände ein Fenster und eine Tür; nur selten ist der Abschluß nach außen in primitiver Form durch eine Zeltbahn hergestellt. Tische und Bänke sind zerstörten Häusern entnommen oder in roher Aufmachung selbst gefertigt. An den Wänden sind die Fugen mit Lehm verstrichen; und die Wände im Interesse der größeren Warmhaltung mit Stroh bekleidet und zur Hebung des Kunstsinns mit Bildern aus illustrierten Zeitschriften geschmückt. Kurz: Denke Dir ein einzimmriges Blockhaus in den Erdboden eingelassen und Du hast einen Unterstand. Nur kannst Du Dich in den allermeisten dieser Blockhäuser gerade eben hinknien und Du stößt bereits mit dem Kopf an die Decke. Bloß da, wo ein Vornehmerer wohnt - der Zugführer oder gar der Kompagniechef - hat man höher gebaut. Ich persönlich bewohne sogar mit einem meiner Zugführer und unsern beiden Burschen innerhalb des Schützengrabens nicht einen Unterstand, sondern das noch leidlich erhaltene und vor allem mit einem Kachelofen versehene Zimmer eines Hauses, durch welches der Graben hindurchführt. Zwar fliegen durch die aus nur mit Brettern mit leichtem Kalkverputz bestehenden Wände nicht gerade selten Infanteriegeschosse - wir haben jetzt wohl reichlich 50 auf diese Weise entstandene Löcher in der Wand -, aber das stört das allgemeine Behagen wenig. Vielfach sind die Geschosse, die vorher noch eine feindwärts gelegene Scheune passieren müssen, so matt, daß sie bei uns im Zimmer bleiben. Wunderbar ist nur, daß bisher die russische Artillerie noch nicht auf Scheune und Haus trotz aller Zeichen des Bewohntseins wie häufiger Verkehr aus der Tür, Lage unmittelbar in unserm Graben, aufsteigender Rauch hingefunkt hat. Aber es ist ja noch nicht aller Tage abend; vielleicht kriegen wir nächstens doch noch ein paar Granaten in die Bude, vor denen wir ausrücken müssen. Wenn Du mir gelegentlich einer Liebesgabensendung mal Meldekarten und Umschläge mitschicktest - in jeder Briefhandlung, sicher in jeder größeren zu beziehen, ich brauche sie notwendig, habe aber keine mehr - wäre ich Dir sehr dankbar. Inzwischen grüßt die Anverwandten und küßt Dich und die Kindlein

Dein Mann.

---

114. Faschinen	Reisig- oder Strauchbündel von etwa 2,50 m Länge, die das Rutschen von Erdmassen überwiegend in Hangbereichen verhindern sollen.
115. Schützengräben Grabenkrieg	Als Grabenkrieg bezeichnet man eine Form des Stellungskrieges, bei dem die Fronten aus einem System von Schützengräben bestehen. Zu solchen Grabenkämpfen im großen Stil kam es erstmals 1854 im Krimkrieg, wo der Einsatz dieser Verteidigungsidee auf den russischen Ingenieuroffizier Franz Totleben zurück ging. Danach wurde 1861-1865 im Amerikanischen Bürgerkrieg sowie 1904-1905 im Russisch-Japanischen Krieg in Schützengräben gekämpft. Ihren unrühmlichen Höhepunkt aber erreichten die Grabenkriege im Ersten Weltkrieg, wo in den Kämpfen vor Verdun und in Flandern Millionen Soldaten ihr Leben ließen. Das Grabensystem der Westfront erstreckte sich von der Schweiz bis zur Nordsee. Gräben wurden niemals gerade gebaut, sondern immer in einem sägezahnartigen Muster, welches den Graben in Buchten einteilte, die durch Quergräben (Traversen) verbunden waren. Ein Soldat konnte nie mehr als maximal 10 Meter den Graben entlang sehen. Dadurch konnte, wenn ein Teil des Grabens durch Feinde besetzt war, nicht der gesamte Graben unter Feuer genommen werden. Die Gräben besaßen für kniende Schützen eine Anschlaghöhe von 90 cm und eine Sohlenbreite von 130 cm, für stehende Schützen betrug die Anschlaghöhe 140 cm, die Sohlenbreite 100 cm. Hinzu kam eine Brustwehr (aufgeschütteter Erdwall vor den Gräben) von 40-60 cm Höhe als zusätzlicher Feuerschutz und als Auflage für Gewehre, so daß die Gesamttiefe der Gräben zwischen 140-200 cm betrug. Gegen Gewehrfeuer musste die Brustwehr eine Breite, bzw Stärke von 0,75 m, gegen Schrapnellstücke von bis zu 1 m und gegen Feldgranaten von 3-4 m aufweisen. Die Schützen lagen nebeneinander mit einem Abstand von etwa einem Meter. Meistens wurden drei parallel verlaufende Schützengrabenlinien (im Abstand von bis zu 1 km) für die Fälle eingerichtet, dass der Feind in den ersten Graben eindrang und man gezwungen wurde, in den zweiten, ggf auch dritten Graben zurück zu weichen. Verbunden waren die drei Gräben durch Quergräben. Die Deutschen verstärkten ihr Grabensystem zusätzlich durch tiefe Betonbunker und feste, überdachte Stellungen an wichtigen Frontbereichen. Vor den Schützengräben platzierte man darüber hinaus als Hindernis für angreifende Truppen durch Stacheldraht verstärkte Spanische Reiter (s. Anm. 112, S. 103) und gestapelte Sandsäcke. Vorgänger der Schützengräben waren die Sappen (s. Anm. 64, S. 67).

39. Brief vom 26. März 1915 aus Sägemühle Gawlow / Polen

Absender „*Leutnant Wolfien, III. Reservekorps, 5. Division, 8. Reserve - Infanterie - Regiment, III. Bataillon, 10. Kompagnie*", handschriftlich als Feldpostbrief gezeichnet, an „*Frau Rechtsanwalt Wolfien, Hundisburg, Kreis Neuhaldensleben*" mit Rundstempel „*K.D.Feldpostexp., 5.Reserve-Div, 28.3.15.7-8N*"
sowie Querstempel „*S.B. 3.Bat.Res.In.R.8*"
(siehe Anhang: Landkarte 14 auf Seite 150)

Meine liebe, liebe Maus!

Heute regnet und schneit es mal wieder in buntem Durcheinander, gestern und vorgestern hatten wir das prächtigste Frühlingswetter. Es paßte famos: Wir haben gerade die letzten 3 Tage über in unserm Wäldchen aus Kiefern, Birken und Erlen als Bataillonsreserve gelegen. Nach einem neuerlichen Regimentsbefehle lösen wir uns nämlich jetzt statt alle 2 nur alle 3 Tage ab. So ist's auch besser: Den Russen gegenüber hält man es schon 3 Tage hinter einander im Schützengraben aus, und die folgenden 3 Tage Ruhe bringen wenigstens eine wirkliche Erholung. Nun brauchst Du freilich nicht zu denken, daß wir während dieser Ruhezeit egal auf dem Rücken liegen und faul in die Sonne blinzeln. Des Dienstes ewig gleich gestellte Uhr zieht vielmehr der Herr Oberst auch für diese Tage pünktlich auf. Abends so um 7 herum, wenn die Dämmerung so weit gesunken ist, daß wir nicht mehr die Russen und die nicht mehr uns erkennen können, löst uns die 11. Kompagnie aus dem Schützengraben ab. Der Heimweg ist nicht ungefährlich, und manch einer hat sich schon auf ihm seinen Schuß geholt. Einmal ist nämlich der Annäherungsgraben zum Schützengraben, den wir benutzen müssen, ziemlich flach und deckt stellenweise bloß die Hüfthöhe; dann können ihn die Russen aus einem ganzstöckigen Hause jenseits der Bzura sehr schön bestreichen und tun das vornehmlich abends und morgens - das Haus hat unsere Artillerie bisher noch nicht niederzulegen vermocht -; endlich ist der Graben stellenweise derartig morastig, daß alle viel lieber das freie Feld zum Zurückgehen benutzen. Dort pfeift's meist nicht schlecht; aber Du mußt ja bedenken, daß alle Treffer um diese Zeit der Dunkelheit eben nur Zufallstreffer sein können und vor denen ist man bekanntlich niemals sicher. Ein echt mohammedanischer Fatalismus hat sich unserer Leute im Laufe der Zeit bemächtigt. Wie oft habe ich nun Äußerungen gehört: „Herr Leutnant! Die Kugel, die einen treffen soll, trifft einen doch." Im Wäldchen erwartet uns bereits die Feldküche. Vierspännig ist sie von dem etwa ½ Stunde rückwärts gelegenen Adamova Gora, d.h. Adamsberg, durch Dreck und Schlamm der russischen Feldwege herangekrochen. Meine sämtlichen Pferde sehen direkt schreckhaft aus. Allein die Liese, mein zweites Reitpferd, die braune belgische Stute, scheint's wenig anzufechten. Die andern alle, insbesondere auch der Rappe, sind klappedürr, sodaß man ihnen die Rippen einzeln abzählen kann. Das waren doch im Westen andere Zeiten! Sie stehen aber auch in einem vollständig aus Stroh hergestellten und schon halb wieder verfallenen polnischen Viehstall, durch den Wind und Wetter nach allen Ecken und Kanten hindurchziehen, haben keine ordentliche Streu; denn Stroh ist in weitem Umkreise kaum noch aufzutreiben; und vor al-

April 1915 - Ostfront bei Gawlow a. d. Bzura
Lt. d. Res. Otto Wolfien mit seinem Hund Fips

lem kein ordentliches Futter. Auch wir haben uns, wenn auch nicht so stark wie Ihr in Deutschland, so doch auf 6 Pfund Hafer pro Pferd und Tag reduziert, und auch diese Zahl steht noch häufig genug mangels genügender Vorräte lediglich auf dem Papiere. Ebenso essen sie hier schon seit Dezember Kriegsbrot. In Adamova Gora bei der Bagage sitzt auch den Tag über der Feldwebel und erledigt von dort aus die schriftlichen Arbeiten. Allabendlich mit der Feldküche kommt er nach vorn, hat mir Bericht zu erstatten und die abzufertigenden Meldungen vorzulegen. Wenn wir im Schützengraben sind, kann die Küche natürlich nicht bis zu uns heranfahren; sie würde sonst ihre Pferde riskieren. Deshalb bleibt sie auch dann im Wäldchen an der Sägemühle halten und das Essen wird durch die sog. Essenholer, von jeder Gruppe ein Mann, in Kochgeschirren nach vorn geholt. Was es nun zu essen gibt? Irgendeine Suppe mit Kartoffeln und Fleisch darin. Braten läßt sich auf der lediglich aus einem großen heizbaren Kessel bestehenden Küche nicht herrichten. Dagegen läßt sich auf ihr in einem besonderen kleineren Kessel gleichzeitig mit dem Essen irgend ein Getränk - Kaffee, Kakao, Tee; letzterer namentlich mit einem Schuß Rum oder Brantwein bei der heurigen Jahreszeit sehr beliebt - leicht bereiten. Meist gibt es - ist aber wenig beliebt - die von Dir so hochgeschätzte Reissuppe; dann folgen der Häufigkeit nach Erbsen- sehr beliebt-, Graupen-, Kartoffeln-, Bohnensuppe, Brühkartoffeln. Linsen haben wir merkwürdiger Weise noch garnicht empfangen. Wenn Du unsere Reissuppe häufiger kriegtest, würdest Du sie wahrscheinlich auch etwas weniger gern essen. Ich kann sie jedenfalls nicht riechen. Auch Milchreis - ganz unbeliebt - und Wellfleisch mit Sauerkraut - hochbeliebt - haben wir schon in Belgien gefertigt. An Fleisch hat es, solange ich jetzt wieder hier bin, lediglich Rindfleisch und Speck gegeben, kein Schweinefleisch. Speck empfängt der Herr Verpflegungsoffizier von der Intendantur; Schweine scheint er in der Umgebung nicht mehr auftreiben zu können. Außerdem sind die Fleischportionen kleiner geworden wie in den glücklichen fetten Zeiten zu Anfang des Feldzuges. Wir Offiziere - neben mir v. Bockelmann und der heute zum Leutnant beförderte Offiziersstellvertreter Ellgaß, ein im Dezember zur Kompagnie gekommener 42-jähriger, etwas sehr redseliger und viel von sich erzählender Berliner Großkaufmann - essen aus der Kompagnieküche nur mit, wenn´s uns paßt. Wir lassen uns regelmäßig irgend ein Stück Fleisch, Leber oder Zunge abschneiden und alter Tradition getreu gemeinsam von unsern Burschen braten, von denen sich namentlich der Elgaßsche vorzüglich auf das Metier versteht. Heute gibt´s bei uns Gulasch. Mein Paul ist zu dumm dazu. Überhaupt bin ich mit ihm lange nicht so zufrieden wie mit Wilhelm. Letzterem hatte ich die Wahl gestellt, ob er wieder mein Bursche werden oder in der Kompagnie bleiben wollte, wo er auf der Liste der Unteroffiziersaspiranten steht. Er hat nach langem Schwanken das Letztere gewählt, was ich ihm nicht verdenken kann. Meinen Pelz hatte er noch nicht zurückgeschickt. Diesen sowie ein Paket, das gleich bei der großen Bagage geblieben ist, das ich infolgedessen noch nicht gesehen habe, das aber nach Pauls Angabe 4 Hemden, 5 Paar Stümpfe und Schreibpapier enthalten hat, habe ich also vorgefunden; sonst nichts. Der Pelz sieht wunderschön aus und ist recht warm. Ich habe ihn die ganze Zeit über mit Ausnahme der letzten warmen Frühlingstage getragen. Leider hat er sich neulich auf Patrouille nachts an einem Drahthindernis einen tüchtigen Schmiß geholt, doch ist glücklicher Weise nur die Außenseite, nicht der eigentliche Pelz verletzt. Zum Schlafen ziehe ich meist den unhandlichen Rock mit seinem hohen Kragen aus und statt dessen den bequemen Pelz über. Aus der Hose bin ich seit unserm Abschiede in Frankfurt noch nicht herausgekommen, und habe gute Aussicht, auch den Rest des Jahres ohne Unterbrechung in ihr zu verleben. Dir und allen Anverwandten recht fröhliche Ostern! An Putti und Wolfien schreibe ich gesondert. Und 1000 Küsse von

Deinem Mann.

40. Brief vom 30. März 1915 aus Gawlow / Polen
Absender *„Leutnant Wolfien, III. Reservekorps, 5. Division, 8. Reserve - Infanterie - Regiment, III. Bataillon, 10. Compagnie"*, handschriftlich als Feldpostbrief gezeichnet, an *„Frau Rechtsanwalt Wolfien, Hundisburg, Kreis Neuhaldensleben"* mit Rundstempel *„K.D.Feldpostexp., 5.Reserve-Div, 31.3.15.7-8N"*
sowie Querstempel *„S.B. 3.Bat.Res.In.R.8"*
(siehe Anhang: Landkarte 14 auf Seite 150)

Liebe lüttge Maus!
Wir haben noch immer prächtiges Vorfrühlingswetter. Nachts Frost, von gestern zu heute sogar solche Kälte, daß wir selbst im Unterstande gefroren haben; tags über Wolken und Sonnenschein. Mit Interesse habe ich Berliner Zeitungen entnommen, daß es bei Euch in Mitteldeutschland nämlich mal wieder geschneit haben soll. Davon hier keine Spur. Von Veilchen und Himmelsschlüssel merkt man allerdings auch noch nichts, trotzdem wir Osterwoche haben. Nur die Weiden, die Haseln und Erlen blühen in ungeahnter Fülle, und die Lerchen, die Amseln und Finken singen unermüdlich über und in unserm bachdurchrieselten Wäldchen ihr Lied. Von der Front nicht viel Neues. In der Nacht von Sonnabend zu Palmarum haben wir einen Feuerüberfall auf die russischen Stellungen gemacht. Es hieß: sie hätten auch einen großen Teil ihrer Infanterie aus hiesiger Gegend an die Flügel weggezogen und wir wollten feststellen, wieviel sie eigentlich noch waren. Sie antworteten aber unvermutet kräftig. Es war das übliche schöne Bild des Nachtgefechts mit zischenden Infanteriegeschossen und platzenden Schrapnells. Soviel dürften wir jedenfalls ermittelt haben, daß wir mit unsern dünnen lückenhaften Linien die viel dichteren der Russen hier nicht angreifen können. Am Sonntag löste dann drüben der „gute" Feind den „bösen" ab. Wir haben nämlich einen guten und einen bösen Feind. Ersterer schießt fast garnicht, letzterer zwar nicht so stark wie sein französischer Bundesbruder, aber doch immerhin für russische Verhältnisse wild genug. Der gute Feind versuchte sofort mit uns anzubändeln. Er warf nach Gawlow an die Stellen, wo wir ihm dicht gegenüber lagen, Zettel hinein: wir sollten nicht schießen, dann würden sie auch nicht schießen. Das Ansinnen mußten wir allerdings und haben es mit Rücksicht auf die höhererseits gegebenen Befehle über Verbrüderungen im Schützengraben abgelehnt. Tatsächlich haben wir auch wie zuvor geschossen. Gleichwohl blieben die Russen der gute Feind und so konnte ich am Montag Morgen meine Frühpromenade zwecks Besichtigung des etwa 300 m nach rechts abzweigenden ersten Zuges der Kompagnie um 9 Uhr, also am hellichten Tage, statt in dem wassergefüllten und schlammigen Verbindungsgraben auf dem Feldwege Gawlow - Zukow 50 m hinter unserer Front entlang aufrecht in voller Positur machen, ohne überhaupt einen Schuß zu erhalten. Ein in Belgien und Frankreich absolut undenkbares Bild! Am Montag Nachmittag fing dann allerdings ganz überraschender Weise die Artillerie des guten Feindes an, ungemütlich zu werden und uns mit Schrapnells und Granaten selbst schweren Kalibers zu bewerfen - freilich, ohne uns irgendeinen Schaden zu tun. In der letzten Nacht soll schließlich sogar die Infanterie Laufstege über die Bzura geschlagen und einen verunglückten Angriff gegen Regiment 48 versucht haben. Wir wurden in Alarmbereitschaft gehalten, ohne jedoch weiter einzugreifen. Was nur in den

guten Feind gefahren sein mag? Auch heute morgen schießt er schon mit Granaten in unsere Reservestellung. Ob ihm vielleicht die Einnahme von Przemysl
(116) den Kopf verdreht hat? O diese Österreicher! Weiter Besonderes ist nicht
vorgefallen und so fahre ich mit der schon in meinem letzten Briefe begonnenen
Beschreibung unseres Lagerlebens fort. Mit der Abspeisung durch die Feldküche
ist die Tagesarbeit keineswegs erledigt. Oder wie Du willst: diese ist erledigt und
es beginnt die Nachtarbeit, das Schanzen am Annäherungsgraben, wo sich am
Tage selbst der gutmütigste Feind eine größere Menschenansammlung nicht
gefallen lassen würde. Regelmäßig von 8-10 Uhr abends wird hieran gearbeitet;
und wenn die drüben etwas merken, sind wir doch - wenigstens unter dem Re-
gime des bösen Feindes, - schon derartig beschossen worden, daß wir uns alle
glatt im Graben hinlegen mußten. Nach getaner Arbeit geht's in das Erddorf
heim zur Nachtruhe. Unser Dorf besteht jetzt aus 54 Hütten. In No 31, am einen
Ende der Niederlassung, schlafe ich mit Bockelmann und Elgaß zusammen.
Wenn wir morgens erwachen, bietet sich uns die wunderschöne Aussicht auf den
großen „Drunnplatz", der Appell- und sonstigen Versammlungszwecken dient.
Aufgestanden wird bei dem durchweg guten Wetter so zwischen 6 und 7, trotzdem ich den Dienst regelmäßig nicht vor 9 beginnen lasse. Am ersten Tage des
Lebens in Reserve ist um 9 Antreten zum Baden und Entlausen. Alle 6 Tage also
badet jede Kompagnie. So ist's wenigstens für die Zukunft bei der neu einge-
führten dreitägigen Ablösung vorgesehen - eine Einrichtung, der Du gewiß dein
Lob nicht versagen wirst, wenn Du bedenkst, dass ich während des ganzen
Aufenthaltes in Belgien nur ein einziges Mal in Hasselt am 24. August Gelegenheit zum Baden hatte. Als Badestube sind Räume der Zuckerfabrik in Mlodzieszyn hergerichtet. Die Mannschaften können dort je nach Geschmack eine
kalte, warme oder lauwarme Brause über sich ergehen lassen, die Unteroffiziere
ein Wannenbad genießen und die Offiziere das letztere sogar in 2 geschlossenen
Räumen mit den pompösen Titeln „Fürstenbad" und „Kaiserbad". Ich bezweifle
freilich wirklich, daß Fürsten und Kaiser derartig primitiv zu Hause baden, aber
auf den Namen kommt's ja schließlich auch nicht an. Bevor die Leute ins Bad
gehen, werden sie alle splitterfasernackt einer hochnotpeinlichen Untersuchung
durch einen Arzt auf Läuse unterzogen und sauber in 3 Haufen gesondert: solche, die sicher keine haben; solche, die verdächtig sind und solche, die sicher
welche haben. Die ersteren dürfen sogleich baden, die zweifelhaften ebenfalls,
nachdem ihre Hemden - die Läuse gehen nur an Rücken und Brust - einer noch-
maligen ergebnislosen Okularinspektion durch besonders hierauf vereidigte
Sanitätssoldaten unterworfen sind. Bei welchem Manne aber Läuse gefunden
werden, der ist von der Gemeinschaft der Reinen und damit auch dem gemein-
samen Bade einen Tag lang ausgeschlossen. Er muß in Mlodzieszyn die Nacht
über bleiben, während die andern mit frohem Gesange heimkehren; er wird
gesondert gewaschen und geschruppt und seine Kleider werden gründlich aus-
gekocht. Mit arg zusammengeschrumpeltem Rock - gebügelt wird natürlich nach
dem Kochen nicht - kehrt er am nächsten Tage zurück. Voriges Mal hatte ich 16
und beim heutigen Baden 17 solche Lausejungens in der Kompagnie. Auch
Wilhelm hatte sie voriges Mal, und selbst der Herr Brigadeadjudant hat sie wie
viele andere Offiziere schon gehabt. Mich haben sie bislang- unberufen - ver-
schont; ich ströme aber auch Tag und Nacht eine förmliche Wolke von Deinem

Anis aus. Bitte den Vorrat gelegentlich durch Liebesgabe aufzufrischen und gleichzeitig eine Kleiderbürste und Seife für die Wäsche beizufügen! 250 Mark sandte ich durch Postanweisung Mitte März an Dich ab. 300 lasse ich folgen, die ich gleich der Mitteldeutschen überweise. Außerdem erhältst Du als Familienzahlung vom 1. April ab allmonatlich weitere 250 Mark. Nun grüße alle recht schön - es ist 11 Uhr abends - und sei mit den Kindern tausendmal geküßt von

Deinem Mann

---

116. Przemysl   Stadt und Festung im Süden Galiziens an der Grenze zur heutigen Ukraine, urkundlich erstmals 981 erwähnt. Zu Zeiten der österreichischen Monarchie gehörte Przemysl zum Kronland Galizien. Während der russischen Offensive in Galizien 1914 unterlag Österreich den Russen in der Schlacht von Lemberg am 13.9.1914. Dadurch verschob sich die Front 100 km weiter westwärts. Die Festung Przemyśl war der einzige österreichische Stützpunkt, der dem russischen Vormarsch standhielt und geriet dadurch am 20. September komplett hinter die russischen Linien. Die Russen hingegen waren nach ihrem Sieg bei Lemberg in der Lage, das deutsche Industriegebiet Schlesien zu bedrohen, sobald Przemyśl im Frontrücken ausgeschaltet werden würde. Deshalb war die Verteidigung der Festung sowohl für die Österreicher als auch für die Deutschen von großer Bedeutung. Am 24. September begann der Angriff auf die Festung durch die Russen. Drei Tage lang stürmten die Russen die Festung ohne Erfolg und verloren dabei 40.000 Mann. Am 11. Oktober zogen die Russen ab, um nach Hindenburgs Niederlage in der Schlacht an der Weichsel ab 9.11.1914 die Belagerung wieder aufzunehmen. Am 13. März überrannten die Russen die nördlichen Verteidigungslinien. Die noch aus 110.000 Soldaten bestehende österreichische Garnison kapitulierte am 22. März 1915 und ging nach insgesamt 194 Tagen Belagerung in russische Gefangenschaft. Mit ihnen 9 Generäle und 2300 Offiziere. Die Belagerung von Przemysl war die größte Belagerung des Ersten Weltkriegs, die Niederlage ein schwerer Schlag für die gesamte österreichische Moral. Przemysl wurde am 3.6. 1915 mit Hilfe deutscher Truppen zurück erobert.

41. Brief vom 2. April 1915, Karfreitag, aus Gawlow / Polen

Absender *„Leutnant Wolfien, III. Reservekorps, 5. Division, 8. Reserve - Infan-*
terie - Regiment, III. Bataillon, 10. Compagnie", handschriftlich als Feldpostbrief gezeichnet, an *„Frau Rechtsanwalt Wolfien, Hundisburg, Kreis Neuhal-*
densleben" mit Rundstempel *„K.D.Feldpostexp., 5.Reserve-Div, -5.4.15.7-8N"*
sowie Querstempel *„S.B. 3.Bat.Res.In.R.8"*
(siehe Anhang: Landkarte 14 auf Seite 150)

Meine liebe Maus!
Heute ist´s ganz ruhig drüben. Wir haben offenbar schon nicht mehr den guten
bloß, sondern den sehr guten Feind gegenüber. Oder ob sie wissen, daß wir jetzt
Feiertage haben? Vielleicht rechnen sie auf Gegenseitigkeit zum bevorstehenden
russischen Osterfest, das sie ja doch viel feierlicher begehen als wir. Selbst der
„Fleißige Max" scheint das Feuerrohr mit Veilchen umwunden zu haben. So
nennen meine Leute einen ganz besonders schießfertigen Sibirier, der pünkt-
lichst abknallt, sobald sich vor unserm Hause auch nur eine Helmspitze zeigt.
Bloß ihre schwere Artillerie funkt hin und wieder mal mit vielen Blindgängern
und wenig platzenden Geschossen rechts von uns in den Park von Gawlow
hinein und stört dort den guten Papa Daum bei seinem Morgenspaziergange.
Sonst ist alles wirkliche Festtagsstimmung. Die Sonne bricht gerade jetzt aus den
Wolken hervor; und wenn ich heute Nachmittag meinen schwarzen Kaffee mit
kondensierter Milch versüße, kann ich vorraussichtlich in aller Ruhe daran denken, wie ich bei gemäßigterem Gang der Weltgeschichte statt in Polen in Emden
am Finkenbusch sitzen und dem Klang der Kirchenglocken lauschen würde.
Wahrscheinlich dauert die Friedensstimmung hier auch noch einige Zeit an. Bei
der Armee in Nordpolen und auch der 6. Division links von uns sollen nämlich
in letzter Zeit zahlreiche russische Überläufer selbst aus den sibirischen Schüt-
zenregimentern mit der Erklärung erschienen sein, sie hätten die Sache nunmehr
dicke und machten nicht weiter mit. Vereinzelte haben wir gleichfalls gehabt;
und vielleicht ist gerade die mangelnde Schußlust weniger aus der Osterstim-
mung heraus als aus dem Kriegsüberdruß zu erklären. Zum Feststehen bei der
Fahne auch in schwerer Zeit fehlt dem Slawen das Ehrgefühl. Siehe die vielen
Gefangenen, die wir ihnen schon abgenommen haben und noch immer abneh-
men. Jedenfalls aber ist mit Rücksicht auf diese zahlreichen Überläufer das seit
einem Vierteljahre bestehende Verbot der Schützengrabenbrüderschaften seit
gestern aufgehoben. Man will es mal wieder auf friedliche Weise versuchen, und
unsere Posten haben sich schon gestern abend mit den wasserholenden Russen
an der Bzura unterhalten. Ich selbst bin gestern Nacht bei hellem Mondschein
mit Bockelmann - gesehen müssen uns ihre Wachen bei <u>der</u> Beleuchtung haben-
das ganze Bzurauer dicht von den russischen Stellungen abgelaufen, ohne einen
Schuß zu bekommen. Sonst hatten wir auf Patrouille doch immer ganz tüchtig
die Kugeln um uns zu pfeifen. Eben hat übrigens der „Fleißige Max" doch mal
wieder geschossen. Er kann sich wohl an den veränderten Betrieb noch nicht so
recht gewöhnen. Bis hierhin war ich mit meinem Briefe heute Vormittag gekommen, als Papa Daum erschien, um uns zu besuchen. Der fleißige Max hatte
ihn gemeint gehabt. Nachdem er uns unsere ganzen Rotweinliebesgaben ausge-
trunken und in der dadurch erzeugten Stimmung unsere Arbeiten zur Vervoll-

kommnung des Schützengrabens vorzüglich gefunden hatte, entschwand er wieder. Und nun zum Mittagessen erschien Bockelmann mit einer großen Überraschung. Er ist Menageoffizier der Kompagnie und das Essen und Trinken stehen unter seiner persönlichen Kontrolle. Erst Gründonnerstag hatte er uns mit einem prächtigen Hammelbraten überrascht; und nun rate, was er uns Charfreitag brachte. Einen richtig gehenden Hasenrücken, der herrlich schmeckte, trotzdem der dazu gehörige Hase erst am Vormittag geschossen und der Braten mit Butter statt Sahnetunke angerichtet war. Bockelmann erzählte, so um 9 herum sei plötzlich sein Bursche Losinski, ein biederer Pole besten Schlages mit allen guten Eigenschaften dieser Rasse, zu ihm in den Unterstand gestürzt gekommen und habe gemeldet: ein Hase sitze vor der Front und mache egal Männchen, ob er schießen dürfe. Bockelmann also raus wie der Blitz. Wahrhaftig: reichlich 100 m entfernt sitzt das Vieh immer noch und staunt über unsern Erdwall. Nun behauptet der Erzähler der Historie, er habe erst weidgerecht sich vergewissert, ob er einen Rammler oder eine Häsin als vis-á-vis habe. Nachdem das Nagetier ein Männchen gemacht, habe er sich für ersteres entschieden und nicht mehr gezaudert, Feuerkommando zu geben. Losinski hat auf die Entfernung gleich mit der ersten Kugel Treffer durchs linke Auge erzielt - wahrlich eine achtungswerte Leistung. Wie aber das Vieh in den Graben bringen? Nun, sie haben sich beide hingesetzt und den Russen ein paar Mal mit der Mütze gewunken. Dann ist Losinski vorgegangen und hat ohne einen Schuß von der Gegenseite seine Beute geholt. Schön, was? Wir sind in letzter Zeit auch wiederholt bis zu unserer Reservestellung - ganze 14 - 1500 m vom Feinde entfernt - geritten und haben dort die Pferde bewegt. Der Rappe ist in dem elenden zugigen Stall, in welchem sie den Winter über gestanden haben, total heruntergekommen. Er besteht fast nur noch aus Haut und Knochen und wenn Bockelmann, der hochaufgeschossene Junge, auf ihm sitzt, sehen sie beide genau wie das Boecklinsche „Schweigen im Walde" (117) aus. Wenn man dagegen die braune Liese sieht, lacht einem das Herz im Leibe. Was ist aus diesem in Belgien ohne Sporen kaum fort zu kriegenden schwerfälligen Vieh jetzt für ein leicht bewegliches munteres Frauenzimmerchen geworden. Wunderbar einfach bei <u>dem</u> Winteraufenthalte. Die einzige, der er gut bekommen ist. Ich ginge am liebsten immer garnicht wieder von ihr runter. Ostersonntag kommt die Kompagnie aus dem Schützengraben. Für Ostermontag habe ich keinen weiteren Dienst als um 11 Uhr Baden in Mlodzieszyn angesetzt. Da habe ich mir vorgenommen, inzwischen nach Möglichkeit den derzeitigen Aufenthalt des 46. Landwehrregiments feststellen zu lassen und wenn mir das gelingt, ganz früh am Morgen auszureiten, um meinen Freund Ludwig zu besuchen, und mit ihm die traditionelle Osterfeier zu begehen. Dann schreiben wir aber sicher an Rißmann. Durch die Mitteldeutsche ließ ich Dir inzwischen nicht bloß 300, sondern 600 M überweisen. Reicher Segen strömt jetzt auf mich herab. Aus Emden bekam ich heute die ersten 3 Pakete: eine Leber-, eine Bratwurst und ein Stück Butter. Von Dir bin ich noch immer ohne jede Nachricht. Weiter mit der Schilderung unseres Lebens in der Reservestellung: Am zweiten Tage mache ich stets einen bei dem augenblicklichen Wetter sehr vergnüglichen Übungsmarsch in die Umgebung mit vollem Gepäck zur Auffrischung der steifen Beine. Als Marschroute bleibt dabei freilich in allen Fällen nur der Weg rückwärts nach Westen über Adamova Gora, Ruski auf Ilow zu. Nach Osten würde ich ja geradewegs in den Feind hineinmarschieren; und Helenka im Norden sowie Altanka im Süden belegt der Gegner dauernd mit Geschossen seiner schweren Artillerie, sodaß sich auch dort höchstens einzelne Leute, aber nicht Kolonnen ungestraft zeigen können. In den Marsch eingeschoben wird stets ein Übungsgefecht; genau so, als ob wir tiefsten Frieden hätten. Am dritten Vormittage lasse ich gar stramm exerzieren. Zunächst kam mir dieser Friedensbetrieb etwas lächerlich vor. Doch bin ich allmählich anderer Meinung geworden. Bei den vielen nur oberflächlich ausgebildeten Rekruten und Ersatzreserven, die ich in der Kompagnie habe - 2/3 des Mannschaftsbestandes - ist es doch recht wertvoll, sooft man irgend kann, alle Leute einheitlich straff in die Hand zu nehmen, sie an das Zusammenarbeiten im Ganzen zu gewöhnen und dazu gehörig zu drillen oder - wie der terminus technicus des miles (118) vulgaris lautet - zu bimsen (119). Jeden Nachmittag ist zum Überfluß noch Appell, meist mit Gewehr, Seitengewehr, eiserner Portion oder Schuhzeug. Der Herr Oberst hat jetzt sogar alle Kompagnien - mich am Gründonnerstag - der Reihe nach besichtigt und eingehendst auch auf Exerzierdrill geprüft. Grüß Schwiegerpapa, - mama und Schwägerin und sei mit den Kindern tausendmal geküßt von

Deinem Mann.

---

117. Boecklin   Arnold Boecklin (1827-1901), Maler des berühmten Bildes „Das Schweigen im Walde"
118. bimsen   Umgangssprachlich für lernen, pauken, büffeln
119. Miles vulgaris   Lat: einfacher, gewöhnlicher (vulgaris) Soldat, Krieger (miles)

42. und letzter Brief vom 7. April 1915 aus Gawlow / Polen

Briefumschlag mit Absender wie Briefe 36 bis 40, handschriftlich als Feldpostbrief gezeichnet, an *„Frau Rechtsanwalt Wolfien, Hundisburg, Kreis Haldensleben"* mit Rundstempel *„K.D.Feldpostexp., 5.Reserve-Div, 9.4.15.7-8N"* sowie
Querstempel *„S.B. 3.Bat.Res.In.R.8"*. *„Hundisburg"* und *„Kreis Neuhaldensleben"* wurden durchgestrichen und durch *„Emden Kr. Neuhaldensl. 15/4"* ersetzt (wahrscheinlich durch irgendeine Dienststelle der Reichspost).
(siehe Anhang: Landkarte 14 auf Seite 150)

Meine liebe kleine Maus!
Jetzt habe ich nun endlich auch die ersten Pakete und Nachrichten von Euch. No
1-4 sind angekommen. Vielen Dank für alles, insbesondere Deinen Kindern und
der Schwiegermama für die Ostereier. No 1 und 2 trafen gerade Ostersonnabend
ein; und alles war wohlbehalten. Einen Gummi-Regenmantel könnte ich zum
Sommer schon gebrauchen. Groß bin ich 1,76 m. Meine Weite vermag ich Dir in
Ermangelung eines Zentimetermaßes leider nicht anzugeben. Ich glaube, sie
beträgt 1,05 m. Aber vielleicht mißt Du einmal einen meiner dort habenden
Zivilröcke nach. Der Privatpaketverkehr nach der Truppe ist seit 29. März frei-
gegeben. Ob freilich die Pakete praktisch direkt an den Adressaten oder nur auf
dem Umwege über die Etappe befördert werden können, vermag ich nicht zu
sagen. Charfreitag haben uns die Russen am Abend trotz der Tagessabbatstille
doch noch arg zu schaffen gemacht. Ich war gerade so um 9 herum mit Bockelmann bei unserm linken Unteroffizierposten hart an der Bruza dicht vor der
russischen Front, als beim rechten plötzlich dicht hintereinander 3 Handgranaten
explodierten, und gleich darauf heftiges Schreien offenbar von einem Getroffe-
nen. Deutsche Worte und laute Kommandorufe ertönten. Also allem Anschein
nach ein Überfall, dem auch das übliche Gewehrgeknatter von beiden Seiten
folgte. Wir nun natürlich mit unsern Bedeckungsmannschaften los auf den über-
fallenen Posten zu. Richtig: eine feindliche Patrouille von 6-8 Mann hatte ihn
von der Seite her zu überrumpeln gesucht. Sie war aber noch rechtzeitig entdeckt
worden, der Posten hatte gefeuert; und nun hatten die Russen, die bereits durch
die Drahthindernisse hindurchgelangt waren, ihren Trumpf ausgespielt: eben die
Handgranaten. Zwei waren zu weit gegangen, die dritte aber einem Mann dicht
am Kopfe geplatzt. Der war natürlich nur auf Gewehrschüsse gefaßt gewesen
und hatte aus Schreck über die plötzlich unerwartet unmittelbar neben ihm erfol-
gende Explosion laut aufgeschrien. Merkwürdigerweise hatte er keinerlei äußer-
liche Verletzung. Wahrscheinlich ist ihm allerdings das Trommelfell gerissen,
denn er hatte am nächsten Morgen Blut im Ohr und behauptete, auf der betref-
fenden Seite nichts hören zu können. Von den Schüssen des Postens waren die
Russen dann verscheucht worden. 2 Handgranaten - No 4 und 5 - hatten sie in
der Eile liegen lassen. Bockelmann und ich schnaubten vor Wut, daß wir 5 Minuten
zu spät kamen. Der Posten durfte seine Stellung nicht verlassen und den geflo-
henen Russen nachsetzen. Wir mit unserer Patrouille aber wären bei rechtzeiti-
ger Anwesenheit dazu imstande gewesen. So war in der stockdusteren Nacht
nichts mehr zu entdecken, trotzdem wir gleich Leuchtraketen werfen und auf
verabredetes Signal den Scheinwerfer aus unserer Hauptstellung spielen ließen.
Betrübt gingen wir nach Hause. Sonnabend Nacht legten wir uns dann beide als

gewissenhafte Leute mit 30 Mann Verstärkung, um ganz sicher zu gehen, auf dem rechten Unteroffizierposten an. Aber diesmal kamen überhaupt keine Russen. Betrübt und trotz Pelz durchgefroren gingen wir nach Hause. Der einzige, der kam, war der Landrichter und Leutnant der Reserve Thurmann aus Magdeburg mit einem Teile seiner Munitionskolonne. Diese Herrschaften werden in unserm Korps jetzt außer landwirtschaftlichen Arbeiten regelmäßig zur Unterstützung von uns Infanteristen beim Ausbau der vorderen Stellungen herangezogen. Sie haben 2-3 Stunden Anmarsch nach vorn und ebensoviel wieder nach hinten und arbeiten zwischendurch 2-3 Stunden bei uns an der Verstärkung der Annäherungsgräben. Da die Russen trotz ihrer blödsinnigen Ruhe Massenarbeit am Tage natürlich doch nicht dulden würden, erscheinen sie so um die Zeit der Dämmerung und fliegen so um 10 wieder heim. Thurmann nun, der durch Zufall erfahren hatte, daß meine Kompagnie vor ihm läge, hatte sich für seine Person mutig bis an die vorderste Linie getraut, und als er hier weiter erfuhr, daß ich auf dem Posten sei, unter Mitnahme der notwendigen Begleitpatrouille sogar noch darüber hinaus. Mit dem Bajonett in der Faust lauerten wir dann gemeinsam, ohne daß wir ihm leider das in Aussicht genommene Schauspiel bieten konnten. Es war - und ich habe oft daran denken müssen - der historische Rißmann-Abend. Unser Vater und Christel haben doch sicher gefeiert. Wo wohl Ludchen stecken mag? In meiner Nähe, wie ich jetzt festgestellt habe, nicht; wahrscheinlich noch bei Kielec **(120)**. Das V. Korps, welches hier bei uns liegt, ist das Korps Posen. Das 46. Landwehr-Regiment aber gehört zum Korps Thorn. Auch Ostersonnabend und Ostersonntag hatten wir prächtiges Wetter. Namentlich der Sonntag-Morgen war klar und warm. Das erste frische Grün beginnt sich jetzt auch bei uns zu zeigen. Und Sonntag Abend, um die Zeit, wo bei Euch die Osterfeuer geflammt haben, zogen wir wieder aus dem Schützengraben in unsere Reservestellung zurück und machten für 3 Tage der 11. Platz. Die Russen waren friedlich wie immer in der letzten Zeit, und nur gelegentlich mal pfiff es uns um die Ohren. Früh ging´s auf Strohlager - Fips kuschelte sich unter meine Decke -, denn am nächsten Morgen stand uns der Ausflug nach Suchodol bevor. Vergiß doch bitte nicht, mir die Briefe und Karten aus der Jüterboger Zeit zu schicken. Ich habe sonst verschiedene Adressen wie Edward, Gustav Bünger, Richard Becker u.s.w. nicht hier. Und sei 1000 mal geküßt von

Deinem Mann.

---

120. Kielec   Polnische Stadt (poln: Kielce), urkundlich erstmals im 10. Jahrhundert erwähnt, 130 km südöstlich Lodz. Im Zuge der 3. Polnischen Teilung fiel Kielec an Österreich-Ungarn, 1809 kam die Stadt zum Herzogtum Warschau, 1815 zu Kongreßpolen. Der von Otto Wolfien beschriebene Stellungskrieg an der Bzura änderte sich im Sommer 1915, als die Gegenoffensive der Mittelmächte die Russen bis zum Winter aus ganz Kongreßpolen zurückdrängte. Die eroberten Gebiete wurden in ein deutsches Generalgouvernement Warschau und ein österreichisches Lublin aufgeteilt. Generalgouverneur des Generalgouvernements Warschau wurde Hans von Beseler (siehe Anmerkung 44).

1915 - Marie Wolfien mit ihren Kindern Susemieke (vorn) und Otto-Heinrich

Feldpostkarte von Otto Wolfien an Tochter Susemieke vom 8. April 1915, Gawlow / Polen
(Letztes „Lebenszeichen" Otto Wolfiens an die Familie vor seinem Tod am folgenden Tag)
(siehe Anhang: Kopie der Feldpostkarte auf Seite 136)

Liebe Susemieke!
Als Vater neulich durchs Feld geritten ist, traf er ein Osterhäschen, das hatte der gute Onkel Sosinski noch nicht erschossen und das Häschen hatte ein Paket und drin waren viele Ostereier und sagte: es käme direkt aus Hundisburg von Fräulein Putti und Herrn Wolfien und sollte die Eier hier abgeben an Herrn Leutnant Wolfien. Da sagte Vater: Der bin ich selbst, Herr Osterhase, und ich danke recht schön. Bestellen Sie bitte wieder einen Gruß. Ist das Häschen schon bei Euch gewesen? Es sollte Dir auch vielmals zum Geburtstag gratulieren; und da es das doch vielleicht vergessen hat, so schreibt Dir Vater lieber gleich und gratuliert Dir mit dieser Karte. Eigentlich wollte er Dir wieder eine so schöne Karte aus Birkenrinde schicken wie zu Ostern. Aber das durfte er nicht. Weil seine Soldaten alle Rinde abschnitten, und die armen Bäume daran gestorben wären, hat er es ihnen verboten. Und da sagte sein Tambour Strehmel: nun könnte er doch auch für Vater keine Karte mehr machen. Feier recht lustig mit Otto, Deiner lieben Mama, den guten Großeltern und der braven Tante! Wenn erst Frieden ist, bringt Dir Vater seinen Fips mit. Vorläufig braucht er ihn noch, um die vielen Mäuschen zu fangen, die nachts durch die Stube und auf dem Tische umherlaufen. Fips hört eben, daß Du Geburtstag hast. Er gratuliert Dir ebenfalls bestens.

Dein Vater.

LEUTNANT. KOMP-F.
OTTO WOLFIEN
10 KOMP RES INFRCT C

† 9.4.15

April 1915 - Adamowa Gora, Grab von Otto Wolfien

Kondolenzbriefe

Oberst von Kleist, Kommandeur des 8. Reserve-Infanterie Regiments, an Marie Wolfien vom 10. April 1915

Hochverehrte gnädige Frau!

Es ist eine überaus schmerzliche Pflicht für mich, Ihnen davon Kenntnis geben zu müssen, dass Ihr Gatte, der Leutnant d. R. u. Rechtsanwalt Wolfien, gestern Nachmittag in treuer Erfüllung seiner Pflicht gegen unser Deutsches Vaterland den Heldentod vor dem Feinde gefunden hat. Er hatte mit seiner Kompagnie die Kampfstellung des Regiments besetzt. Dort traf ihn eine russische Granate. Der Tod trat sofort ein, großes Leiden blieb ihm erspart. Er gehörte zu den Getreuen des Regiments. Im August v. J. war er begeisterten Herzens mit uns ausgezogen, die mühevollen Tage vor Antwerpen, die schweren Tage an der Yser hat er mit uns durchgemacht, ist mit uns nach Rußland gezogen, hat hier an unseren Dezembersiegen ehrenvollen Anteil genommen und zweimal für sein Vaterland geblutet. Sie, meine gnädige Frau, kannten ihn als Menschen, wir kannten ihn auch als Soldaten. Seine Vorgesetzten und seine Untergebenen wussten, dass sie in harter Lage auf ihn bauen konnten, und die Kameraden schätzten seine frische, heitere, sich stets bleibende Art hoch. Mit herzlicher Freude begrüßten wir ihn daher nach seiner Wiederherstellung im Februar als einen kriegsbewährten und allgemein beliebten Kriegskameraden, und von tiefstem Schmerze bewegt stehen wir jetzt an seiner Bahre und werden ihn morgen zur letzten Ruhe betten in einem Boden, den er selbst dem Feinde mit abgerungen hat.

Für Sie, meine hochverehrte gnädige Frau, ist der Schlag, der Sie trifft, zunächst so jähe, der Schmerz so betäubend, daß Trostworte wenig Zugang bei Ihnen finden werden. Aber des aufrichtigsten Beileids und der herzlichsten Teilnahme aller Offiziere des Regiments 8, in deren Namen ich hier spreche, seien Sie versichert. Wir trauern aufrichtig mit Ihnen, denn auch wir sind durch diesen Verlust in unseren Herzen getroffen. Möge Gott der Herr Ihnen die Kraft geben, zu ertragen, was er Ihnen auferlegt hat, möge er schützend seine Hand über Ihre lieben Kinder halten, die die Schwere ihres Verlustes noch gar nicht zu ermessen vermögen und möge er Ihnen bald die Kraft geben, neben der Trauer auch den Stolz zu empfinden, durch das größte Opfer, das Sie bringen konnten, zum Siege über unseren Feind und zur Größe unseres Vaterlandes beigetragen zu haben.

Lassen Sie mich Ihnen in aufrichtigster Teilnahme die Hand küssen als Ihr ganz ergebener

v. Kleist

Oberst u. Kommandeur des Res. Inf. Regts. Nr. 8.

Brief Landrichter Thurmann an Rechtsanwalt Kortüm vom 11. April 1915 aus Nowanies / Polen

Lieber Herr Kortüm!
Heute schreibe ich aus einer sehr traurigen Veranlassung. Wie Sie wohl schon erfahren haben werden, ist vorgestern unser lieber Landsmann Wolfien gefallen. Mich trifft sein Tod umso härter, als ich gerade in den letzten Tagen sehr nette Stunden mit ihm verlebt hatte. Ich hatte monatelang nichts von ihm gehört, seit ich ihn im Dezember während unseres Ausmarsches verwundet auf einem Bauernwagen hatte liegen sehen. Er war damals trotz alledem recht vergnügt. In den letzten Monaten sind wir nun der Infanterie beim Ausbau der hier ziemlich dünnen Verteidigungslinien behilflich. In der Hauptsache erhöhen wir nachts die Laufgräben. Seit Ostersonnabend beim III. Bat.Reg. 8. Ich erfuhr, daß Wolfien gerade wieder zurückgekehrt sei und mit seiner Kompagnie vorn im Graben liege. Ich ging nun, um ihn zu besuchen, vor. Dort wurde mir gesagt, daß er vor dem Graben in einem Unteroffizierposten mit einer freiwilligen Patrouille den Russen auflauere, die in den Nächten zuvor über die Bzura gekommen seien und unsere Posten überfallen hätten. Ich schloß mich der letzten Gruppe der Patrouille an, die mich im Stockfinstern über Drahtverhaue und Wasserläufe einige hundert Schritt zu dem Posten führte. Dort war nochmal ein kurzer Graben und ein kleiner Unterstand und darin Wolfien mit aufgepflanztem Seitengewehr wie seine Leute. Er war über den Besuch natürlich sehr erstaunt und freute sich sehr, mir ein nettes Theater mit Seitengewehren und Handgranaten vormachen zu können, da die Russen bestimmt um ½ 9 kämen und ich bis 9 Zeit hätte. Leider kamen sie diesmal nicht, obgleich ich bis ¼ 10 und Wolfien bis zum Mondaufgang wartete. Inzwischen hatten wir uns die Vorpostenlinie angesehen und von Magdeburgern unterhalten. Am Osterdienstag war ich wieder dort. Wolfien lag mit seiner Kompagnie im Elezckawald im Unterstand. Er machte mit mir eine Abendpromenade nach Gawlow a.d. Bzura, das nur 150 m vom feindlichen Schützengraben entfernt liegt und deshalb wachsam nur zur Nachtzeit besucht wird. Es war ein wundervoller warmer Abend. Es schoß auf unserer Seite natürlich niemand, drüben nur „Schützenaujust" und der „fleißige Kaczmarek", auf Zufallstreffer im Düstern hoffend. Beim Abschied meldete ich mich für Freitag Abend (ich bin nur jeden 3. Tag dran) wieder an, worauf mir Wolfien eine gemütliche Pulle Rotspohn im Unterstande des Schützengrabens verhieß. Am Freitag wurden die Schanzarbeiten abgesagt, weil die Russen, die wohl unsere Bautätigkeit mit Mißfallen bemerkt hatten, seit Mittag das Hinterland unter schweres Artilleriefeuer nahmen, wie seit Monaten nicht. Ich konnte deshalb der Einladung nicht nachkommen. Ein blinder Zufall wollte es, daß eine Granate Wolfiens Unterstand durchschlug und ihn, wie man sagt, auf der Stelle tötete. Heute Nachmittag um 4 Uhr wird er auf dem Soldatenfriedhof in Adamowa Gora bestattet. Ich werde hinreiten. Er war einer unserer Besten nicht nur als Kollege von Ihnen.

Ihr W. Thurmann

Rechtsanwalt Kortüm an Marie Wolfien vom 16. April 1915

Sehr geehrte gnädige Frau!

Bevor ich Ihre Zeilen vom 15. April beantworte, gestatten Sie mir, daß ich Ihnen mein aufrichtigstes Beileid ausdrücke. Ich kann nicht ermessen, was Ihnen genommen ist. Ich weiß aber, daß in Ihrem Mann ein trefflicher Mensch und von uns allen sehr hochgeschätzter Kollege dahingegangen ist, den wir alle sehr betrauern. Die unerwartete Nachricht von seinem Tode löste im Anwaltszimmer tiefe Ergriffenheit aus. Das Vaterland fordert viele und schwere Opfer. Wir hoffen, daß auch der Tod Ihres Mannes nicht vergeblich gewesen sein möge. Nochmals mein aufrichtigstes Beileid!

Ich erhielt den Thurmannschen Brief, kurz nachdem ich den Tod Ihres Mannes erfahren hatte, und beschloß selbstverständlich sofort, ihn Ihnen zugänglich zu machen. Ich hätte ihn Ihnen heute auch ohne Ihre briefliche Bitte übersandt. Inzwischen ist er begreiflicherweise durch viele Hände gegangen, denn jeder wollte das lesen, was Thurmann so lebendig und anteilnehmend über seine letzten Tage geschrieben hat. Sollte es Ihnen nicht möglich sein, so schicken Sie mir den Brief mit der Bitte zurück, daß ich Ihnen eine Abschrift fertigen lasse. Ich tue es sehr gern. Die Adresse von Thurmann ist: Oberleutnant d.R. Thurmann, III. Reserve-Korps, 41. Reserve - Infanterie – Munitionskolonne

Sehr ergebenst

Kortüm, Rechtsanwalt

Landrichter Thurmann an Marie Wolfien vom 3. Mai 1915

Hochverehrte gnädige Frau!

Es ist für mich eine gern übernommene ehrenvolle Pflicht, Ihnen, der Gattin eines hochgeschätzten gefallenen Kameraden, einen Wunsch zu erfüllen. Meiner Anteilnahme brauche ich Sie nicht zu versichern; ich kannte Ihren Gatten hinreichend, um die Tiefe Ihres Schmerzes zu verstehen. Die näheren Umstände des Todes Ihres Gatten hat Ihnen, wie ich hörte, schon Leutnant v. Bockelmann mitgeteilt. Bei der Beerdigung am Sonntag nach Ostern um 4 Uhr nachmittags war ich selbst zugegen. Der Divisionskommandeur v. Diringshofen mit seinem Stabe, die Offiziere des Regiments und die Mannschaften der Kompagnie des Gefallenen nahmen teil. Neben dem kleinen Heldenfriedhof in Adamowa Gora war der aus Tannenbrettern gezimmerte Sarg aufgebahrt. Drauf lagen Fichtenkränze sowie Degen, Helm und Kreuz des Gefallenen. Die Beerdigung war sehr feierlich. Bei klarer Frühlingssonne und beim Donner der Geschütze jenseits der Bzura. Der Geistliche, Divisionspfarrer Seewald, wies in seiner Rede darauf hin, daß das Leben des Gefallenen zwar kurz, aber reich und glücklich gewesen sei. Als ganzer Mann habe er sich begeistert mit Leib und Seele des Vaterlandes gewidmet. Durch sein aufrichtiges, männliches Wesen habe er sich die Hochachtung seiner Kameraden erworben. Seiner Kompagnie sei er durch treue Pflichterfüllung und Tapferkeit ein leuchtendes Vorbild gewesen. In zahlreichen Gefechten habe er für sein Vaterland gekämpft und schon zweimal ehrenvolle Wunden davongetragen. Beide Male sei er kaum wiederhergestellt ins Feld zurückgeeilt und sei dann im Feindeslande im festen Vertrauen auf den Sieg seiner Waffen den schönsten Männertod gestorben.

Dann wurde der Sarg zur Gruft getragen. Die Regimentskapelle spielte leise das Lied vom Kameraden. Auch die zweite Strophe „eine Kugel kam geflogen." Jetzt ruht Ihr Gatte in heiß umstrittener polnischer Erde, etwa 3 km westlich von der Stätte seines letzten Kampfes. Adamowa Gora ist ein ganz freundliches, jetzt allerdings z.T. zerschossenes polnisches Einstraßendorf. Es liegt auf einer langgestreckten, westöstlich verlaufenden Sanddüne, von weiten grünen Weizenfeldern umgeben.

Ich würde mich glücklich schätzen, gnädige Frau, wenn mein Schreiben zu dem Troste beitragen könnte, den Sie im Laufe der Zeit in der Erziehung Ihrer Kinder finden werden. Möchte Ihr Junge seines Vaters würdig werden; ein Verteidiger des von ihm erkämpften größeren Deutschlands!

Ich bin mit vorzüglicher Hochachtung

Ihr sehr ergebener

W. Thurmann

Oberst von Kleist, Kommandeur des 8. Reserve-Infanterie Regiments, an Marie Wolfien vom 5. April 1916

Meine hochverehrte gnädige Frau!
Binnen kurzem wird der Tag sich jähren, an dem Ihr lieber Gatte in treuer Pflichterfüllung für sein deutsches Vaterland den Heldentod gestorben ist. Für Sie wird der 9. April ein Tag wehmütiger Erinnerung sein, aber Sie sollen wissen, verehrte gnädige Frau, dass hier im Regiment treu seiner gedacht wird, nicht nur in Erfüllung einer selbstverständlichen Ehrenpflicht, vielmehr ist es denjenigen, die hier im Regiment die ersten, für uns besonders erfolgreichen Feldzugmonate mit dem Verstorbenen zusammen durchgemacht haben und die dann die Freude hatten, ihn nach seiner Verwundung wieder in unserem Kreise zu begrüßen – ihre Zahl ist leider schon recht klein geworden –, für diese ist es ein Herzensbedürfnis seiner zu gedenken. Als Mensch und als Soldat hatte er sich unsere Liebe und unsere Achtung in einem Grade erworben, wie in so kurzer Zeit nur wenige.
Von der Stätte, wo wir ihn zur letzten Ruhe gebettet, sind wir heute jetzt so weit entfernt und so ganz ohne Verbindung mit jener Gegend, dass wir auf den Wunsch, sein Grab am 9. April zu besuchen, zu unserem großen Bedauern verzichten müssen.
Vielleicht, meine verehrte gnädige Frau, ist die hier beigefügte Aufnahme noch nicht in Ihre Hände gelangt. Nehmen Sie sie nun bitte als ein bescheidenes Zeichen meines Gedenkens an einen von mir hochgeschätzten Offizier, der mir unterstellt.
Unsere Kämpfe an der Bzura im Winter und Frühjahr 1915 haben die Erfolge vorbereitet, die im Sommer 1915 an der Ostfront errungen werden konnten. So werden diese zu Ihrem Troste beigetragen haben, hat doch das schwere Opfer, dass Sie haben bringen müssen, zu diesen großen Erfolgen mit beigetragen.
In wenigen Tagen wird Ihr ältestes Töchterchen in sein 7 tes Lebensjahr eintreten. Sein beginnendes Verständnis wird an Ihrer Trauer und bald auch an dem berechtigten Stolze teilnehmen, den Sie, verehrte gnädige Frau über das Opfer empfinden, das Sie für des deutschen Volkes Größe gebracht haben. Möchten Sie in dem Heranblühen Ihres Kinderpaares eine reiche Entschädigung finden für das, was Sie verloren haben.
Seien Sie, verehrte gnädige Frau, der aufrichtigsten Hochschätzung versichert
Ihres ganz ergebenen
v Kleist
Oberst Res. Inf. Regt. 8.

Der Krieg im Westen
(Zeittafel von Ereignissen mit Bezug auf Erlebnisse Otto Wolfiens)

1.8.1914	Mobilmachung in Deutschland und Frankreich
2.8.1914	Deutscher Einmarsch in Luxemburg
3.8.1914	Deutscher Einmarsch in Belgien; Deutsche Kriegserklärung an Frankreich
4.8.1914	Deutsche Kriegserkl. an Belgien; Englische Kriegserkl. an Deutschland
7.8.1914	Einnahme von Lüttich
16.8.1914	Erste englische Truppen landen in Frankreich
19.8.1914	Einnahme von Brüssel
20.8.1914	Einnahme von Löwen (s. Anm. 25, S. 30)
26.8.1914	Einnahme der Festungen von Namur und Longwy
3.9.1914	Einnahme von Reims
5.-10.9.14	Schlacht an der Marne
14.9.1914	Ablösung von Generaloberst von Moltke durch General Erich von Falkenhayn als Generalstabschef nach der verlorenen Marneschlacht (s. Anm. 46, Seite 45)
22.-25.9.14	Schlacht bei Verdun
9.10.1914	Einnahme von Antwerpen (s. Brief Nr. 17 vom 11.10.1914)
13.10.1914	Einnahme von Gent und Lille
14.10.1914	Einnahme von Brügge
15.10.1914	Einnahme von Ostende
20.10.-3.11.	Erste Flandern- oder Ypernschlacht (Verwundung Otto Wolfiens am 19.10.1914 bei Mannekensvere - s. Brief Nr. 20 vom 23.10.1914)
10.11.-17.11	Zweite Flandern- oder Ypernschlacht (Angriff des Regiments von Otto Wolfien am 12.11.1914 - s. Brief Nr. 25 vom 14.11.1914)
18.11.1914	Nach den vergeblichen, sehr verlustreichen (s. Anm. 62, S. 64) Angriffen der ersten und zweiten Flandernschlacht Einstellung der deutschen Offensive bei Ypern und Verlegung diverser Divisionen an die Ostfront (so am 2.12.1914 auch die Division Otto Wolfiens, s. Brief Nr. 23 vom 9.12.1914)

Der Krieg im Osten
(Zeittafel von Ereignissen mit Bezug auf Erlebnisse Otto Wolfiens)

4.8.1914	Deutsche Kriegserklärung an Russland
7.8.1914	Zerstörung von Kalisz durch deutsche Artillerie
19.-20.8.1914	Russischer Sieg über die Deutschen in der Schlacht bei Gumbinnen in Ostpreussen. Daraufhin Absetzung von Generaloberst von Prittwitz.
25.8.-11.9.14	Russischer Sieg über die Österreicher in der Schlacht bei Lemberg
26.-30.8.1914	Deutscher Sieg über die Russen in der Schlacht bei Tannenberg durch General Paul von Hindenburg (1847-1934)
8.-15.9.1914	Deutscher Sieg über die Russen in der Schlacht an den Masurischen Seen
12.11.-16.11.	Schlacht bei Kutno
11.11.-5.12.	Schlacht um Lodz
6.12.1914	Einnahme von Lodz
ab Mitte Dez	Stellungskrieg nach Rückzug der Russen hinter die Bzura und Pilica
ab 7.2.1915	Winterschlacht in Masuren
12.3.1915	Russischer Sieg bei Przemysl über die Österreicher
3.6.1915	Rückeroberung von Przemysl durch die Deutschen (s. Anm 116, S. 113)
5.8.1915	Einnahme von Warschau

Leutnant d. Res. Otto Wolfien
Auszug aus Ernennungsurkunde vom 20. Februar 1909

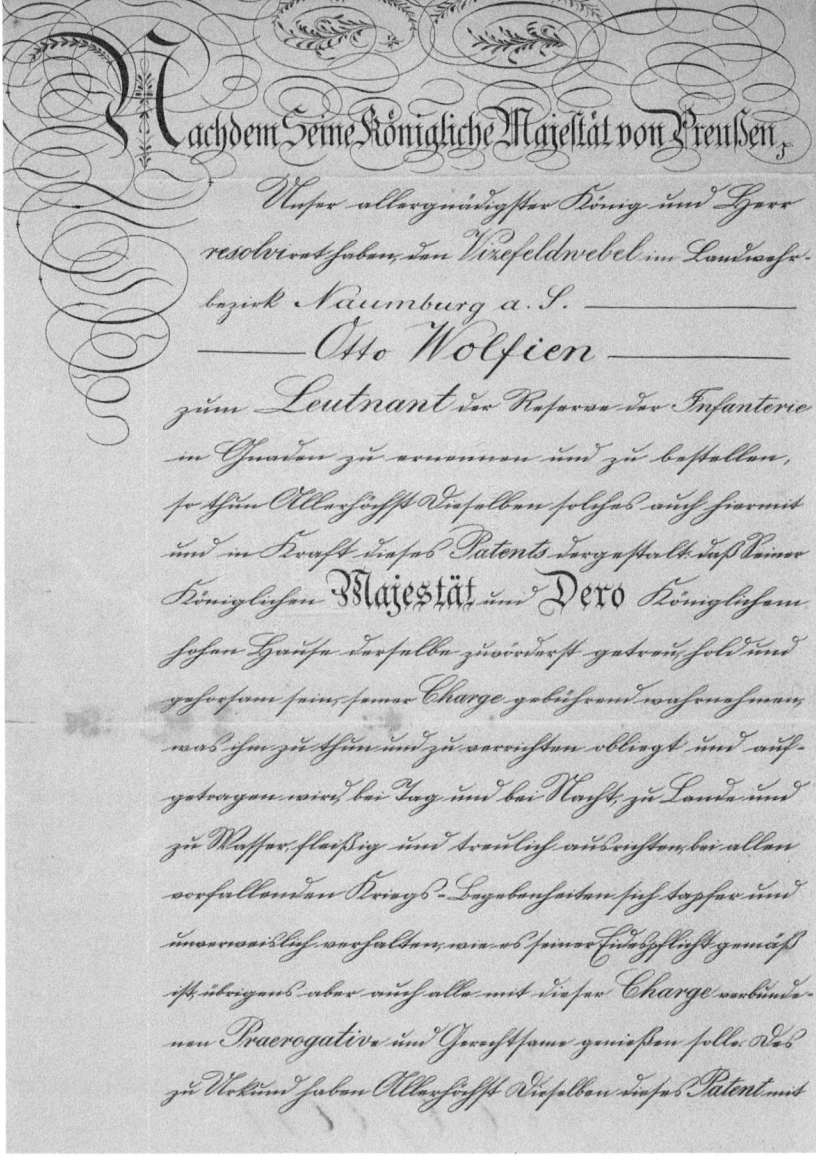

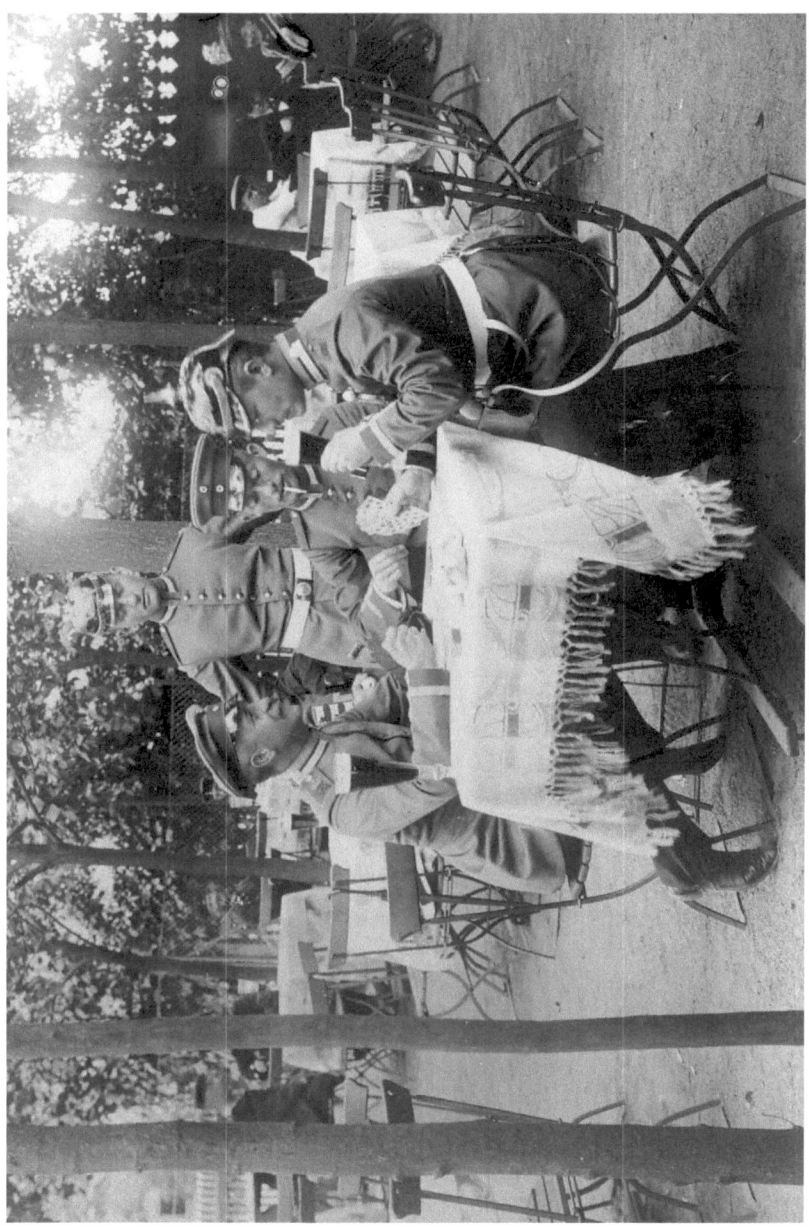

**1913 - Otto Wolfien (rechts) beim Skat im Biergarten
während eines Manövers in Jüterbog**

Landsberg a. W., den **7. August** 1914.

Hôtel zur Krone
Wilhelm Gerlof

Fernsprecher Nr. 26

Zentralheizung · Elektrisches Licht

[Handschriftlicher Brieftext in deutscher Kurrentschrift, weitgehend unleserlich]

Leutnant d. Res. Otto Wolfien an seine Frau Marie aus Landsberg
(Kopie seines 2. Briefes vom 7. August 1914, Seite 1)

[Handschriftlicher Brief – weitgehend unleserlich]

Leutnant d. Res. Otto Wolfien an seine Frau Marie aus Landsberg
(Kopie seines 2. Briefes vom 7. August 1914, Seite 2)

Mangelaare, den 14. November 1914.

25

Meine liebe, liebe Marie!

[handschriftlicher Brieftext in deutscher Kurrentschrift, großteils unleserlich]

Leutnant d. Res. Otto Wolfien an seine Frau Marie aus Mangelaare in Westflandern
(Kopie seines 25. Briefes vom 14. November 1914, Seite 1)

Leutnant d. Res. Otto Wolfien an seine Frau Marie aus Mangelaare in Westflandern
(Kopie seines 25. Briefes vom 14. November 1914, Seite 2)

Leutnant d. Res. Otto Wolfien an seine Frau Marie aus Mangelaare in Westflandern
(Kopie seines 25. Briefes vom 14. November 1914, Seite 3)

Leutnant d. Res. Otto Wolfien an seine Frau Marie aus Mangelaare in Westflandern
(Kopie seines 25. Briefes vom 14. November 1914, Seite 4)

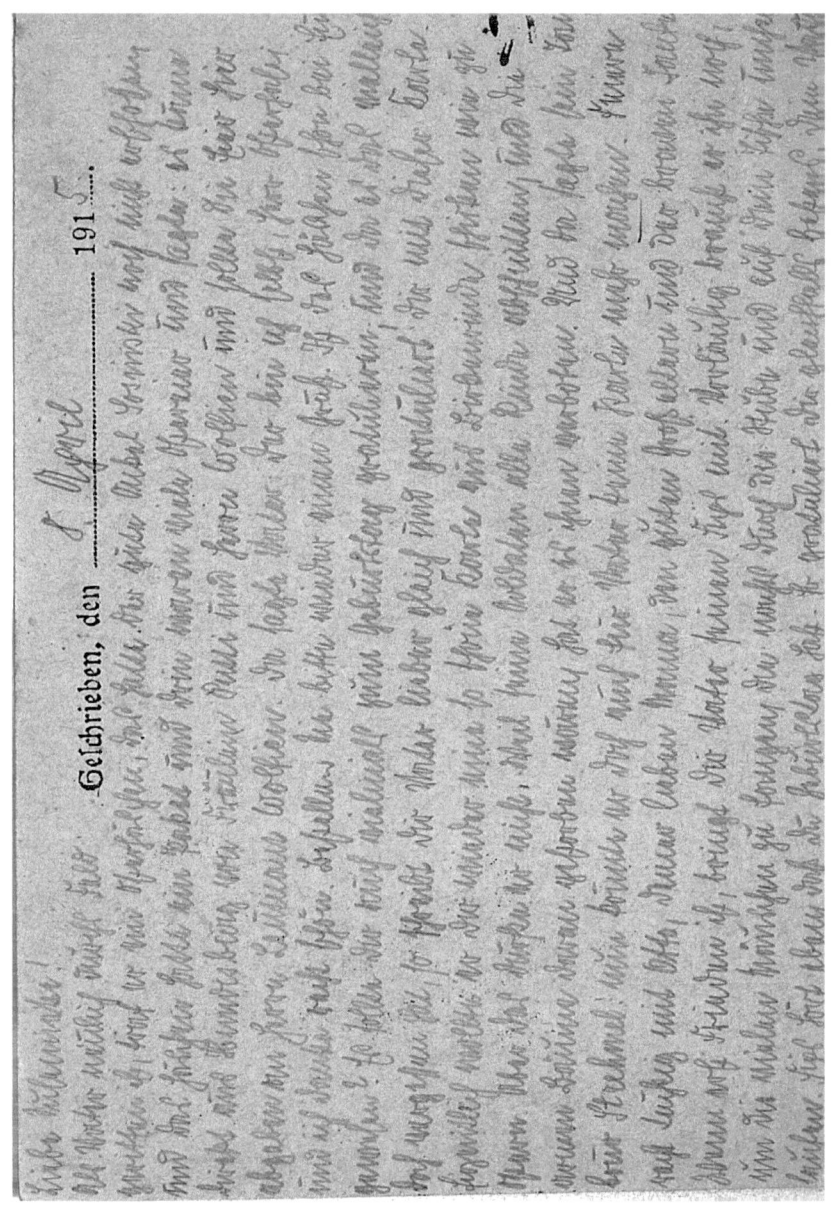

Leutnant d. Res. Otto Wolfien an seine Tochter Susemieke aus
Gawlow / Polen
(Kopie seiner Feldpostkarte vom 8. April 1915)

Landkarte 1

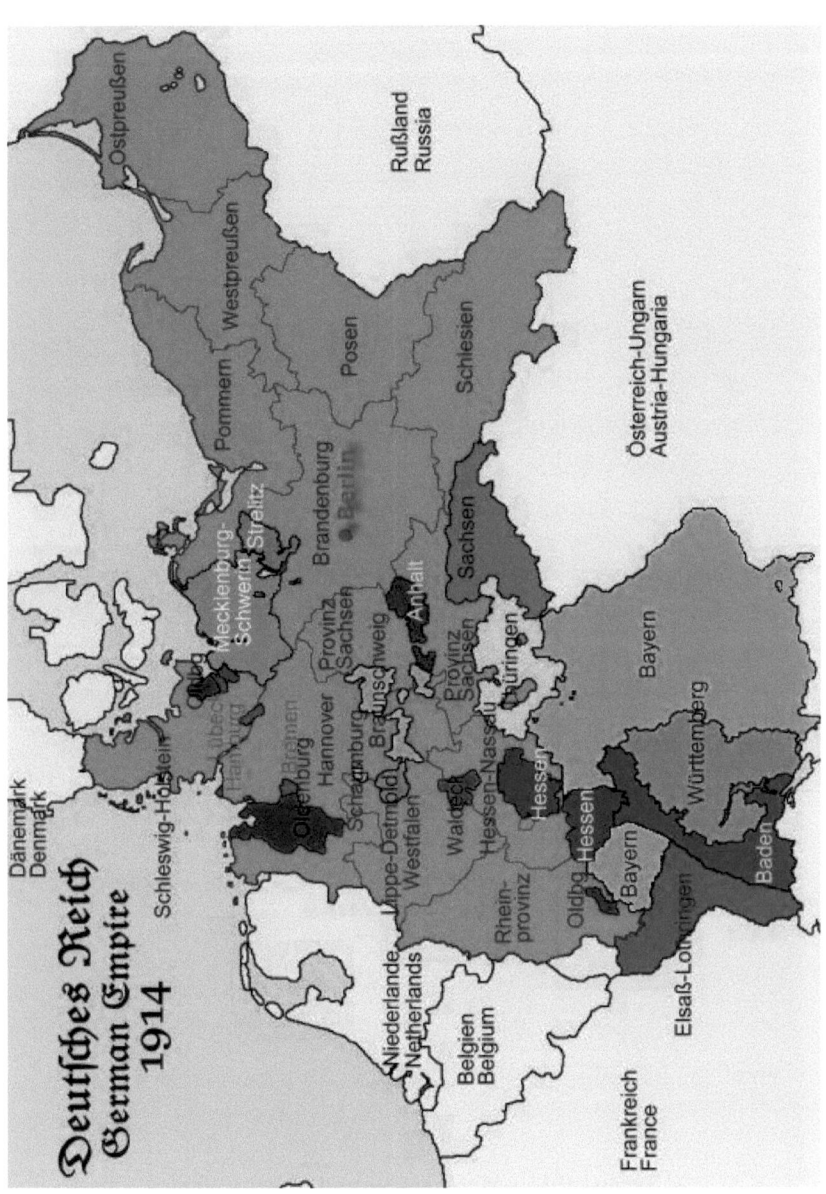

Deutsches Reich 1914 (aus www.altearmee.de)

Landkarte 2

Europa 1914 – Mittelmächte und Entente Staaten
(aus „Der Erste Weltkrieg in Bildern und Dokumenten" v H Dollinger, 1965)

Landkarte 3

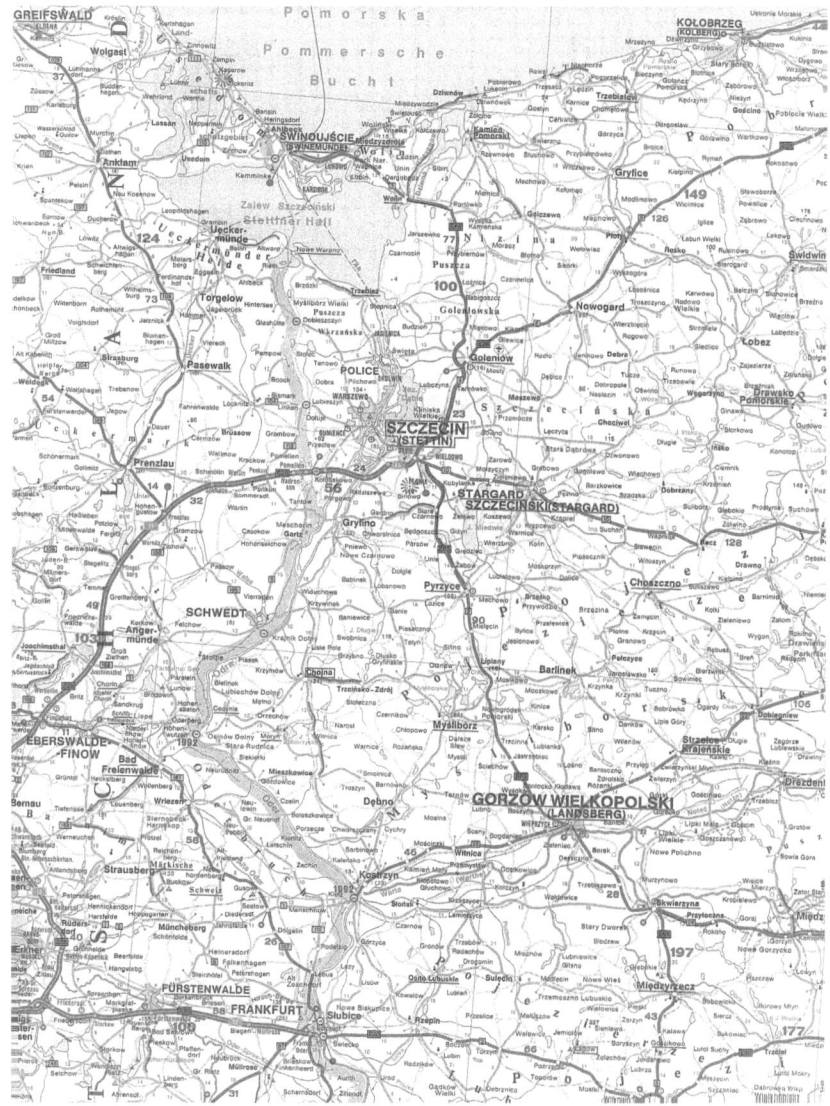

Karte Stettin - Landsberg / Warthe - Frankfurt / Oder
(aus „Shell Eurokarte Polen", Ausgabe 1993-1995)

Landkarte 4

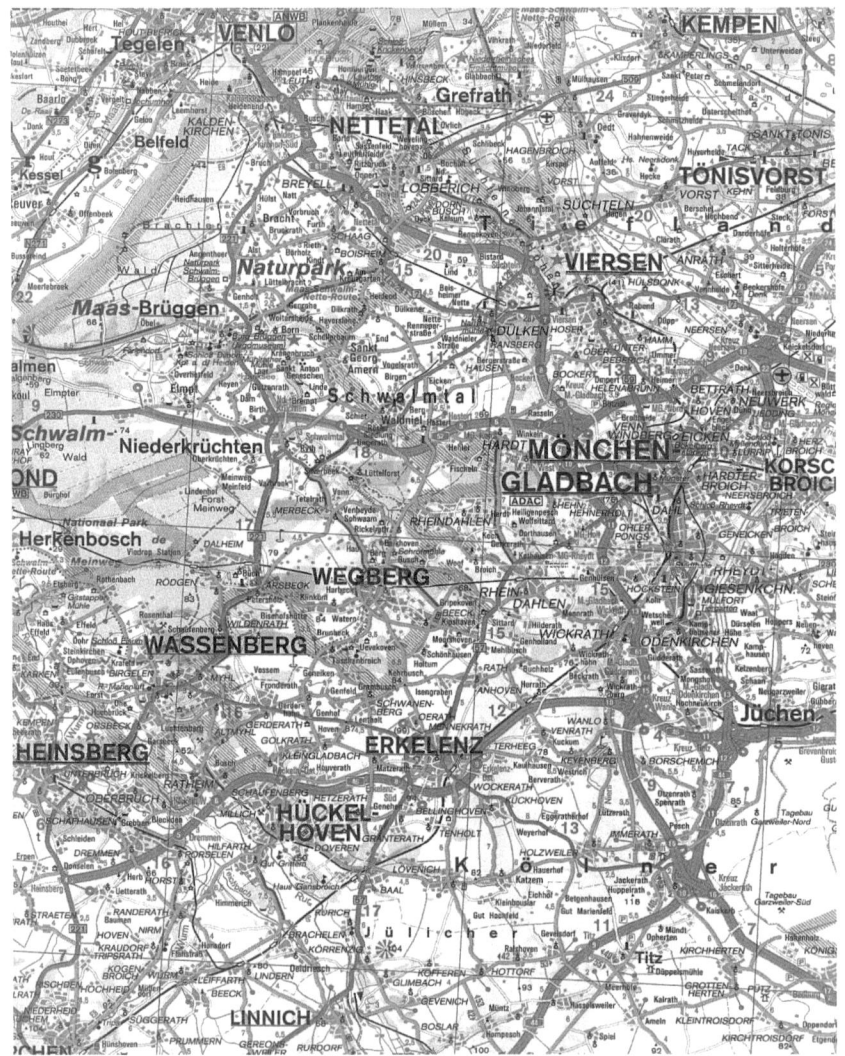

Marschroute der 7. Kompanie
über 46 km von Unterweiden bei Kempen über St Tönnis, Vorst, Süchteln,
Dülken, Lüttelforst, Merbeck, Arsbeck, Wassenberg und Heinsberg nach Schafhausen (aus „Die Generalkarte", Blatt 8, Ausgabe 2000-2002)

Landkarte 5

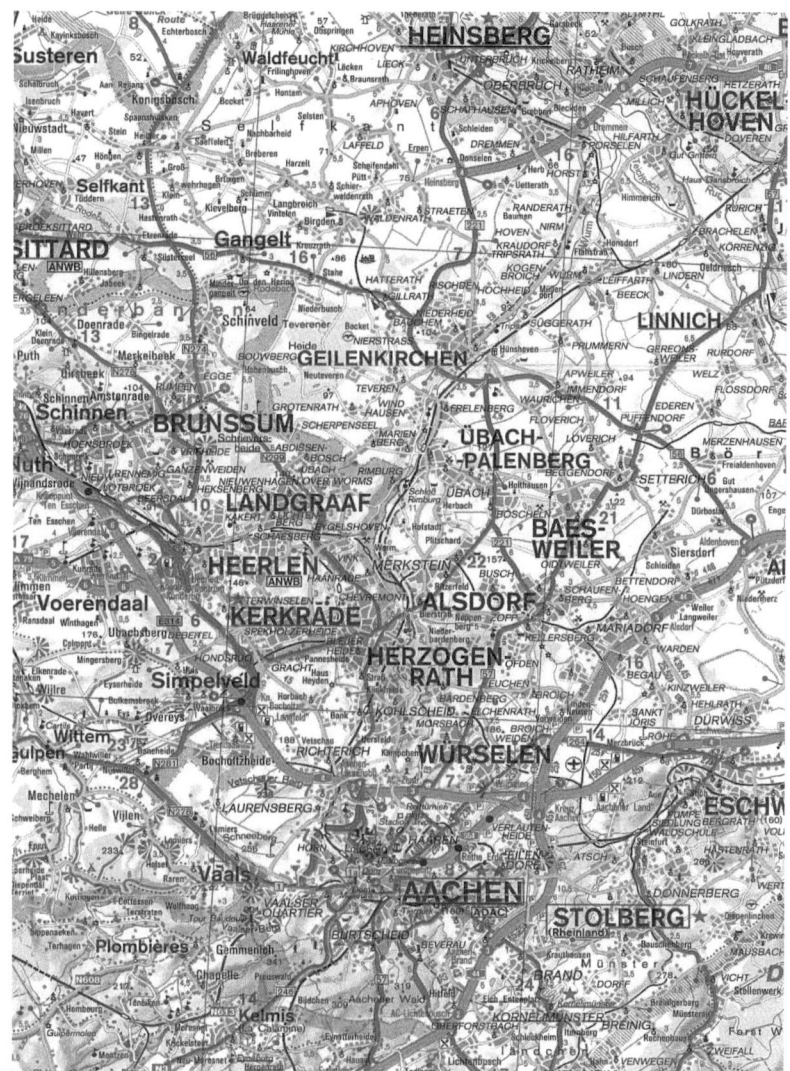

Marschroute der 7. Kompanie
von Schafhausen bei Heinsberg nach Asten bei Herzogenrath an die niederländische Grenze im August 1914 (aus „Die Generalkarte", Blatt 8, Ausgabe 2002)

Landkarte 6

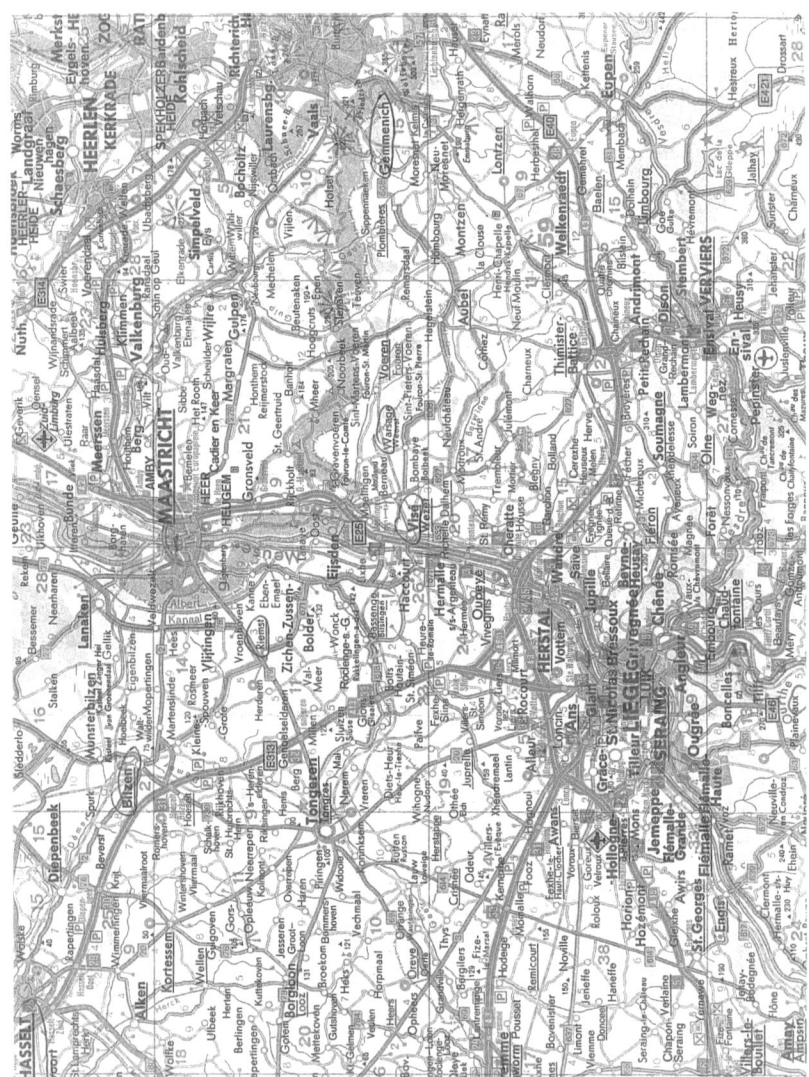

Marschroute der 7. Kompanie
von Asten bei Herzogenrath über Aachen, Gemmenich, Warsage, Visé, Riemst
und Bilsen nach Hasselt im August 1914
(aus „Shell Eurokarte Belgien Luxemburg", Ausgabe 1993-1995)

Landkarte 7

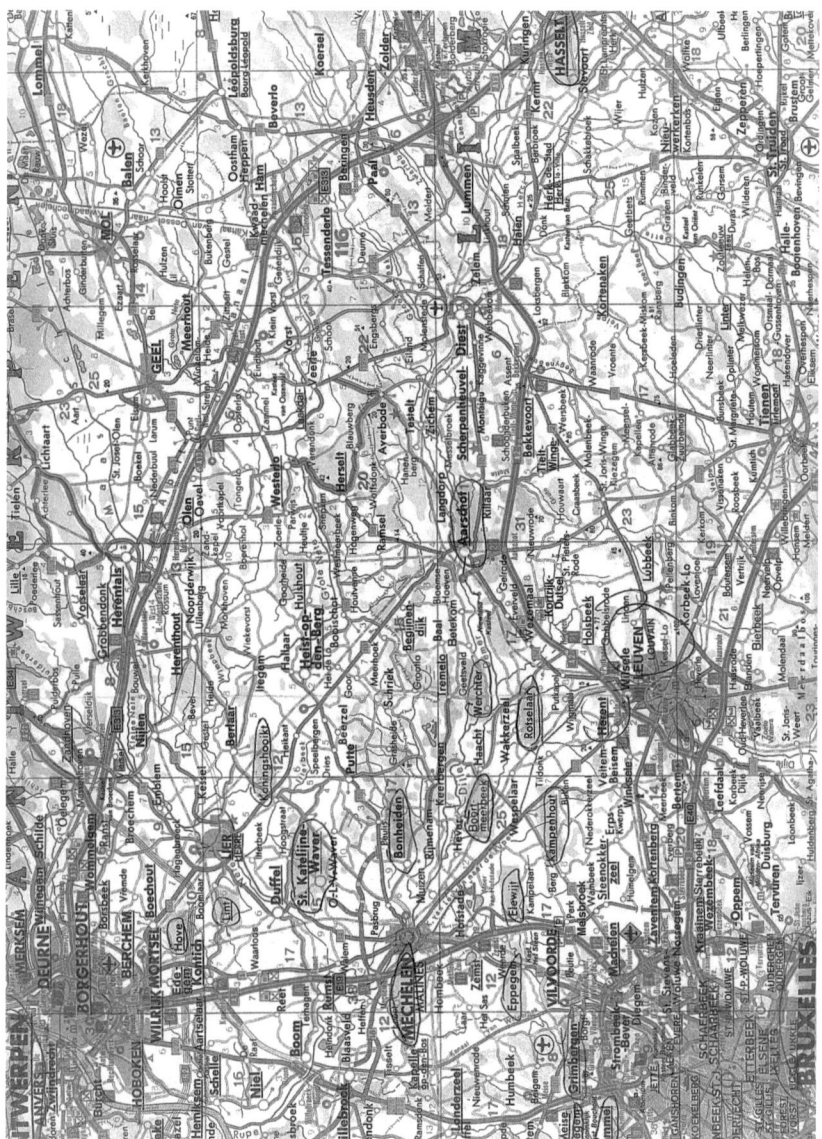

Marschroute der 7. Kompanie
von Hasselt über Aarschot und Rotselaer/Werchter nach im August 1914
(aus „Shell Eurokarte Belgien Luxemburg", Ausgabe 1993-1995)

Landkarte 8

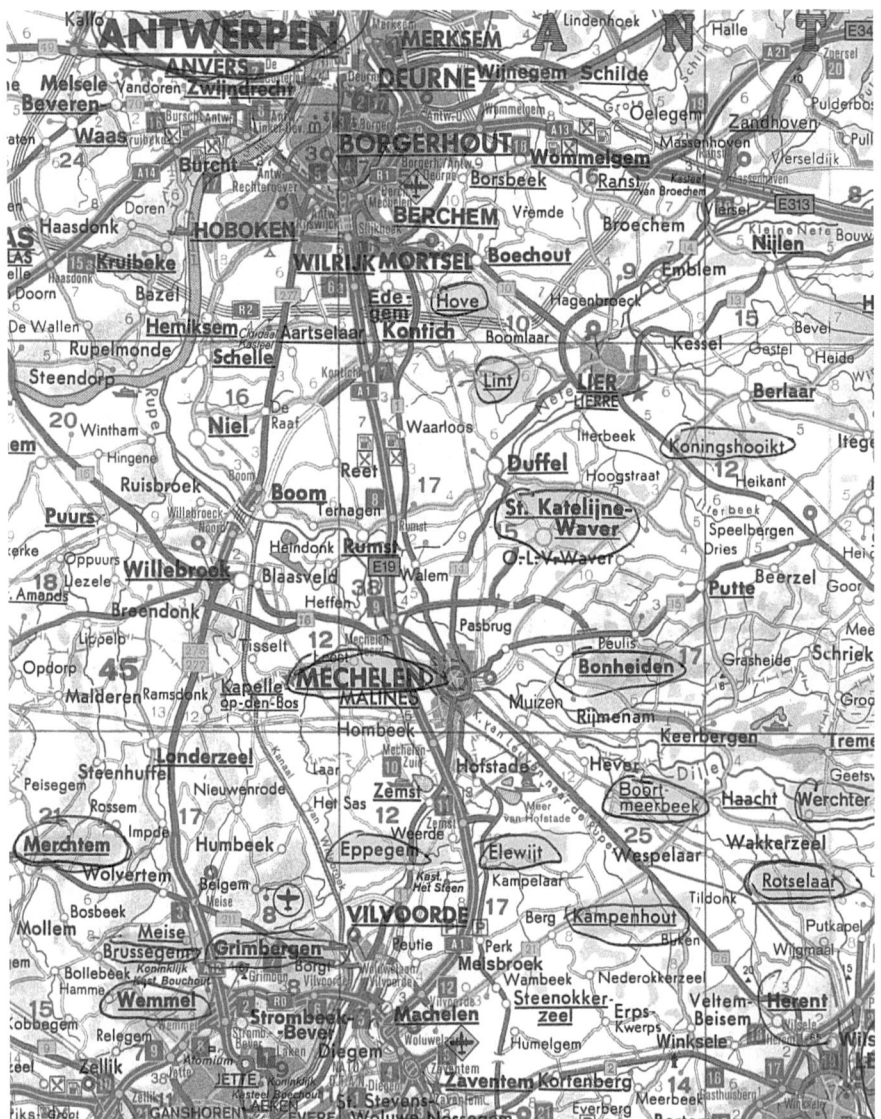

Einsatzgebiet der 7. Kompanie
zwischen Brüssel und Antwerpen von Ende August bis Mitte Oktober 1914
(aus „Shell Eurokarte Belgien Luxemburg", Ausgabe 1993-1995)

Landkarte 9

Marschroute der 7. Kompanie
von Brüssel nach Oordeghem (14.10.), und weiter (38 km) über Baveghem,
Gavere und Deinze nach Vinkt (15.10.)

Landkarte 10

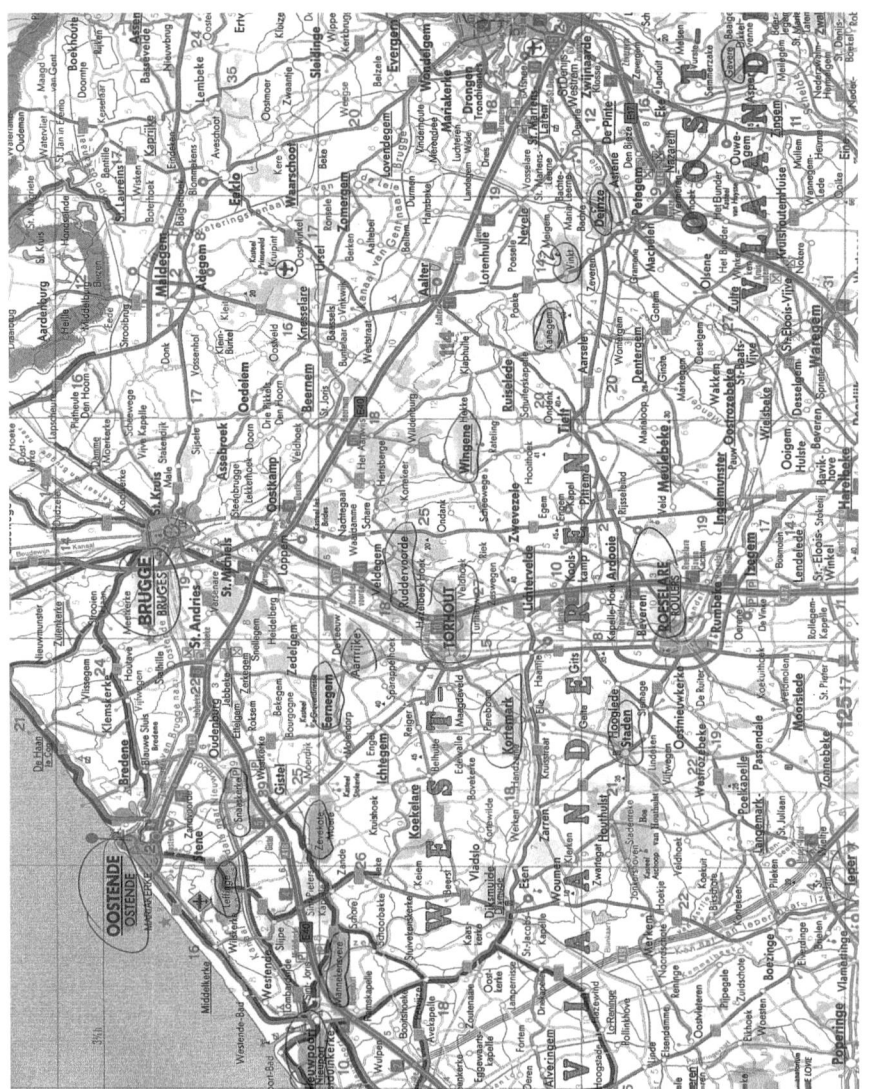

Marschroute der 7. Kompanie
über 22 km von Vinkt über Caeneghem, Wynghene u Hille nach Ruddervoorde
(16.10.) und 25 km über Aertycke und Eeneghem nach Snaaskerke bei Ostende
(17.10.) (aus „Shell Eurokarte Belgien Luxemburg", Ausgabe 1993-1995)

Landkarte 11

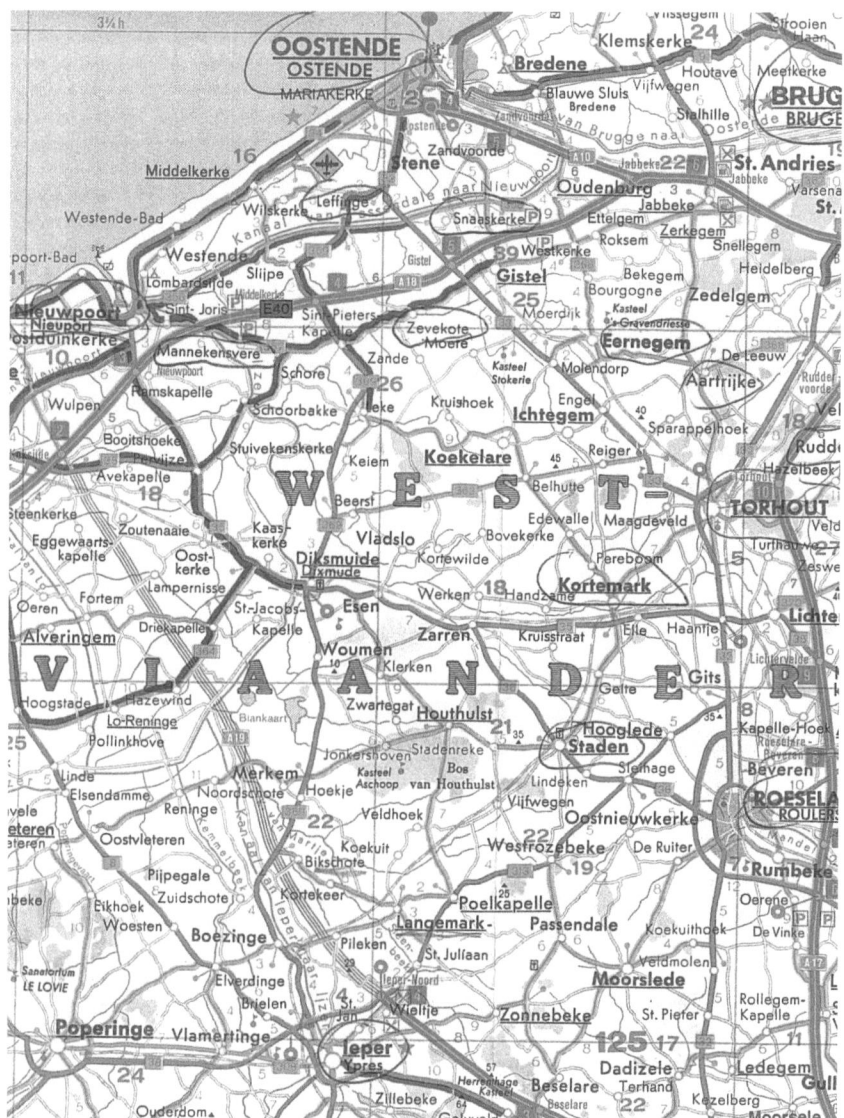

Einsatzgebiet der 7. Kompanie
zwischen Ostende, Nieuwport, Mangelaare und Mannekensvere im Oktober und
November 1914 (aus „Shell Eurokarte Belgien Luxemburg", Ausgabe 1995)

Landkarte 12

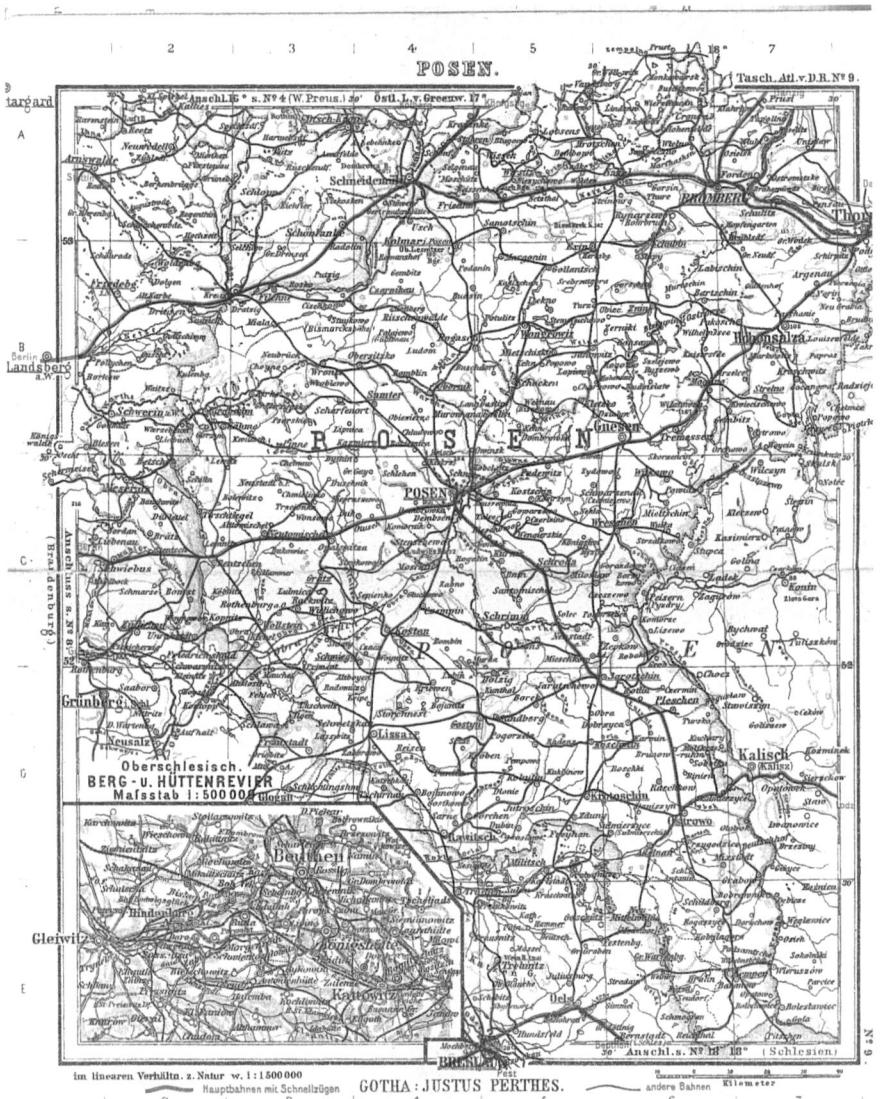

Provinz Posen des Deutsches Reiches

mit polnisch-russischer Ostgrenze, West-Preußen im Norden, Brandenburg im
Westen und Schlesien im Südwesten (aus „Justus Perthes´ Taschenatlas)

Landkarte 13

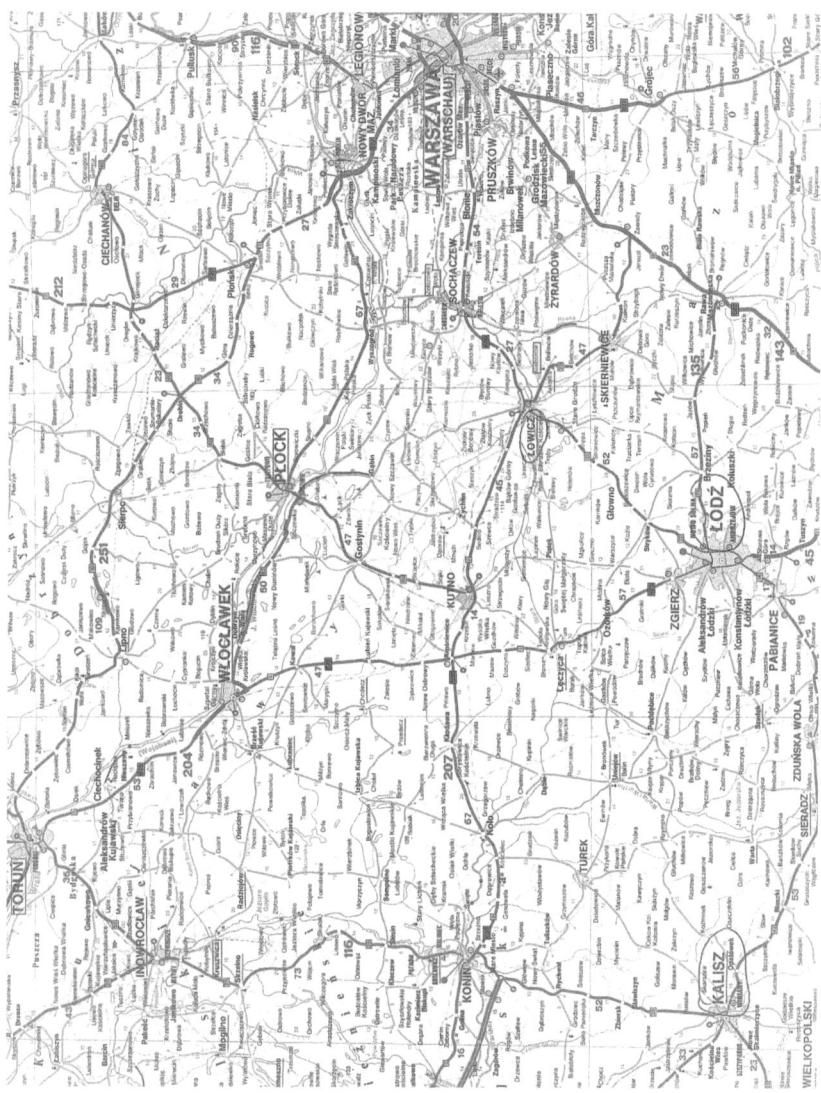

Rückkehr Otto Wolfiens zur Kompanie nach seinen Verwundungen im Dezember 1914 über Thorn (Torun), Alexandrow und Gostynin nach Piotrkowek an der Weichsel nahe Gombin (Gabin) sowie im März 1915 über Kalisch (Kalisz), Lodz und Lowitsch (Lowicz) nach Gawlow an der Bzura bei Sochaczew (aus „Shell Eurokarte Polen", Ausgabe 1993-1995)

Landkarte 14

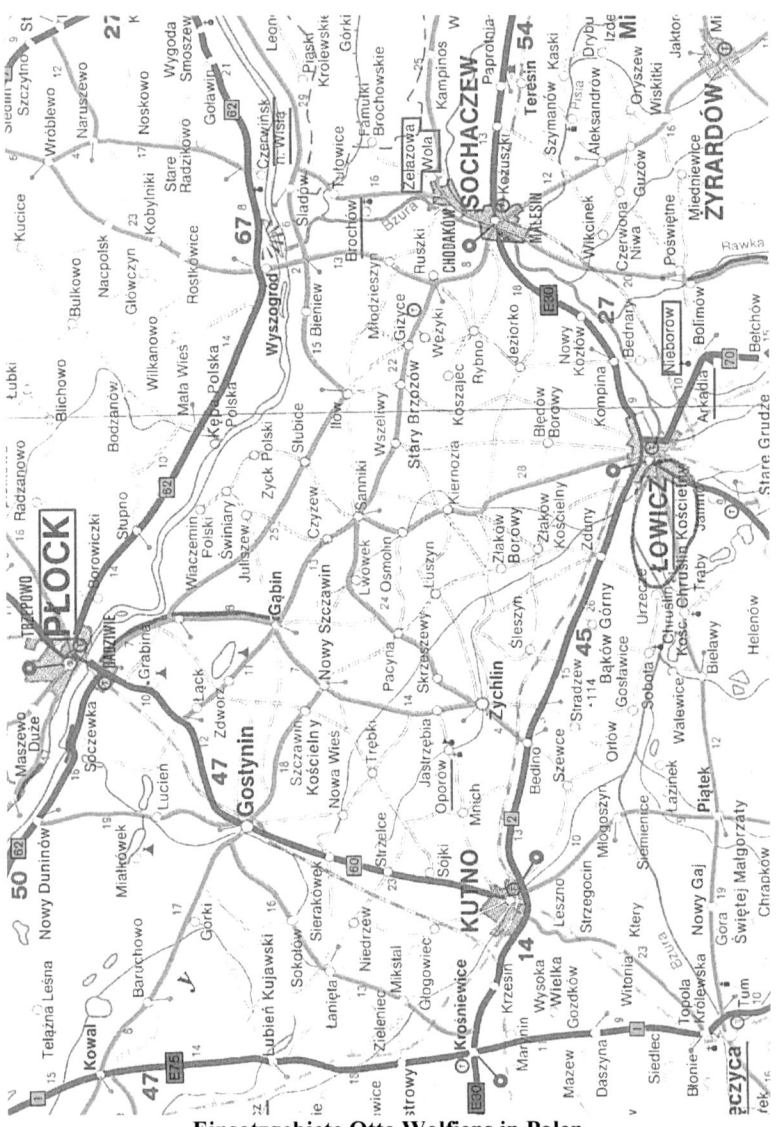

Einsatzgebiete Otto Wolfiens in Polen
bei Piotrkowek (Dezember 1914) und Gawlow (März/April 1915). Piotrkowek
liegt etwa in Höhe Slubice südöstlich von Plock an der Weichsel, Gawlow etwa
2 Kilometer nördlich von Sochaczew an der Bzura(aus „Shell Eurokarte Polen")

151

Landkarte 15

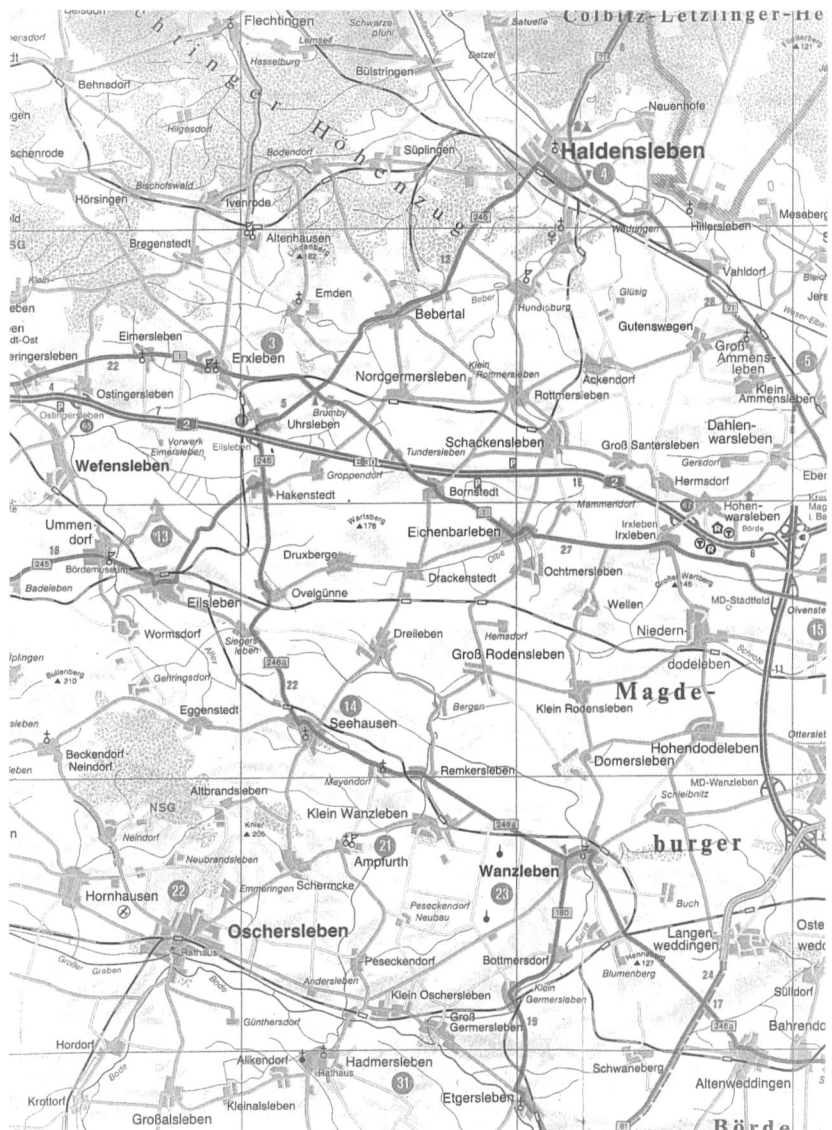

Heimat Otto Wolfiens
mit Geburtsort Emden (zwischen Erxleben und Bebertal) in der Magdeburger
Börde (aus: Aral – Freizeitkarte 98/99)

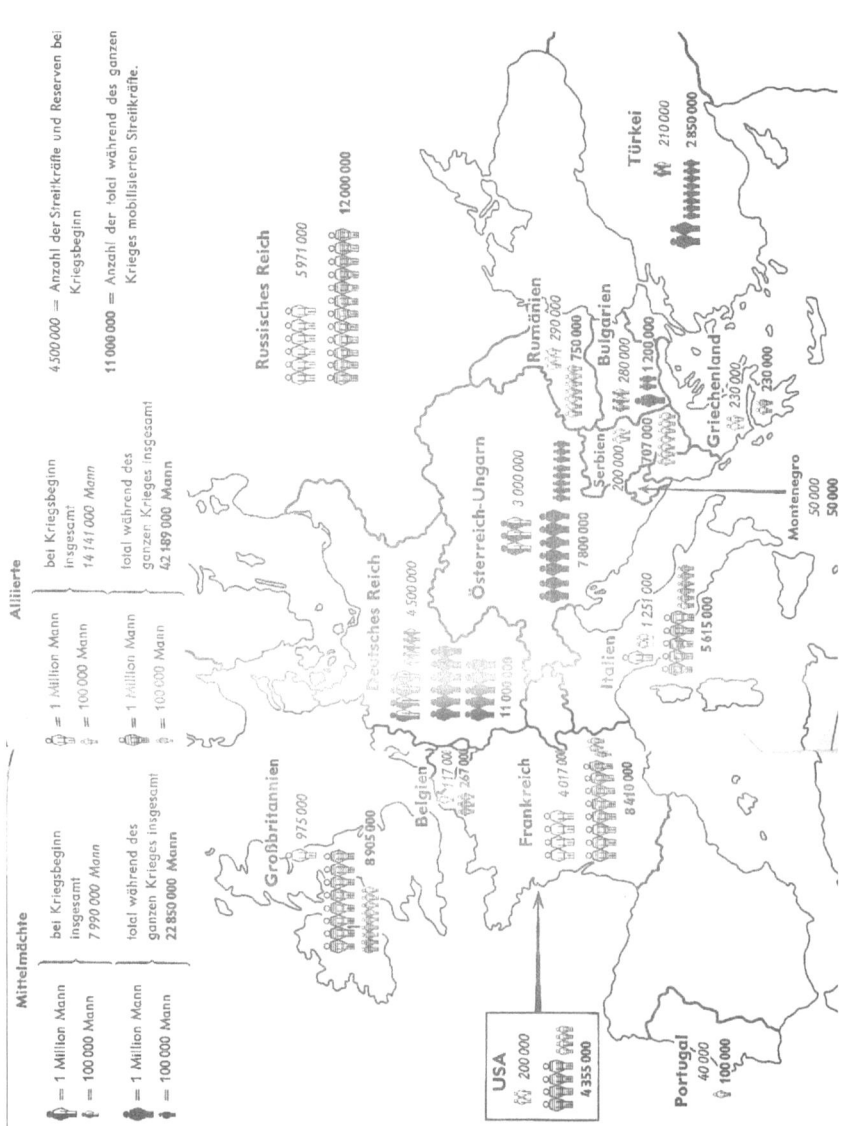

Truppenstärken von Mittelmächten und Alliierten
zu Kriegsbeginn sowie insgesamt während des Krieges 1914 bis 1918
(aus „Der Erste Weltkrieg in Bildern und Dokumenten" v H Dollinger, 1965)

BEVÖLKERUNGSVERLUSTE

Mobilisierte Streitkräfte und Verluste aller Kriegführenden im Ersten Weltkrieg

Länder	total, während des ganzen Krieges mobil. Streitkräfte	gefallen u. gestorben	Verwundete	Gefangene u. Vermißte	Gesamtausfälle der mobilis. Streitkräfte in Prozenten
Alliierte und verbündete Staaten:					
Rußland	12 000 000	1 700 000	4 950 000	2 500 000	76,3
Frankreich*	8 410 000	1 357 800	4 266 000	537 000	73,3
Großbritannien*	8 904 467	908 371	2 090 212	191 652	35,8
Italien	5 615 000	650 000	947 000	600 000	39,1
USA	4 355 000	126 000	234 300	4 500	8,2
Japan	800 000	300	907	3	0,2
Rumänien	750 000	335 706	120 000	80 000	71,4
Serbien	707 343	45 000	133 148	152 958	46,8
Belgien	267 000	13 716	44 686	34 659	34,9
Griechenland	230 000	5 000	21 000	1 000	11,7
Portugal	100 000	7 222	13 751	12 318	33,3
Montenegro	50 000	3 000	10 000	7 000	40,0
Total	42 188 810	5 152 115	12 831 004	4 121 090	52,3
Mittelmächte:					
Deutschland	11 000 000	1 773 700	4 216 058	1 152 800	64,9
Österreich-Ungarn	7 800 000	1 200 000	3 620 000	2 200 000	90,0
Türkei	2 850 000	325 000	400 000	250 000	34,2
Bulgarien	1 200 000	87 500	152 390	27 029	22,2
Total	22 850 000	3 386 200	8 388 448	3 629 829	67,4
Gesamt-Totale	65 038 810	8 538 315	21 219 452	7 750 919	57,6

* einschließlich Kolonialtruppen.

Deutscher Soldatenfriedhof in Frankreich 1917.

Verluste von Mittelmächten und Alliierten
während des Ersten Weltkrieges
(aus „Der Erste Weltkrieg in Bildern und Dokumenten" v H Dollinger, 1965)

Politik	Westfront
9. 8.: Rathenaus Denkschrift zur Rohstofffrage und Kriegswirtschaft.	2. 8.: Besetzung Luxemburgs durch das deutsche VIII. AK.
	3./4. 8.: Deutsche Truppen überschreiten die belgische Grenze.
23. 8.: Abberufung des deutschen Gesandten aus Tokio.	5. 8.: Beginn der Beschießung der östlichen Forts von Lüttich.
3. 9.: Verlegung der französischen Regierung von Paris nach Bordeaux.	10. 8.: Deutsche Truppen befreien Mülhausen von den am 8. 8. eingedrungenen Franzosen.
	4./12.: Lüttich erobert. Aufmarsch der sieben Armeen gegen Frankreich.
Wahl des Papstes Benedikt XV.	19./20. 8.: Belgische Niederlage bei St. Trond, Landen und bei Tirlemont. Besetzung Brüssels.
5. 9.: Londoner Abkommen der Ententestaaten.	19.–26. 8.: Nach nochmaliger Besetzung Mülhausens durch die Franzosen wird die Stadt zurückerobert.
	21. 8.: Kämpfe bei Charleroi.
7. 9.: Protestkundgebung Kaiser Wilhelms II. an Präsident Wilson wegen der Verwendung von Dumdumgeschossen durch Ententemächte.	22.–25. 8.: Schlacht zwischen Metz und den Vogesen in Lothringen. Sieg der deutschen 6. Armee (Kronprinz Rupprecht v. Bayern) über die 2. französische Armee. Französischer Rückzug über die befestigte Lager Nancy-Epinal.
9. 9.: Das »September-Programm« des Reichskanzlers Bethmann Hollweg.	Schlacht bei Longwy. Die durch Luxemburg auf Verdun vorstoßende 5. Armee schlägt die 3. französische Armee.
18. 9.: Vertrag zwischen Rußland und Rumänien.	Eroberung von Namur durch die Truppen General v. Gallwitz'.
8.10.: Verlegung der serbischen Regierung nach Ueskük.	23. 8.: Einrichtung eines General-Gouvernements Belgien in Brüssel.
10.10.: Tod König Karls I. von Rumänien. Regierungsantritt Ferdinands I.	23./24. 8.: Die deutsche 1. Armee, die auf Valenciennes vorgeht, schlägt das britische Expeditionskorps (unter General French) bei Mons.
	24.–29. 8.: Schlacht an der Maas.
	26. 8.: Festung Longwy erobert.
13.10.: Übersiedlung der belgischen Regierung von Antwerpen, wohin sie geflüchtet war, nach Le Havre.	28. 8.: Deutsche Truppen nehmen Montmédy.
	5.– 9. 9.: Die deutsche 3. Armee überschreitet die Marne.
31.10.: Abbruch der diplomatischen Beziehungen zum Dreiverband (Entente) durch die Türkei.	5.– 9. 9.: Marneschlacht. Frankreich stellt zwei neue Armeen, die 6. unter General Maunoury und die 9. unter General Foch, auf.
2.11.: Erklärung der ganzen Nordsee als Kriegsgebiet durch die britische Admiralität.	6. 9.: Die Franzosen gehen an der ganzen Front unter dem Oberbefehl von General Joffre zum Gegenangriff über.
5.11.: Annexion von Zypern durch Großbritannien.	9. 9.: Oberstleutnant Hentsch läßt im Einvernehmen mit General von Bülow dessen 2. Armee hinter die Vesle zurücknehmen, um einen drohenden Einbruch zwischen 1. und 2. Armee zu verhindern.
12.11.: Kriegserklärung der Türkei an Großbritannien, Frankreich und Rußland.	11. 9.: Rückzug auch der 3., 4., und 5. Armee. Verkürzung der Front. Damit Aufgabe der Angriffsoperationen und Übergang zur Defensive.
2.12.: Annahme der Kriegskredite im Deutschen Reichstag.	9.10.: Festung Antwerpen nach 12tägiger Belagerung erobert.
Der frühere Reichskanzler Fürst Bülow mit der Führung der deutschen Botschaft in Rom beauftragt, um Italien dem Dreibund zu erhalten.	12.10.: Lille erobert. Gent besetzt.
	14.10.: Brügge besetzt.
	15.10.: Ostende besetzt.
	20.10. bis 11.11.: Ypernschlacht.
17.12.: Verkündigung des britischen Protektorats über Ägypten.	11.11.: Tod deutscher Freiwilligen-Regimenter bei Langemarck.
	November: Übergang zum Stellungskrieg an der Westfront.
	Dezember: Wiederholte französische und britische Durchbruchsversuche an allen Frontabschnitten im Westen, die alle abgeschlagen werden.

Chronik des 1. Weltkrieges von August bis Dezember 1914
Westfront
mit Angaben zu politischen und militärischen Ereignissen
(aus „Der Erste Weltkrieg in Bildern und Dokumenten" v H Dollinger, 1965)

Ostfront und Balkan	Kolonialkrieg und Krieg im Vorderen Orient
29. 7. und 4. 8.: Beschießung Belgrads durch österreichisch-ungar. Artillerie.	6.– 7. 8.: Der deutsche Panzerkreuzer »Goeben« und der Kleine Kreuzer »Breslau« durchbrechen in der Straße von Messina das britisch-französische Geschwader und entkommen durch die Dardanellen nach Konstantinopel (unter Admiral Souchon).
17. 8.: Gefechte bei Stalluponen in Ostpreußen.	
13.–19. 8.: Einfall der Österreicher in Serbien.	
19.–20. 8.: Schlacht bei Gawaiten-Gumbinnen in Ostpreußen.	
22. 8.: Generaloberst von Hindenburg wird Oberbefehlshaber der deutschen 8. Armee.	15. 8.: Besetzung von Taveta am Kilimandscharo durch die Deutschen (Deutsch-Ostafrika).
23.–25. 8.: Die österreichische 1. Armee schlägt die Russen bei Krasnik.	26. 8.: Kapitulation der Deutschen in Togo.
23.–31. 8.: Schlacht bei Tannenberg. Sieg der deutschen 8. Armee über die russische Narew-Armee.	29. 8.: Besetzung Samoas durch britische Truppen.
26. 8. bis 1. 9.: Erfolg der österreichisch-ungar. 4. Armee bei Komarow-Samostje.	2. 9.: Beginn der Truppenlandungen von Japanern und Briten auf Kiautschou.
28.–30. 8.: 1. Schlacht bei Lemberg. Die Russen in Lemberg.	11.–12. 9.: Besetzung der Marshallinseln, Karolinen, Marianen- und Palau-Inseln durch die Japaner.
5.–15. 9.: Schlacht an den Masurischen Seen. Hindenburgs 8. Armee schlägt die Njemen-Armee.	21. 9.: Übergabe Neuguineas an Australien.
7.–14. 9.: 2. Schlacht bei Lemberg. Rückzug der Österreicher aus Galizien und der Bukowina.	27. 9.: Einnahme der Hauptstadt Duala in Kamerun durch die Briten und Franzosen. Rückzug der Deutschen in das Landesinnere.
9.–15. 9.: Serbische Offensive zur Eroberung von Slowenien.	28. 9.: Angriff Admiral Souchons auf die russische Schwarzmeerflotte. Türkische Entschuldigung in Petersburg.
15. 9.: Einschließung der Festung Przemysl durch die Russen.	21. 10.: Sperrung der Dardanellen. Enver Pascha wird Oberbefehlshaber des türkischen Heeres und der Flotte.
20. 9. bis 15. 12.: Neue österreichisch-ungarische Offensive gegen Serbien.	30.–31. 10.: Kriegseintritt der Türkei.
September–Oktober: Vorstoß der Deutschen und Österreicher zur Weichsel.	Oktober: Beginn des russischen Vormarschs unter Judenitsch auf breiter Front gegen Erzerum (Kaukasus).
7.–13. 10.: Lyck vorübergehend von den Russen besetzt.	3.– 5. 11.: Landungsversuch britisch-indischer Truppen bei Tanga in Deutsch-Ostafrika. Die Truppen werden von Lettow-Vorbeck zurückgeschlagen.
9.–19. 10.: Schlacht bei Warschau.	
9.–20. 10.: Schlacht bei Iwangorod.	
11. 10.: Przemysl von den Österreichern und Deutschen entsetzt.	
27. 10.: Rückzug der Mittelmächte aus Polen.	
1. 11.: Hindenburg wird »Oberbefehlshaber Ost« und Generalfeldmarschall. Die Save von den Österreichern überschritten und Sabac besetzt.	6. 11.: Erkämpfung der Außenbefestigungen von Tsingtau durch die Japaner.
11. 11.: Przemysl von den Russen erneut belagert. Durchbruch der deutschen 9. Armee bei Wloclawek.	7. 11.: Kapitulation der Festung Tsingtau.
16. 11. bis 15. 12.: Schlacht bei Lodz.	11./12. 11.: Die Russen werden von den Türken auf der Straße Kars–Erzerum gestoppt (Kaukasus).
23./24. 11.: Deutscher Durchbruch bei Brzeziny unter den Generalen Scheffer-Boyadel und Litzmann.	23. 11.: Britische Truppen erobern Basra.
November: Große Offensive der Russen mit 45 Armeekorps unter Nikolai Nikolajewitsch (»russische Dampfwalze«) gegen Posen und Schlesien.	November: Beschießung von Dar-es-Salam (Deutsch-Ostafrika). Einschließung der »Königsberg« im Delta des Rufidjiflusses.
2. 12.: Belgrad von den Österreichern besetzt.	9. 12.: Einnahme Kornas (Mesopotamien). Der weitere Vormarsch der Briten wird von den Türken aufgehalten.
5.–17. 12.: Sieg der Österreicher bei Limanova-Lapanow in Galizien.	
6. 12.: Räumung von Lodz.	
15. 12.: Serbische Gegenoffensive zwingt die Österreicher wieder zur Räumung von Belgrad.	10. 12.: Besetzung von El Arisch am Mittelländischen Meer durch die Türken, wenig später Besetzung von El Akabah am Roten Meer durch die Türken.
17. 12.: Einnahme von Lowicz durch deutsche Truppen.	
Ende Dezember: Stellungskrieg im Osten und auf dem Balkan.	

Chronik des 1. Weltkrieges von August bis Dezember 1914
mit Angaben zu militärischen Ereignissen an Ostfront, Balkan, Vorderem Orient und Kolonialkrieg
(aus „Der Erste Weltkrieg in Bildern und Dokumenten" v H Dollinger, 1965)

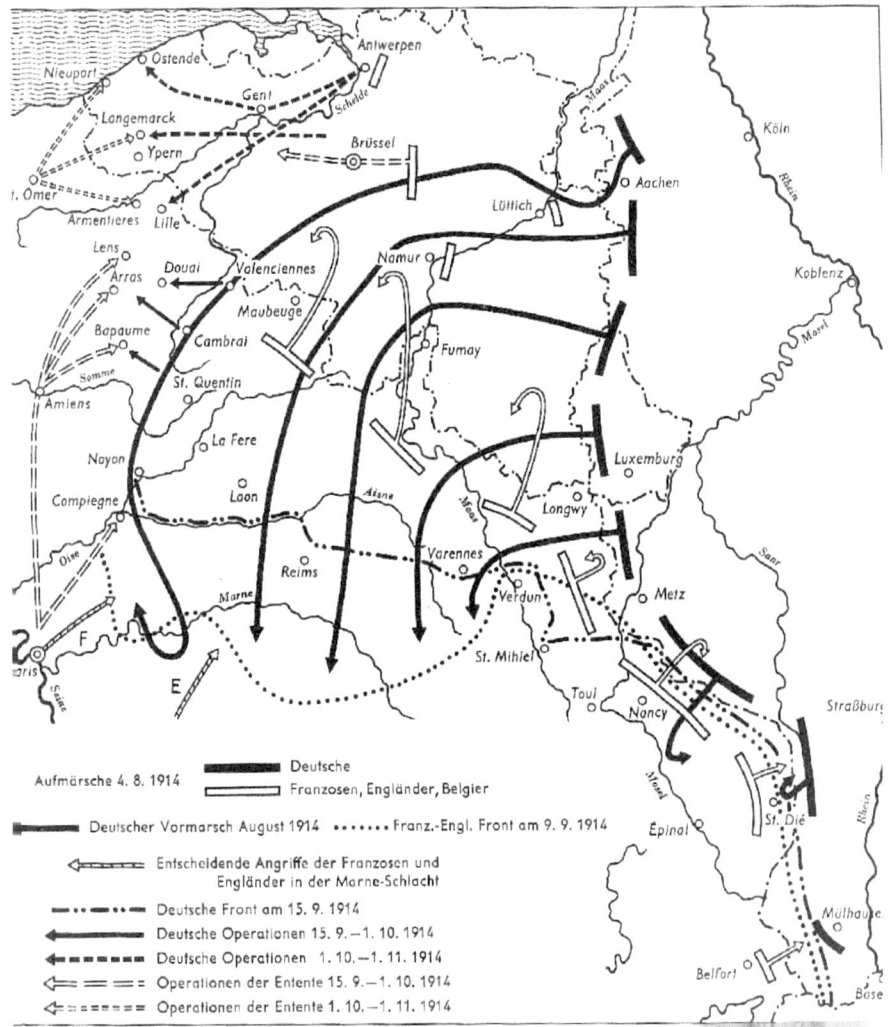

Der Deutsche Vormarsch im Westen
im August und September 1914 (ua mit den Einsatzgebieten Otto Wolfiens bei
Antwerpen sowie bei Langemarck und Nieuport in Flandern)
(aus „Der Erste Weltkrieg in Bildern und Dokumenten" v H Dollinger, 1965)

Die Mobilmachung.

Die Königlichen Bezirkskommandos erlassen folgende

Bekanntmachung.

1. Seine Majestät der Kaiser und König haben die Mobilmachung befohlen.

    Der 2. August gilt als erster Mobilmachungstag
    „ 3. „ „ „ zweiter „
    „ 4. „ „ „ dritter „
    „ 5. „ „ „ vierter „
    „ 6. „ „ „ fünfter „
und so weiter fort.

    Alle Offiziere, Sanitätsoffiziere, Beamte, Unteroffiziere und Mannschaften des Beurlaubtenstandes einschließlich Ersatzreserve haben ihre häuslichen Angelegenheiten zu ordnen und ihrer Kriegsbeorderung, ohne anderweitigen Befehl abzuwarten, Folge zu leisten.

2. Die etwa außer Kontrolle stehenden Mannschaften sowie diejenigen, welche von auswärtigen Bezirkskommandos, vom Truppenteil oder anderen Kommandobehörden kommend, sich bisher noch nicht beim Bezirksfeldwebel angemeldet haben, haben sich sofort bei ihrem zuständigen Bezirkskommando unter Vorlage ihrer Militärpapiere zu melden, und zwar

    mündlich: bei der zu diesem Zwecke besonders eingerichteten Anmeldestelle in Schöneberg, Kolonnenstraße Nr. 23,

    schriftlich: z. B. „An die Anmeldestelle des Bezirkskommandos I. Berlin in Schöneberg, Kolonnenstraße Nr. 23“.

    Wer dieses unterläßt, wird nach den Kriegsgesetzen streng bestraft.

3. Mannschaften, denen im Frieden eine Paßnotiz behändigt ist, haben einen besonderen Befehl zu erwarten. Jede Wohnungsveränderung dieser Mannschaften ist binnen 48 Stunden dem zuständigen Bezirksfeldwebel zu melden. Wer diese Meldung unterläßt, wird nach den Kriegsgesetzen bestraft.

4. Inaktive Offiziere, Sanitätsoffiziere und obere Militärbeamte sowie Zivilärzte, welche sich noch nicht zur Verwendung bereit erklärt haben, sowie die nicht mehr dem Beurlaubtenstande angehörigen Wachtmeister und Unteroffiziere, welche für die Dauer des mobilen Zustandes freiwillig wieder in den Dienst treten wollen, werden aufgefordert, sich bis zum 5. Mobilmachungstage unter Mitbringung ihrer Personalpapiere bei dem zuständigen Bezirkskommando in den neuen Dienstgebäuden auf dem Tempelhofer Felde, General-Pape-Straße, zu melden.

5. Die Einberufenen haben sich an ihren Gestellungsort zu begeben, ohne irgendwelche Gebührnisse vorher zu empfangen. Dieselben sind zur freien Eisenbahnfahrt ohne Lösung einer Fahrkarte und ohne vorherige Anfrage an dem Schalter berechtigt, lediglich auf Grund der Vorzeigung der Kriegsbeorderung oder anderer Militärpapiere oder auf Grund der mündlichen Erklärung dem Bahnsteig- oder Zugbeamten gegenüber. Kriegsfreiwillige haben eine Bescheinigung der Polizeibehörde über Zweck und Ziel der Reise vorzuzeigen.

    Die Zahlung der zustehenden Gebührnisse erfolgt nachträglich beim Truppenteil.

    Berlin, den 1. August 1914.

    Königliche Bezirkskommandos I., II., III., IV., V. u. VI. Berlin.

Mobilmachungsbefehl vom 1. August 1914

KRIEGSSTIMMUNG IN DER DEUTSCHEN LITERATUR: »AUF SPRINGT EIN VOLK, ES RECKT DIE GLIEDER ...«

»Wortmacher des Krieges« nennt später Franz Werfel die deutschen Dichter, die Krieg und Haß predigten. Hier einige Proben kriegerischer Lyrik aus dem Jahr 1914:

»... Auf springt ein Volk, es reckt die Glieder, / Und keine Sorge drückt uns nieder / Komm, was es sei! / Von Ungewißheit frei / Wir wollen es gemeinsam tragen / Und heute schon als Bestes sagen, / Daß man uns Hand in Hand / Als Brüder fand. / Dem Kaiser, der dies Wort gegeben, / Wird Dank in jedem Herzen leben, / Und jetzt – hurra! / Du Mutter uns – Germania!«

Ludwig Thoma

»Dich werden wir hassen mit langem Haß,
Wir werden nicht lassen von unserm Haß,
Haß zu Wasser und Haß zu Land,
Haß des Hauptes und Haß der Hand,
Haß der Hämmer und Haß der Kronen,
Drosselnder Haß von siebzig Millionen,
Sie lieben vereint, sie hassen vereint,
Sie haben alle nur einen Feind:
England.«

Ernst Lissauer

»Wir haben sie! 'rein in die Batterie!
Hand auf die Geschütze! Drückt die Kerls in die Knie!
Schlagt zu! Schlagt zusammen, die sich nicht ducken!
Was sich nicht gibt, laßt Eisen schlucken!
Kaiser – hurra! – – Batterie – – genommen ...
Herr Hauptmann! – – Schon gut ... eine Kugel – – bekommen.
Rock, Brust – – mir zerfetzt – – Stürmt zu, stürmt zu!
Ein Eisernes Kreuz deckt den Lappen – – zu.«

Rudolf Herzog

Kriegsstimmung - Deutsche Dichter 1914
(aus „Der Erste Weltkrieg in Bildern und Dokumenten" v H Dollinger, 1965)

August 1914 – Begeisterte Soldaten auf der Fahrt zur Front
(aus „Der Erste Weltkrieg in Bildern und Dokumenten" v H Dollinger, 1965)

November 1914 – Flandern, Soldaten im Schützengraben
(aus „Der Erste Weltkrieg in Bildern und Dokumenten" v H Dollinger, 1965)